Anglistik
Amerikanistik

Vera und Ansgar Nünning

Englische Literatur des 18. Jahrhunderts

Ernst Klett Verlag
Stuttgart · Düsseldorf · Leipzig

Die Deutsche Bibliothek – CIP-Titelaufnahme

Nünning, Vera:
Englische Literatur des 18. Jahrhunderts / Vera Nünning ; Ansgar Nünning -
1. Aufl., - Stuttgart; Düsseldorf; Leipzig: Klett, 1998
(Uni-Wissen Anglistik, Amerikanistik)
ISBN 3-12-939569-5

1. Auflage A 1 5 4 3 2 1 | 2001 2000 1999 98

Internetadresse | http://www.klett.de
Bildnachweis | Hogarth, William „Kurz nach der Hochzeit"
© Archiv für Kunst und Geschichte, Berlin

Redaktion | Manfred Ott
Umschlaggestaltung und Layout | Christine Schneyer
Druck | Gutmann + Co., Talheim. Printed in Germany.
ISBN 3-12-939569-5

Gedruckt auf Papier, das aus chlorfrei gebleichtem Zellstoff hergestellt wurde.

Inhaltsverzeichnis

Vorwort

Ziel dieser kurzen Geschichte der englischen Literatur des 18. Jh.s ist es, Leserinnen und Lesern einen kompakten Überblick über die wichtigsten Gattungen und Entwicklungstendenzen in dieser Epoche geben. Der Band ist v.a. an den Bedürfnissen von Studierenden orientiert, die sich einen ersten Einblick in die englische Literatur des 18. Jh.s verschaffen und sich dieses Thema für eine Lehrveranstaltung oder als Prüfungsteilgebiet selbständig erarbeiten möchten

Aus dieser Zielsetzung heraus ergibt sich, dass die exemplarische Charakterisierung der epochenspezifischen Gattungsausprägungen der Lyrik, des Dramas, des Romans und weiterer Prosagenres, die Charakterisierung der typischen Darstellungsverfahren sowie die Einführung in die ‚Klassiker' im Mittelpunkt stehen. Der Schwerpunkt liegt auf der komprimierten Darstellung von Überblickswissen und grundlegenden Informationen, insbesondere über die Merkmale eines breiten Spektrums von Genres, über epochenspezifische Darstellungsverfahren sowie über die wichtigsten Strömungen und Entwicklungslinien in der englischen Literatur des 18. Jh.s. Besonderer Wert wird auf die Vermittlung von Orientierungswissen, zentralen Fachbegriffen und transferierbaren Kenntnissen gelegt, weil diese es überhaupt erst ermöglichen, die vorgestellten Autorinnen und Autoren und ihre Werke in größere literaturgeschichtliche Zusammenhänge einzuordnen.

Dass eine so kurze Einführung in ein so breites Gebiet die Lektüre der literarischen Werke nicht ersetzen kann (oder will), liegt auf der Hand. Sie hätte ihren Hauptzweck vielmehr dann erfüllt, wenn sie Leserinnen und Leser zur Lektüre möglichst vieler Werke aus dem 18. Jh. anregen und ihnen einen verlässlichen Leitfaden für die bessere Orientierung geben würde.

Für ihre wertvolle Hilfe bei der Vorbereitung dieses Bandes möchten wir Gaby Allrath, Sandra Heinen, Klaudia Seibel und Carola Surkamp herzlich danken. Sie haben das Manuskript mit Akribie durchgesehen und konstruktiv kommentiert, die Zitate, Daten und bibliographischen Angaben überprüft sowie die Formatierung und das Layout perfekt und zuverlässig gestaltet.

Vielmals danken möchten wir außerdem einigen Kolleginnen und Kollegen, die uns in den letzten Jahren bei verschiedenen Anlässen wertvolle Hinweise zur englischen Literatur und Kultur des 18. Jh.s gegeben und aus deren Publikationen wir viel gelernt haben: namentlich die Professorinnen bzw. Professoren Raimund Borgmeier (Giessen), John Brewer (Florenz), Willi Erzgräber (Freiburg), Doris Feldmann (Erlangen), Monika Fludernik (Freiburg), Herbert Grabes (Giessen), Gerd Haefner (Köln), Andreas Höfele (Heidelberg), Heinz-Joachim Müllenbrock (Göttingen), Wolfgang G. Müller (Jena), Hermann Josef Real (Münster), Ina Schabert (München), Gerd Stratmann (Bochum), Ingeborg Weber (Bochum), Werner Wolf (Graz) und Natascha Würzbach (Köln). John Brewer und Andreas Höfele möchten wir außerdem dafür danken, dass wir ihre neuesten Aufsätze im Manuskript einsehen durften.

Dem Wissenschaftlichen Verlag Trier – namentlich dem Verlagsleiter Herrn Dr. Erwin Otto – danken wir für die freundlich gewährte Erlaubnis, auf Teile unserer Beiträge zu den im WVT erschienenen Sammelbänden *Eine andere Geschichte der englischen Literatur: Epochen, Gattungen und Teilgebiete im Überblick*, hg. von A. Nünning (WVT-Handbücher zum literaturwissenschaftlichen Studium, Bd. 2, Trier 1996) und *Das 18. Jahrhundert*, hg. von Monika Fludernik & Ruth Nestvold (Trier 1998) zurückgreifen zu dürfen.

Last but not least gebührt Herrn Manfred Ott vom Klett Verlag Dank für die liebenswürdige Beharrlichkeit, mit der er uns gedrängt (aber nicht bedrängt) hat, dieses Buch als 10. Band der Reihe UNI-WISSEN Anglistik/Amerikanistik zu schreiben, sowie für die ausgezeichnete Zusammenarbeit in den letzten beiden Jahren. Die termingerechte Fertigstellung der zehn Bände ist nicht nur der engagierten Mitarbeit aller Autoren und Autorinnen zu verdanken, sondern auch seinem unermüdlichen Einsatz.

Vera und Ansgar Nünning
Oktober 1998

Einführung in die englische Literatur des 18. Jahrhunderts

1 Das ‚alte' und das ‚neue' 18. Jahrhundert

Etablierte Epochenbilder

Die englische Literatur des 18. Jh.s gehört zu jenen Bereichen der Literaturgeschichte, von denen die Anglistik lange Zeit klare und weithin akzeptierte Geschichten hatte. Bestimmend für die vorherrschenden Bilder von dieser Epoche waren v.a. zwei Versionen, die GERD STRATMANN treffend, wenngleich ein wenig zugespitzt, so beschrieben hat: *„Die erste Version [...] handelte von einem heroischen Versuch der englischen Klassizisten, in einer Zeit des Wandels und des Wertezerfalls als zeitlos geltende klassische Sinngebungsmuster zu bewahren"*. Die zweite war *„eine Geschichte vom ‚Aufstieg' des Neuen"*,[1] die in der Form der Geschichten vom ‚Aufstieg der Mittelschicht' und ‚Aufstieg des Romans' eine kaum zu überschätzende und bis heute anhaltende Wirkung hatte.

Vorzüge und Klassiker

Die Gründe für die Popularität und den anhaltenden Einfluss dieser zielgerichteten Geschichten liegen auf der Hand: Zum einen haben sie einen klaren Plot, einen Spannungsbogen und eine eindrucksvolle Klimax; zum anderen verleihen solche Geschichten bestimmten Autoren, die die Ideale des Klassizismus verteidigt oder zum Aufstieg des Romans beigetragen haben, den Status eines ‚Klassikers'. Dazu zählen im 18. Jh. etwa der Dichter ALEXANDER POPE, die Romanautoren DANIEL DEFOE, SAMUEL RICHARDSON, HENRY FIELDING, TOBIAS SMOLLETT und LAURENCE STERNE sowie der berühmte SAMUEL („DOCTOR") JOHNSON, der noch in der zweiten Hälfte des Jh.s beherzt wie kein zweiter die klassizistischen Normen verteidigte.

Kanonbildung und Autorinnen

Die Nachteile, die solche Geschichten auch haben, sind freilich ebensowenig zu übersehen: Sie liegen darin, dass alles, was nicht in diese Geschichten ‚passt', marginalisiert oder ausgeblendet und dass allein schon deshalb das facettenreiche Bild der englischen Literatur dieser Epoche unzulässig verkürzt wird. Dass etwa Autorinnen in den traditionellen Geschichten nur selten (und wenn dann in Nebenrollen) vorkommen, ist daher kein Zufall, sondern hängt mit den Kriterien zusammen, die der Kanonbildung und Periodisierung zugrunde liegen. Obgleich es inzwischen weithin bekannt ist, dass Frauen im 18. Jh. in verschiedenen Bereichen – nicht nur als Leserinnen, sondern auch als Autorinnen und

1 G. Stratmann, „Einführung...", S. 12.

Kritikerinnen – literarisch tätig waren und maßgeblichen Anteil an der Entwicklung vieler Gattungen hatten, sucht man Autorinnen selbst in neueren Literaturgeschichten und Einführungen in die englische Literatur des 18. Jh.s meist vergeblich.[2]

The New Eighteenth Century

In den letzten Jahren haben sich die lange Zeit vorherrschenden und akzeptierten Epochenbilder jedoch aufgrund neuer theoretischer Ansätze und weitreichender Kanonrevision so grundlegend geändert, dass inzwischen sogar von *The New Eighteenth Century* gesprochen wird.[3] Dass die alten ‚Aufstiegsgeschichten' den komplexen literaturgeschichtlichen Entwicklungen nicht gerecht werden, hat einen Kritiker dazu veranlasst, einem Aufsatz den polemischen Titel „The Rise of Nothing" zu geben.[4] Obgleich die Entwicklungen, die zu diesem Wandel beigetragen haben, zu komplex sind, um in wenigen Sätzen zusammengefasst zu werden, seien drei Aspekte exemplarisch herausgegriffen.

- Erstens haben sich inzwischen die Einsichten durchgesetzt, dass die Orientierung an ‚den drei Hauptgattungen' der tatsächlichen Komplexität der Textlandschaft des 18. Jh.s nicht gerecht zu werden vermag und dass heutige Literatur- und Gattungsvorstellungen (etwa von den Merkmalen der Lyrik und des Romans) den Blick für die Besonderheiten dieser Epoche verstellen.
- Zweitens hat die Wiederentdeckung von in Vergessenheit geratenen Schriftstellerinnen durch die feministische Literaturgeschichtsschreibung zu einer weitreichenden Kanonrevision geführt.[5] Dadurch sind zum einen viele Autorinnen, deren Werke in traditionellen Literaturgeschichten nicht berücksichtigt werden, aus der Anonymität geholt worden; zum anderen sind aus der Sicht der Geschlechterforschung auch einige männliche Domänen der englischen Literatur des 18. Jh.s – etwa die Literatur des Klassizismus und die Lyrik der Romantik – in ein neues Licht gerückt worden.[6]
- Drittens hat sich die Einschätzung der drei ‚Hauptgattungen' erheblich geändert. Obgleich sich dies auch an der Neubewertung der Lyrik und des Dramas aus kulturwissenschaftlicher Sicht zeigt, werden die revisionistischen Tendenzen im Hinblick auf den Roman besonders deutlich. Das traditionelle Bild vom Aufstieg des Romans, das Ian Watt in seinem eminent einflussreichen Buch *The Rise of the Novel. Studies in Defoe, Richardson, and Fielding* (1957) entworfen hat, ist inzwischen den Einsichten gewichen, dass die Ursprünge des Romans sehr viel komplexer waren, dass es ein breites Spektrum von Vorläufern und Vorformen gab und dass neben den Klassikern auch zahlreiche ‚Mütter des Romans' wesentliche Beiträge zur Entwicklung dieser Gattung im 18. Jh. leisteten.

Im Zuge dieser Entwicklungen sind die zuvor akzeptierten Bilder von der englischen Literatur des 18. Jh.s durch eine Vielzahl unterschiedlicher Geschichten und Epochenbilder ersetzt worden, ohne dass bislang eine neue Synthese sichtbar würde.

Periodisierung

Die neuere Forschung hat außerdem das Bewusstsein dafür geschärft, dass die englische Literatur des 18. Jh.s weder eine klar abgegrenzte noch eine in sich geschlossene Epoche bildet. Vielmehr sind die Übergänge zu Beginn und zu Ende des Jh.s fließend. So gibt es zwischen der Restaurationszeit (1660–1700) und dem 18. Jh. in allen Gattungen eine so unübersehbare Kontinuität, dass beide in vielen Darstellungen zu einer Epoche zusammengefasst werden. Besonders deutlich zeigt sich diese Kontinuität in den neoklassizistischen Tendenzen in der Lyrik, aber auch im Bereich des Dramas und der Erzählprosa markiert die Jh.wende keine klare Zäsur. Das gleiche gilt für das Jahr 1800, das ebenfalls keine literarische Epochenschwelle darstellt. Vielmehr lassen sich die Abkehr von den Idealen des Klassizismus und die ersten vor- bzw. frühromantischen Tendenzen bis in die Mitte des Jh.s zurückverfolgen. Obgleich der Beginn der Epoche der Romantik aufgrund des ebenso berühmten wie programmatischen *Preface* oft mit dem Erscheinen der zweiten Auflage von WILLIAM WORDSWORTHS und SAMUEL TAYLOR COLERIDGES Gedichtsammlung *Lyrical Ballads* im Jahre 1800 gleichgesetzt wird, erstreckt sich die Literatur der englischen Romantik etwa von den 1770er Jahren bis 1830.

Diachrone und synchrone Vielfalt

Darüber hinaus zeichnet sich die englische Literatur im Zeitraum zwischen 1700 und 1800 sowohl durch vielfältige diachrone Veränderungen als auch durch ausgeprägte synchrone Variationsbreite aus. Trotz der Vielfalt der Literaturproduktion in dieser Epoche werden aus der Rückschau einige Entwicklungstendenzen erkennbar, die jeweils für verschiedene Phasen charakteristisch sind und ihnen ein bestimmtes Profil verleihen.

---

2 Eine rühmliche Ausnahme bildet Schaberts vorzügliche Darstellung der englischen Literaturgeschichte aus der Sicht der Geschlechterforschung.

3 Vgl. die Titel des von Nussbaum/Brown herausgegebenen Sammelbandes sowie der Einleitung in dem von Fludernik/Nestvold herausgegebenen Band. Zur Debatte über den Kanon der englischen Literatur des 18. Jh.s vgl. die Aufsätze in Ribeiro/Basker.

4 Vgl. Markley, „The Rise of Nothing ...“.

5 Zur Bedeutung von Autorinnen im 18. Jh. vgl. v. a. Todd, *Dictionary*... und *The Sign of Angellica*..., Turner und Spencer sowie die Aufsätze in den von Schofield/Macheski herausgegebenen Sammelbänden.

6 Vgl. dazu im einzelnen Schaberts neue Literaturgeschichte.

Epochen-begriffe

Entsprechend vielfältig sind die Epochenbegriffe, die für die englische Literatur des 18. Jh.s in Umlauf sind. Epochenbegriffe bezeichnen (mehr oder weniger große) Zeiträume oder Phasen der Literaturgeschichte, innerhalb derer viele Werke bestimmte thematische, formale oder stilistische (‚Epochenstil') Ähnlichkeiten aufweisen. Durch die Unterscheidung von Epochen wird die diachrone Dimension der Literaturgeschichte – die zeitliche Entwicklung einer Literatur – strukturiert. Im Falle der Literatur des 18. Jh.s lassen sich solche Epochenbegriffe in drei Gruppen unterteilen: erstens ästhetische bzw. stilgeschichtliche Begriffe wie ‚Klassizismus' bzw. ‚neoklassizistische Periode' *(The Age of Classicism), Augustan Age* und ‚Romantik' bzw. ‚romantisches Zeitalter' *(The Romantic Period)*; zweitens geistes- bzw. mentalitätsgeschichtliche Epochenbegriffe wie ‚Zeitalter der Aufklärung', ‚Zeitalter der Vernunft' *(The Age of Reason)* und ‚Zeitalter der Empfindsamkeit' *(The Age of Sensibility)*; drittens autorenzentrierte Bezeichnungen wie *The Age of Dryden, The Age of Johnson* oder *From Dryden to Johnson,*[7] die sich an als repräsentativ für eine bestimmte Phase geltenden Werken eines (oder mehrerer) ‚Klassiker' orientieren.

Klassizismus und *Augustan Age*

Trotz der Unterschiede der Entwicklungstendenzen in den verschiedenen Gattungen sind es v. a. zwei Epochenbegriffe, die die Pole markieren, zwischen denen sich die diachrone Entwicklung und die synchrone Vielfalt der englischen Literatur des 18. Jh.s entfaltet: Klassizismus *(Classicism* bzw. *Neoclassicism)* bzw. *Augustan Age* und Romantik *(Romanticism)*. Der Begriff des Klassizismus verweist auf die Rückbesinnung auf die klassischen Vorbilder der griechischen und römischen Literatur sowie auf die Orientierung an den poetologischen Regeln antiker Autoren (vgl. Kap. 3.1 und 3.2). Vorherrschend waren die Ideale des Klassizismus in der als *Augustan Age* bezeichneten Phase, deren Blütezeit sich etwa von der ‚Glorreichen Revolution' im Jahre 1688/89 bis zum Ende der Regierungszeit von Königin ANNA (1702–1714) erstreckt; Begriffe wie *Augustan Age, Augustan Classicism* und *Augustan Vision* verweisen auf den von Zeitgenossen gezogenen Vergleich zum ‚Goldenen Zeitalter' der lateinischen Literatur während der Herrschaftszeit von GAIUS JULIUS CAESAR OCTAVIANUS (27 v. Chr.–14 n. Chr.), dem vom römischen Senat der Titel AUGUSTUS verliehen wurde.[8]

Romantik

Im Laufe des Jh.s verloren die neoklassizistischen Regeln jedoch zunehmend an Bedeutung und wurden von der neuen Poetik der Romantik überlagert und verdrängt. Während viele ältere Literaturgeschichten die Literatur des Klassizismus und die der Romantik als eigenständige Epochen getrennt behandeln, gehen neuere Darstellungen eher davon aus, dass sich die Abwendung vom Klassizismus und die Hinwendung zum Romantischen als ein allmählicher Prozess darstellt und dass dabei von Phasenverschiebungen zwischen den verschiedenen Gattungen auszugehen ist.

Gattungen

Der Begriff der literarischen Gattung gehört neben dem Konzept der Epochen zu den wichtigsten Ordnungskategorien der Literaturgeschichtsschreibung. Eine Unterscheidung von Gattungen ist das wichtigste Gliederungsprinzip, um die synchrone Dimension der Literaturgeschichte – die zur gleichen Zeit existierenden Phänomene – zu strukturieren. Aufgrund ihres großen Nutzens sind Gattungen und Epochen als jene Gliederungsprinzipien gewählt worden, die diesem Band zugrunde liegen. Obgleich die verbreitete Unterscheidung von drei ‚Hauptgattungen' (Lyrik, Drama und Roman) weder der tatsächlichen Vielfalt der Genres im 18. Jh. noch dem damaligen Gattungsverständnis völlig gerecht zu werden vermag, bietet sie einen ersten Orientierungsrahmen für die Einordnung von Werken.

Zielsetzung

Die vorliegende Darstellung der englischen Literatur des 18. Jh.s zielt darauf ab,[9] Studierenden einen ersten Überblick über die wichtigsten Gattungen und Entwicklungslinien in dieser faszinierenden Epoche zu geben. Da für Studierende eine Kenntnis der ‚Klassiker' von zentraler Bedeutung ist, werden zunächst die wichtigsten Gattungen, Autoren, Werke und Entwicklungen der englischen Literatur im 18. Jh. vorgestellt. Obgleich es im Rahmen einer kurzen Einführung unmöglich ist, die angesprochenen neueren Forschungsentwicklungen im einzelnen darzustellen, soll ihnen zumindest dadurch Rechnung getragen werden, dass neben den Klassikern und ‚Hauptgattungen' auch einige weniger bekannte Autoren und v. a. Autorinnen[10] sowie gegenläufige Strömungen und häufig vernachlässigte Genres berücksichtigt werden.[11]

---

7 Vgl. z.B. die Titel des von Ford herausgegebenen 4. Bandes von *The Pelican Guide to English Literature* und des von Lonsdale herausgegebenen 4. Bandes der *Sphere History of Literature.*

8 Zur Weltsicht vgl. Rogers, *The Augustan Vision.*

9 Als Titel des vorliegenden Buches wurde die wohl üblichste, wenngleich keineswegs unproblematische Formulierung ‚*Englische* Literatur des 18. Jh.s' gewählt, obgleich auch Werke von schottischen, walisischen und irischen Autoren berücksichtigt werden und es eigentlich ‚britische' Literatur heißen müsste.

10 Aus Gründen der besseren Lesbarkeit werden Begriffe wie ‚Autoren', ‚Schriftsteller', ‚Leser' usw. in ihrer generischen Bedeutung ohne geschlechtsspezifischen Zusatz verwendet.

11 Dieser doppelten Zielsetzung entsprechend sind auch die Anmerkungen und das Literaturverzeichnis angelegt. Die erste Fußnote in den Großkapiteln gibt gezielte Hinweise für die Lektüre jener Bücher, die besonders gut zur Einführung in die jeweilige Gattung geeignet sind. Die Bibliografie hat den Charakter eines (notgedrungen hochgradig selektiven) Überblicks über die neuere Forschungsliteratur, der Studierenden Anhaltspunkte für die selbstständige Erschließung dieser Epoche und für vertieftes Selbststudium liefern soll.

Aufbau

Der Aufbau des Bandes orientiert sich an den wichtigsten Gattungen. Im zweiten Kapitel wird ein breites Spektrum von im 18. Jh. sehr populären, aber oft vernachlässigten Prosagattungen, die im Grenzbereich zwischen Fiktion und Nicht-Fiktion angesiedelt sind, vorgestellt. Die nachfolgenden Kapitel sind den drei ‚Hauptgattungen' (Lyrik, Drama und Roman) gewidmet und geben einen Überblick über die wichtigsten Genres, Autoren und deren Hauptwerke. Das abschließende Kapitel fasst aus kultur- und funktionsgeschichtlicher Sicht einige gattungsübergreifende Tendenzen zusammen.

Veränderungen im Gattungssystem

Die Entwicklung der verschiedenen Gattungen verläuft im 18. Jh. unterschiedlich. Außerdem verschiebt sich mehrfach deren Gewichtung innerhalb des Gattungssystems. Während in den ersten Dekaden des 18. Jh.s die Versdichtung in der Hierarchie der Gattungen an der Spitze steht, tritt ab den 1740er Jahren der realistische Roman in den Vordergrund. Der Aufstieg des Romans hängt wiederum mit dem Niedergang des Dramas zusammen, für deren Entwicklung der *Theatre Licensing Act* aus dem Jahre 1737 so weitreichende Auswirkungen hatte, dass diese Theaterzensur einer Zäsur in der Entwicklung der Gattung gleichkam (vgl. Kap. 4.1).

Kapitelaufbau

Innerhalb der Kapitel zur Lyrik, zum Drama und zum Roman werden zunächst einige grundlegende Tendenzen dargestellt. Im Anschluss daran werden die wichtigsten Autoren anhand exemplarisch ausgewählter Werke in (mehr oder weniger) chronologischer Reihenfolge vorgestellt. Daher ergibt sich aus der Abfolge der Teilkapitel ein kursorischer Überblick über die wichtigsten Entwicklungslinien der jeweiligen Gattung.

2 Soziale und literarische Rahmenbedingungen

Adel, Kunst und Patronage

Literatur und Kunst hatten zu Beginn des 18. Jh.s einen völlig anderen Stellenwert als heute. Noch im 17. Jh. waren die Künste weitgehend der Aristokratie vorbehalten. Gemälde waren in Palästen zu bewundern, und Maler, Musiker und Dichter waren auf königliche oder adlige Patronage angewiesen. Künstler, die den König oder reiche Aristokraten auf sich aufmerksam machen konnten, bekamen von diesen Ehrenämter oder sogenannte *pensions*, die ihnen ermöglichten, ihre Zeit ganz der Kunst oder Literatur zu widmen. Dafür mussten ihre Werke den Idealen des jeweiligen Patrons entsprechen, der notfalls Änderungen verlangte. Als Gegenleistung für den Lebensunterhalt und die Unterstützung, die der Patron seinem Günstling gewährte, wurde er vom Autor mit Widmungen, Danksagungen und oftmals überschwenglichem Lob bedacht. Einige Autoren versuchten zugleich, ihre Beziehungen zu ihren Gönnern durch verschiedene Strategien zu ihren eigenen Gunsten zu beeinflussen.[12]

Der Aufstieg der mittleren Schichten

Während Kunst und Literatur für die breite Bevölkerung bis zum Ende des 17. Jh.s kaum eine Rolle gespielt hatten, vollzogen sich im England des 18. Jh.s einschneidende wirtschaftliche Änderungen, die oft als Beginn der Industriellen Revolution bezeichnet werden. Verbesserungen in der Landwirtschaft, Einhegungen, Landflucht, Urbanisierung, neue Manufakturen und Fabriken, der Ausbau von Straßen und Kanälen sowie der Anstieg des Binnen- und das rapide Wachstum des Außenhandels führten zu weitreichenden Veränderungen in der sozialen Struktur. Die markanteste Entwicklung ist der Aufstieg der mittleren Schichten, die von dem wirtschaftlichen Wachstum profitierten. Dadurch verfügten etwa Angestellte der Handelsgesellschaften, Rechtsanwälte und Kaufleute über ein vorher ungeahntes Maß an Zeit und Geld für Freizeitgestaltung und Geselligkeit.

Vergnügungen der mittleren Schichten

In London und anderen größeren Städten entwickelte sich eine Kultur, die öffentliche Vergnügungsmöglichkeiten bot. Vergnügungsparks wie z. B. Vauxhall Gardens in London, in denen man flanieren und Musik hören konnte, *assembly halls*, Kunstausstellungen, Konzerte, Bälle und Maskeraden eröffneten neue Möglichkeiten der Freizeitgestaltung. Darüber hinaus waren Klubs und Kaffeehäuser wichtige Stätten der Lektüre und Diskussion. Die komfortableren Häuser der mittleren Schichten waren mit Öfen, Teppichen, Wandbehängen und Geschirr ausgestattet. Die Lektüre von Zeitungen, Magazinen und Büchern konnte in angenehmer Atmosphäre zu Hause erfolgen. Darüber hinaus wurde Geselligkeit im privaten Kreis groß geschrieben. Der Genuss von und Gespräche über Kunst wurde zu einer sehr geschätzten Form, die freie Zeit auf angenehme, bildende und gesellschaftlich anerkannte Art zu verbringen.

Professionalisierung und Kommerzialisierung von Kultur

Die zunehmende Professionalisierung und Kommerzialisierung der Kultur manifestiert sich in der Kapitalisierung des Buchmarkts und in der Neuordnung des Verhältnisses zwischen Autoren, Patronen, Druckern und Literaturvermittlern.[13] Eine wichtige Grundlage für die Entstehung eines neuen Markts für Druckerzeugnisse wurde 1695 gelegt, als der *Licensing Act* auslief und nicht erneuert wurde. Dadurch entfiel die Vorzensur; zudem wurde die

12 Zur internen Struktur, den politischen, ökonomischen und sozialen Implikationen sowie der diachronen Entwicklung des Patronagesystems in England zwischen 1650 und 1800 vgl. die ausgezeichnete Studie von Griffin sowie Kernan.

13 Zur Stellung von Autoren, Verlegern und Druckern im englischen Literatursystem des 18. Jh.s vgl. Feather, Raven sowie die Aufsätze in Damrosch, *The Profession* . . .

bisherige Monopolstellung von zwanzig *master printers* in London gebrochen. Seit Beginn des 18. Jh.s produzierten daher immer mehr Drucker in London und zunehmend auch in anderen englischen, schottischen und irischen Städten eine stetig steigende Zahl an Druckerzeugnissen für ein wachsendes Lesepublikum. Durch die Ausbildung eines Buchmarkts wurde es im Verlaufe des 18. Jh.s immer mehr Menschen möglich, mit Literatur ihren Lebensunterhalt zu bestreiten, denn Literatur war zu einer Art ‚Ware' geworden. Viele Schriftsteller verfassten Auftragsarbeiten, Drucker brachten deren Erzeugnisse zu Papier, und sogenannte *booksellers* sorgten für Finanzierung, Drucklegung und Vertrieb der Bücher. Diese Kommerzialisierung von Kunst hatte weitreichende Folgen für die Inhalte und Formen von literarischen Werken, die sich nunmehr am Geschmack eines stetig wachsenden Publikums orientierten.[14]

Die Ausweitung des Lesepublikums

Eine wesentliche Voraussetzung für diese Kommerzialisierung von Kunst und Literatur war die Ausweitung des Lesepublikums.[15] Obgleich Adlige weiterhin Kunst rezipierten und zumindest als ideelle Förderer von Autoren große Bedeutung behielten, wurden Angehörige der Mittelschicht im Laufe des 18. Jh.s zum wichtigsten Adressaten- und Käuferkreis vieler Gattungen. V. a. der Aufstieg des Romans ist eng mit dem der Mittelschicht verknüpft.

Lesefähigkeit

Schätzungen über die Zahl der Briten, die im 18. Jh. des Lesens kundig waren, variieren stark; zudem gab es große regionale, soziale und geschlechtsbedingte Unterschiede. Um 1750 konnten mindestens ca. 60% der Männer und gut 40% der Frauen lesen, wobei die Zahlen für London wesentlich höher liegen müssten, denn dort konnten sogar viele Bedienstete und Lehrlinge lesen; außerdem wurde viel und gern vorgelesen.

Leihbibliotheken und Kaffeehäuser

Obgleich der Kauf von Büchern nur für eine Minderheit erschwinglich war, gab es verschiedene Arten von Leihbibliotheken, die teilweise recht große Bestände hatten. Die Jahresbeiträge der größeren *circulating libraries* waren zwar meist relativ hoch, aber der Betrag von ca. 5 Shilling im Jahr stellte für die Mittelschicht kein Problem dar und lag auch für gelernte Handwerker gerade noch im Rahmen des Möglichen. Außerdem boten *subscription libraries* und *book clubs* sowie kirchliche Bibliotheken Bücher zum Verleih an. Darüber hinaus lagen viele Zeitungen und Bücher in *coffee houses* aus, von denen es allein in London über 500 gab. In diesen Kaffeehäusern, in denen man auch Wein oder Brandy trinken konnte, war die Lektüre für den Preis eines Getränks möglich; häufig hatten sie auch einen Bestand an Büchern, der für ein geringes Entgelt an Kunden ausgeliehen wurde.

Literatur für die Mittelschicht

Eine Folge der Ausweitung des Lesepublikums bestand darin, dass sich Literatur nun verstärkt an die Mittelschicht richtete und deren Interessen und Bedürfnisse reflektierte. Diese Entwicklungen schlagen sich auch in Veränderungen im Gattungssystem dieser Epoche nieder: Dem Prestigeverlust von aus der Antike stammenden Genres wie Oden, Eklogen und Epen steht der Aufstieg von Gattungen gegenüber, in denen der Alltag, die Wertvorstellungen und die Empfindungen der Mittelschicht thematisiert wurden. Die beiden bedeutendsten Beispiele dafür sind der Aufstieg des Romans und die Herausbildung eines neuen dramatischen Genres, dem bürgerlichen Trauerspiel *(domestic tragedy)*, also Gattungen, in denen Figuren aus der Mittelschicht im Zentrum stehen und sogar tragische Charaktere sein können (vgl. Kap. 4.5).

Die Kommerzialisierung der Literaturvermittlung

Da es Verlage im heutigen Sinne im 18. Jh. noch nicht gab, wurden die Funktionen von Verlegern weitgehend von *booksellers* übernommen. Diese kauften Autoren Buchmanuskripte ab, ließen sie sodann von *printers* drucken, um sie anschließend in ihrem eigenen Laden zu verkaufen oder anderen *booksellers* zum Verkauf anzubieten. Von Neuerscheinungen erfuhren interessierte Leser durch lokale Zeitungen, in denen Londoner Betriebe inserierten, die ihre Bücher auf Anfrage zuschickten. Allerdings waren nur wenige Läden rein auf den Verkauf von Büchern spezialisiert. Meist waren Buchläden gleichzeitig auch Papier- und Schreibwarengeschäfte, zusätzlich verkauften sie Landkarten und Drucke, sehr häufig auch medizinische Allheilmittel, Gemüse, Tee und Zucker. Trotz dieser heute seltsam anmutenden Praxis konnte man gegen Ende des 18. Jh.s fast überall in England und Schottland Bücher erstehen.

Copyright

Der zu erwartende Profit von Veröffentlichungen hing vom Schutz des Urheberrechts *(copyright)* ab. Die Rechtslage war zu Beginn des 18. Jh.s unklar; meist gingen *booksellers* aber davon aus, dass das *copyright* für eine unbegrenzte Zeit galt. Dies war in ihrem eigenen Interesse, da das *copyright* den Autoren selbst nicht viel nutzte. Diese hatten zwar theoretisch die Eigentumsrechte, waren aber praktisch dazu gezwungen, ihre Werke für eine einmalige, manchmal grotesk niedrige Summe an einen *bookseller* zu verkaufen, der dadurch eine Monopolstellung für den Verkauf des Werkes erlangte. In einem vielbeachteten Gerichtsurteil wurde das

---

14 Einen ausgezeichneten Überblick über alle Aspekte der Kommerzialisierung von Kunst und Literatur sowie über die Auswirkungen dieser Entwicklungen für Autoren, *booksellers*, Leihbibliotheken, Rezipienten und Kritiker gibt Brewer, dessen Studie die umfassendste und beste Darstellung der englischen Kultur des 18. Jh.s ist.

15 Zum Lesepublikum vgl. die Beiträge in den von Rivers bzw. Raven/Small/Tadmoor herausgegebenen Bänden sowie das 2. Kap. in Watt.

copyright 1774 auf 14 Jahre begrenzt; danach konnten auch andere Drucker die entsprechenden Werke vertreiben. Dadurch verloren die Londoner *booksellers* allerdings nicht sofort ihre Monopolstellung, denn sie besaßen weiterhin die entscheidenden Rechte und ließen zu Auktionen, auf denen die Rechte für den Vertrieb von Büchern verkauft wurden, nur Mitglieder des Londoner Gewerbes zu. Selbst Anteile an den Rechten von beliebten Büchern waren sehr teuer; 1766 wurde etwa ein 24stel des *copyright* von SAMUEL RICHARDSONS Erfolgsroman *Clarissa* (1749) für 25 Pfund verkauft. Der Handel mit Büchern hatte sich zu einem lukrativen Gewerbe entwickelt.

Vom Patronagesystem zum Berufsschriftsteller

Die gestiegene Nachfrage nach allen Arten von Literatur führte im Laufe des 18. Jh.s zu Veränderungen des Patronagesystems und zur Professionalisierung des Berufs des Autors. Obgleich das Patronagewesen bis weit in das 18. Jh. hinein eine nicht zu unterschätzende Bedeutung als kulturelle Institution hatte und eine enge Wechselwirkung zwischen literarischen, religiösen, ökonomischen und politischen Formen von Patronage bestand, veränderte sich die Rolle des Schriftstellers im Literatursystem. Als erster ‚freier' Schriftsteller, der vom Patronagesystem weitgehend unabhängig wurde und der mit seinem Schreiben nicht bloß Wohlstand, sondern auch gesellschaftliches Ansehen erwarb, gilt ALEXANDER POPE (1688–1744).

***Hack writers* in Grub Street**

Seit dem frühen 18. Jh. verdingte sich eine wachsende Zahl von Schriftstellern als schreibende Lohnarbeiter, die Auftragsarbeiten wie Artikel für Zeitschriften, Übersetzungen, Sachbücher oder andere Arten populärer Literatur für vereinbarte Summen verfassten. Solche Lohnschreiber bzw. armselige Literaten wurden als *hack writers* bezeichnet. Die Produkte ihrer Gelegenheits- und Auftragsarbeiten wurden mit dem abschätzigen Begriff *grubstreet* belegt, der auf eine literarische Subkultur verweist.[16] Was es mit dieser Bezeichnung auf sich hat, geht aus dem Eintrag in dem berühmten *Dictionary* (1755) des DR. JOHNSON hervor: Grub Street war ursprünglich *„the name of a street in Moorfields in London, much inhabited by writers of small histories, dictionaries, and temporary poems; whence any mean production is called grubstreet"*. Lohnschreiber bzw. *hacks*, deren Arbeiten oft schon aufgrund von Zeitmangel keine hohe Qualität aufwiesen, hatten kein besseres Ansehen als ein ungebildeter Handwerker; jeder Art von *hack work* haftete der Makel des Minderwertigen an. Selbst Autoren wie OLIVER GOLDSMITH oder TOBIAS SMOLLETT, die teilweise gezwungen waren, sich als *hack writers* zu verdingen, mussten daher zeitweise gegen gesellschaftliche Vorurteile ankämpfen.

Einstellungen zur Patronage

Das schlechte Ansehen von Schriftstellern führte teilweise zu nostalgischen Rückblicken auf das alte Patronagesystem. ALEXANDER POPE oder JONATHAN SWIFT etwa verabscheuten jene Tendenzen, die Kunst zu einer Ware machten, die vom Publikumsgeschmack abhing. Aristokratische Patrone, so die ziemlich ahistorische Ansicht, hätten nur gute Autoren gefördert; die literarische Qualität sei das einzige Kriterium gewesen. In dem Maße, in dem individuelle Patrone an Bedeutung verloren und kommerzieller Gewinn zum Kriterium der Drucklegung wurde, bildete sich aber auch eine negative Sicht auf Patronage heraus. So büßte SAMUEL JOHNSON seinen Ruf als unabhängiger und unbestechlicher Autor ein, als er ab 1762 eine königliche Pension von 300 Pfund pro Jahr bekam.

Marktgesetze vs. Patronage

Die Funktion des Patrons wurde nun weitgehend von *booksellers* und Konsumenten übernommen. Was veröffentlicht wurde, unterlag den Gesetzen des Marktes. Welche Auftragsarbeiten vergeben wurden und welche von Autoren angebotenen Manuskripte tatsächlich gedruckt wurden, entschied das Kalkül über den zu erwartenden Profit. Professionelle Autoren erlangten daher Unabhängigkeit von den individuellen Vorlieben aristokratischer Gönner, wurden gleichzeitig aber abhängig vom herrschenden Geschmack.

Literaturkritik

Durch literaturkritische Beiträge hatten Schriftsteller aber auch die Möglichkeit, etablierte Normen und den Geschmack des Lesepublikums zu beeinflussen. Viele populäre Zeitschriften veröffentlichten Rezensionen und Artikel, in denen Autoren ihre Auffassungen über Literatur verbreiteten. SAMUEL JOHNSON arbeitete unermüdlich an der Vermittlung von Kriterien für ‚gute' Literatur und versuchte in teils humorvollen Schriften, das britische Lesepublikum zu erziehen. Auch OLIVER GOLDSMITH verfasste einen Essay zum modernen Drama, der dazu dienen sollte, seine Vorstellungen von guten Komödien durchzusetzen und seine Theaterstücke zu Publikumserfolgen zu machen (vgl. Kap. 4.7). Obgleich die Stellung von Literaturkritikern im 18. Jh. noch sehr umstritten war und sich Angehörige der mittleren Schichten vehement gegen eine solche professionelle Vereinnahmung von literarischen Maßstäben wandten, konnten die Berufsschriftsteller und professionellen Kritiker sich auf lange Sicht durchsetzen. Durch ihren Einfluss auf die Normen der Literatur veränderte sich auch das Image von Autoren: Wer mit den Einnahmen aus seinen Schriften seinen Lebensunterhalt bestritt, war nicht automatisch ein minderwertiger *hack*; vielmehr entwickelte sich professionelle Literaturproduktion allmählich zu einem angesehenen – wenn auch nicht immer gut bezahlten – Beruf.

---

16 Vgl. Rogers, *Grub Street*..., *Literature and Popular Culture*... und *The Eighteenth Century*, S. 1–80.

Institutionalisierung und Professionalisierung

In ihrer Gesamtheit führten die skizzierten Veränderungen zu einer zunehmenden Institutionalisierung, Professionalisierung und Selbstorganisation des Literatursystems. Die wichtigsten Merkmale dieser Entwicklung sind die Neuordnung des Verhältnisses zwischen Autor, Patron und den Instanzen der Literaturvermittlung, die Sicherung der ökonomischen Grundlage des Schriftstellerberufs durch die rechtliche Regelung der Eigentumsfrage und des Honorarwesens sowie die Entstehung eines kommerziellen und kapitalistisch organisierten Buchmarkts. Hinzu kommen die beträchtliche Ausweitung des Lesepublikums, die Professionalisierung der Literaturvermittlung sowie die Entwicklung literarischer Institutionen wie der Leihbüchereien und der Literaturkritik.

3 Mentalitätsgeschichtliche Rahmenbedingungen

Aufklärung und Religion

Inwiefern man im Hinblick auf die englische Kultur des 18. Jh.s vom Zeitalter der Aufklärung sprechen kann, ist umstritten. Auf den britischen Inseln vollzog sich zu dieser Zeit keine allgemeine Abkehr von der Religion. Vielmehr blieb die protestantische Religion ein wichtiger Bestandteil des Weltbilds und des Alltagslebens. Viele Geistliche standen an der Spitze wissenschaftlicher und kultureller Entwicklungen. Die große Bedeutung der Religion stand keineswegs im Widerspruch zum Fortschritt der Wissenschaften. Vielmehr nahm man an, dass sich Gottes Wirken in der gesamten Natur zeige und dass die Erforschung der Naturgesetze und der Gegenstände der Schöpfung daher ein Weg sei, Gottes Willen besser zu verstehen.

Natur- und Geisteswissenschaften

Die Beziehungen zwischen Naturwissenschaften, Philosophie und Literatur waren im 18. Jh. noch sehr eng. Die mathematischen und naturwissenschaftlichen Erkenntnisse ISAAC NEWTONS wurden überaus hoch geschätzt, und man hoffte, auch in den anderen Wissenschaften bald zu ähnlich klaren Erkenntnissen zu gelangen und etwa Naturgesetze über die Funktionsweise des menschlichen Geistes aufstellen zu können. Ein grundlegendes Merkmal dieser Epoche ist die hohe Wertschätzung von empirischen, d. h. auf Erfahrung beruhenden und nachprüfbaren Erkenntnissen. So hatte NEWTON seine mathematischen Formeln aus der Beobachtung der Bewegung von Körpern gewonnen. Die sehr einflussreichen psychologischen Theorien, die JOHN LOCKE in seinem Werk *An Essay Concerning Human Understanding* (1690) entwickelte, waren ebenfalls von der Empirie geprägt. Menschen kamen LOCKE zufolge ohne angeborene Ideen auf die Welt; alles Wissen stamme aus durch die Sinne gewonnenen äußeren Ein-

drücken, die danach gedanklichen Operationen von unterschiedlicher Komplexität unterworfen werden; als wichtig galt LOCKE dabei – ebenso wie später DAVID HUME – das Assoziationsprinzip.[17]

Soziale Hierarchie

Im 18. Jh. hatte der Grundsatz, dass alle Menschen gleich seien, noch keine Geltung; vielmehr ging man allgemein davon aus, dass es große natürliche und gottgewollte Unterschiede zwischen Menschen gab.[18] So führt ALEXANDER POPE die gesellschaftliche Hierarchie in seinem philosophischen Lehrgedicht *An Essay on Man* (1733/34) auf die im gesamten Kosmos geltende Ordnung zurück: „*Order is Heaven's first law; and, this confess'd,/ Some are, and must be, greater than the rest,/ More rich, more wise; but who infers from hence/ That such are happier, shocks all common sense*" (4. Epistel, Z. 49–52).[19] Dieser Auffassung zufolge hatte jeder gesellschaftliche Rang spezielle Rechte und auch Pflichten. Die oberen Schichten mussten sich in der Politik und in der Gemeinde engagieren und den unteren Schichten im Falle von Krankheit, unvorhergesehener Armut oder sonstigen Schicksalsschlägen Hilfe zukommen lassen. Die weniger begüterten Gemeindemitglieder hatten, so sie ihre Pflichten erfüllten und sich nichts zuschulden kommen ließen, moralischen Anspruch auf Unterstützung in Krisensituationen. Immer wieder wurde betont, dass kein Mitglied der oberen Schichten aufgrund seiner Privilegien glücklicher sei als Menschen aus den Unterschichten.

Rechtfertigungen der sozialen Hierarchie

Die soziale Ungleichheit entsprach damaligen Auffassungen zufolge sowohl den Bedürfnissen als auch der Natur der Menschen. Gott habe den Kosmos in Form einer hierarchischen Rangfolge geschaffen, die von den leblosen Steinen und Mineralien über Pflanzen, Tiere, den Menschen und die Engel bis zu Gott reiche. Sowohl Himmel als auch Erde seien hierarchisch organisiert: zwischen den Engeln gäbe es eine ebenso feine Hierarchie wie zwischen den Tieren und den Menschen. Die am nächsten bei den Tieren angesiedelten unteren Schichten verfügten demzufolge über weniger Vernunft und größere Triebhaftigkeit als die oberen Schichten, die als naturgegeben weiser galten, die Vorteile einer guten Erziehung genossen und daher zum Befehlen geboren und

---

17 Einen Überblick über die wichtigsten geistes- und naturwissenschaftlichen Tendenzen und Werke geben Willey und Rogers, *The Eighteenth Century*, S. 120–207.

18 Vgl. V. Nünning, „‚But some are more equal than others'...".

19 Zur Entlastung der Anmerkungen und des Literaturverzeichnisses wird bei Zitaten aus Primärtexten auf die Angabe der verwendeten Ausgaben verzichtet. Statt dessen werden bei Zitaten aus Gedichten die Verse, bei Dramen die jeweiligen Akte und Szenen und bei Romanen die Bücher bzw. Kapitel in Klammern im Text so genau wie möglich angegeben, um ein leichtes Auffinden der Zitate in unterschiedlichen Ausgaben zu ermöglichen.

erzogen waren. Von dieser hierarchischen Ordnung, so die verbreitete Annahme, profitierten letztlich alle Mitglieder der Gesellschaft. Dem entspricht eine ebenso verbreitete Skepsis gegenüber sozialer Mobilität.

Luxury

Das allgegenwärtige Lob auf die stabile hierarchische Ordnung stand im Widerspruch zu den tatsächlichen wirtschaftlichen Verhältnissen, insbesondere zum Aufstieg der Mittelschicht und zum gestiegenen Lebensstandard vieler Briten. Der Wandel der sozialen Verhältnisse führte jedoch nicht zu einer Änderung der vorherrschenden Einschätzung der gesellschaftlichen Hierarchie, sondern zu einer kritischen Beurteilung von sozialen Aufsteigern und von *luxury*.[20] Früheren Ladenbesitzern oder Bauern, die es zu etwas gebracht hatten, schlugen Vorurteile entgegen. Jedes Verhalten, das nicht im Einklang mit den dem jeweiligen Stand gemäßen Rechten und Pflichten stand, wurde als *luxury* verurteilt. Diese Kritik betraf v. a. den Konsum von Gütern, die als ‚Luxus' eingestuft wurden; sie bezog sich aber nicht nur auf Kleidung oder Nahrungsmittel, sondern auch auf die Beschäftigung von Dienern, die Teilnahme an gesellschaftlichen Veranstaltungen oder die Lektüre von Büchern.

Die Gefahren des Luxus

Luxury wurde deshalb gebrandmarkt, weil man darin eine Gefahr für die gesellschaftliche Hierarchie sowie eine Auflehnung gegen die Naturgesetze und den göttlichen Willen sah. Außerdem wurde *luxury* als politisches Übel angesehen; Luxusgüter führten damaligen Vorstellungen zufolge zur Verweichlichung und Korrumpierung der unteren und mittleren Schichten: Wer einmal auf Luxus aus sei, der wolle immer mehr und sei daher empfänglich für Bestechungen. Ein einfaches, möglichst asketisches Leben auf dem Lande galt demgegenüber als sehr vorteilhaft und förderlich für die Zufriedenheit mit den bestehenden Verhältnissen.

A Polite and Commercial People

Trotz dieser Abscheu gegenüber allen Formen von *luxury* wurden einige Folgen des wirtschaftlichen Aufstiegs der Nation sehr positiv eingeschätzt. Der Handel wurde immer wieder gepriesen, denn er steigerte den Reichtum und die Macht Großbritanniens. Außerdem war er damaligen Auffassungen zufolge die Grundlage für einen Aufstieg der Künste und einen höheren Zivilisationsstand. Durch *commerce* – das Wort bedeutete im 18. Jh. noch Handel und Konversation – eröffnete sich die Möglichkeit zum intellektuellen und kreativen Austausch, der wiederum zu einer Verfeinerung der menschlichen Persönlichkeit und der sozialen Umgangsformen führen sollte. Der Stolz vieler Engländer auf ihre Nation fand seinen Ausdruck in dem gewandelten nationalen Selbstbild eines Volkes, das sich aufgrund der verfeinerten Sitten und des Erfolgs als handeltreibende Nation nun als *a polite and commercial people* ansah.[21]

Politeness

Einer der wichtigsten Schlüsselbegriffe dieser Zeit ist *politeness*. Er bezeichnet ein streng reglementiertes Verhaltenssystem, das auf moralischen Grundlagen beruhte.[22] Dem Ideal der *politeness* zufolge sollte das Verhalten darauf ausgerichtet sein, andere zu erfreuen und selbst zu einem geschätzten und angesehenen Mitglied der ‚guten Gesellschaft' zu werden. Diesem obersten Ziel sollten alle Aspekte des Benehmens untergeordnet werden: Die Sprechweise, Gestik und Körperhaltung, die Auswahl von Gesprächsthemen, die Beurteilung des Verhaltens anderer und die Interpretation von Kunstwerken, alles unterlag den Regeln der *politeness*. Wer diese Kunst des höflichen Umgangs beherrschte, brauchte viel Selbstdisziplin, denn es ging darum, Konflikte zu vermeiden, die eigenen Interessen zurückzustellen, die Wünsche anderer zu erahnen und durchgängig ein Verhalten an den Tag zu legen, das als *refined* oder *polished* eingestuft wurde.

Der Wert von *politeness*

Die intensiven Bemühungen um *politeness*, die in fast allen Genres beschrieben, gelobt und bisweilen auch karikiert werden, dienten nicht nur der Selbstdarstellung. Zudem glaubte man, durch eine Orientierung an *politeness* zu einer besseren Person werden zu können. Aufgrund der verbreiteten Annahme, dass Gewohnheiten den Charakter prägen, galt höfliches Benehmen als ein Mittel für die Ausprägung einer kultivierten Persönlichkeit. Wer ein ausgesucht höfliches und zivilisiertes Verhalten an den Tag legte, galt als kultiviert und *refined*. *Politeness* wurde im Laufe des Jh.s immer mehr zu einem Merkmal von *gentlemen* und *gentlewomen*. Richard Steele hatte schon in der 207. Nummer von *The Tatler* vom 5.8.1710 behauptet: „*The appellation of a Gentleman is never to be affixed to a man's circumstances but to his behaviour in them.*"

Empfindsamkeit

Ab der Mitte des 18. Jh.s kam es außerdem zu einer weitreichenden Neubewertung von Gefühlen, die in der Kultur der Empfindsamkeit ihren Höhepunkt erreichte.[23] Im Gefolge der Rezeption der Werke Shaftesburys und Rousseaus verbreitete sich die Auffassung, dass der Mensch von Natur aus gut und mit sozialen Eigenschaften ausgestattet sei. Nicht Vernunft galt als die maßgebliche menschliche Qualität, sondern Mitmenschlichkeit und feine Emotionen, insbesondere Empathie und Mitleid. Außerdem

20 Zur negativen Einschätzung von *luxury* und zur weitreichenden Bedeutung dieses Konzepts vgl. Sekora.

21 Vgl. zu diesem Selbstbild und den sozial- und mentalitätsgeschichtlichen Grundlagen die Studie von Langford.

22 Zur Bedeutung von *politeness* vgl. Langford und L. Klein.

23 Vgl. zur *Culture of Sensibility* im einzelnen Todd, *Sensibility*..., Barker-Benfield, McGann, Mullan und V. Nünning, „Die Kultur der Empfindsamkeit...".

war man davon überzeugt, dass Gefühle an ethischen Entscheidungen maßgeblichen Anteil hätten und dass der Mensch von Natur aus mit einem *moral sense* ausgestattet sei.

Intellektueller Kontext

Neben diesen sozial-, literatur- und mentalitätsgeschichtlichen Rahmenbedingungen ist das religiöse, moralphilosophische, didaktische, biographische, ästhetische und historiographische Schrifttum für ein Verständnis des intellektuellen Kontexts der englischen Literatur dieser Epoche von zentraler Bedeutung.[24] Da dieses Schrifttum aber nicht den ‚Hintergrund' der Literatur des 18. Jh.s bildet, sondern ein integraler Teil davon ist, wird im folgenden Kapitel zunächst ein breites Spektrum von damals sehr populären Prosagattungen vorgestellt.

24 Als Einführungen in den kulturellen und intellektuellen Kontext sind Barrell, Brewer, Rogers, *The Eighteenth Century* und Sambrook zu empfehlen.

Prosagattungen im Grenzbereich zwischen Fiktion und Nicht-Fiktion

1 Gattungshierarchie, religiöses Schrifttum und Predigten

Gattungsspektrum

Im 18. Jh. war das Gattungsspektrum in England noch nicht klar ausdifferenziert; selbst die Bereiche Religion, Philosophie, Politik und Literatur waren noch nicht klar voneinander getrennt.[1] Viele Romane nannten sich *histories* und erhoben Anspruch auf Wahrheit, während Geschichtswerke zur schönen Literatur gehörten. Ethische, moralische oder politische Fragen wurden in Predigten ebenso diskutiert wie in Zeitschriften und Romanen. Ein weiteres gattungsübergreifendes Phänomen war die weit verbreitete Briefform; es gab politische Pamphlete, Reiseberichte, Geschichtsbücher und Erziehungsschriften in Briefen. Briefromane machten im 18. Jh. ein Fünftel der fiktionalen Prosa aus, im letzten Drittel des Jh.s sogar ein Drittel. Nicht ganz so populär, aber ebenfalls beliebt war die Versform; ALEXANDER POPE publizierte philosophische und literaturkritische Abhandlungen in Versen, ERASMUS DARWIN eine Erörterung über die Klassifikation von Pflanzen, *The Botanic Garden* (1789–1791).

Hierarchie von Büchern

Trotz dieser verschwimmenden Gattungsgrenzen hatte sich bereits eine Hierarchie von Werken etabliert: Einige ‚Klassiker' galten als nützlich und bildend, andere Genres – allen voran die wirklichkeitsfernen *romances* (vgl. Kap. 5.1) – wurden als unterhaltsam, aber schädlich eingestuft, weil sie Lesern und v. a. Leserinnen nur Flausen in den Kopf setzten. Diese Abstufung war so bekannt, dass RICHARD BRINSLEY SHERIDAN sie in seiner Komödie *The Rivals* (1775) zur impliziten Charakterisierung der jugendlichen Lydia Languish benutzt, die ihre Zofe auffordert, ihre als ‚trivial' geltenden Lieblingsbücher zu verstecken, bevor ihre Tante hereinkommt: *„Here, my dear Lucy, hide these books. Quick, quick. – Fling* Peregrine Pickle *under the toilet – throw* Roderick Random *into the closet – put* the Innocent Adultery *into* The Whole Duty of Man *[...] – put* the Man of Feeling *into your pocket – so, so, now lay* Mrs. Chapone *in sight, and leave* Fordyce's Sermons *open on the table"* (I, ii, 137–142). Romane wie TOBIAS SMOLLETTS *Roderick Random* (1748) und *Peregrine Pickle* (1751) oder HENRY MACKENZIES *The Man of Feeling* (1771) galten als Schundliteratur und mussten demnach verschwinden, während Bücher wie HESTER CHAPONES Erziehungs-

1 Zum Einfluss der Politik auf die englische Literatur des frühen 18. Jh.s vgl. Müllenbrock, *Whigs* ...; vgl. auch den Band von Nussbaum/Brown.

schriften und JAMES FORDYCES Predigten als Prunkstücke galten, deren Lektüre sich positiv auf die Moral der Lesenden auswirkte.

Breite religiöser Schriften

Rein quantitativ betrachtet bildeten religiöse Schriften im 18. Jh. die bedeutendste Textsorte. Die Vielzahl der erörterten theologischen Fragen reichte von der Gnade und *benevolence* Gottes bis zum Schicksal von Tierseelen. Außerdem wurden viele Pamphlete zu religionspolitisch brisanten Themen veröffentlicht, etwa zur politischen Diskriminierung von Katholiken oder von Dissentern, d. h. solchen protestantischen Glaubensgruppen, die nicht der anglikanischen Kirche angehörten. Rein von der Menge der Veröffentlichungen her beurteilt bildeten Predigten das wichtigste Genre. Durchschnittlich kamen im 18. Jh. jede Woche drei neue Predigten auf den Markt. Die Predigten von JOHN TILLOTSON (1630–1694), einem latidudinarischen Erzbischof, und von THOMAS SHERLOCK (1678–1761) gehörten zu Klassikern, deren Besitz auch Lydia gut zu Gesicht gestanden hätte.

Inhalte von Predigten

Predigten beschränkten sich nicht auf die Erörterung religiöser Inhalte und die Ermahnung zu christlichem Verhalten, sondern griffen häufig auch politische Fragen auf und nahmen zu aktuellen Themen Stellung. Berühmt wurde etwa der nonkonformistische Geistliche, Mathematiker und Moralphilosoph RICHARD PRICE (1723–1791), der 1789 anlässlich des hundertsten Jahrestages der *Glorious Revolution* in einer Predigt das Recht des Volkes auf radikale Änderungen der Verfassung und auf die Absetzung von Königen forderte. Der schottische Geistliche JAMES FORDYCE (1720–1796) machte es sich in seinen Predigten zur Aufgabe, junge Frauen zu erziehen. In seinen in zwei Bänden veröffentlichten *Sermons to Young Women* (1765) legte er dar, wie sich Mädchen zu verhalten hätten, und gab ihnen Ratschläge für eine solide Lektüre, zu der Romane natürlich nicht gehörten. FORDYCES *Sermons* gehörten daher zu Recht zu den Büchern, die Lydia ostentativ offen hinlegte, um ihre Tante zu beeindrucken.[2]

2 Tagebücher, Autobiografien und Briefe: John Wesley, Mary Wortley Montagu, Horace Walpole und ‚Junius'

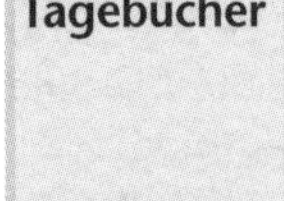

Tagebücher

Das Verfassen von Tagebüchern war zwar schon im 17. Jh. verbreitet, diente allerdings meist religiösen Zwecken: Sogenannte Seelentagebücher schilderten Bekehrungserlebnisse und Prozesse der Festigung des Glaubens. Im 18. Jh. herrschten hingegen säkulare Interessen vor, wobei sich viele unterschiedliche Formen herausbildeten. Einigen ging es nur darum, die eigenen Erlebnisse festzuhalten oder ihre Reflexionen niederzuschreiben. Oft war das Führen von Tagebüchern ein Mittel moralischer und kultureller

Selbstbildung. Tagebücher zeichneten dann die Bemühungen der Schreibenden nach, guten Geschmack und einen hohen Grad an Kultiviertheit und *politeness* zu erlangen.

John Wesley

Der religiöse Aspekt von Tagebüchern ging auch im 18. Jh. nicht völlig verloren. Dies wird besonders deutlich in dem ebenso berühmten wie ausführlichen Tagebuch von JOHN WESLEY (1703–1791), dem Begründer des Methodismus, der seine Eindrücke von 1735 bis 1791 festhielt. WESLEY reiste sehr viel, um den methodistischen Glauben zu verbreiten; die ersten Ausschnitte seiner Notizen veröffentlichte er schon 1738, als er von seiner Reise aus der nordamerikanischen Kolonie Georgia zurückkehrte. WESLEY war ein guter Beobachter, der nicht nur am Seelenzustand seines Gegenübers interessiert war. In seinen kultur- und sozialgeschichtlich aufschlussreichen Tagebüchern finden sich Kommentare über Landschaften, Bücher, soziale Verhältnisse und menschliche Schicksale, etwa über Besuche im Gefängnis und den Zustand von zum Tode Verurteilten.

James Boswell

Das bekannteste Tagebuch des 18. Jh.s stammt von JAMES BOSWELL (1740–1795), der sich als Biograph des berühmten SAMUEL JOHNSON (1709–1784) einen Namen machte. Es ist nicht nur deshalb ein bedeutendes Dokument, weil BOSWELL seine Erlebnisse schonungslos offen darlegte und viele führende Persönlichkeiten seiner Zeit pointiert beschrieb, sondern es ist auch von großer alltags- und kulturgeschichtlicher Bedeutung. BOSWELL war an allem interessiert, kommentierte seine Erlebnisse trocken und witzig und fand sich oftmals in recht extremen Situationen wieder. Seine amourösen Abenteuer schildert er ebenso anschaulich wie den Ärger über Geschlechtskrankheiten und seine Heilungsversuche. BOSWELL beobachtete sich selbst durchaus kritisch und nahm teilweise die Maske einer *persona* an; so benahm er sich einen Tag wie ein ‚typischer' Engländer, aß Rindfleisch und schaute sich stundenlang Hahnenkämpfe an. Gleichzeitig versuchte er, mit seiner Melancholie fertig zu werden und eine kultivierte Persönlichkeit zu entwickeln.

Autobiografien

Obgleich es das Wort *autobiography* im 18. Jh. noch nicht gab, wurden Autobiografien – meist als *history* oder *memoir* benannt – in dieser Zeit zu einer populären Gattung. Sie waren nicht immer mit Blick auf eine Veröffentlichung geschrieben und teilweise nur für die eigenen Kinder oder Verwandten bestimmt. Die Lebenserinnerungen ‚durchschnittlicher' Menschen galten als lesenswert, denn sie versprachen Belehrung in alltäglichen Dingen wie dem

---

2 Zur Homiletik und Homilien im 18. Jh. vgl. Lenz, der auf eine Parallelität zwischen literarischen und theologischen Diskursen in dieser Epoche hinweist.

Bemühen um Selbstbildung und gutes Verhalten. Andere Autoren richteten sich bewusst an die Öffentlichkeit, wie etwa der Dramatiker COLLEY CIBBER (vgl. Kap. 4.2), der die erste – anschaulich und gut geschriebene – Autobiografie aus dem Bereich des Theaters verfasste, *The Apology of the Life of Colley Cibber* (1740). Ganz knapp und präzise ist die nur wenige Seiten umfassende Lebensbeschreibung von DAVID HUME, *My Own Life* (1776 geschrieben, 1777 postum veröffentlicht). In dieser ersten britischen Autobiografie eines Philosophen hebt HUME nicht seine intellektuellen oder moralischen Tugenden, sondern seine Offenheit und *cheerfulness* im geselligen Umgang mit anderen hervor. Wie der Moralphilosoph ADAM SMITH in einem der ersten Veröffentlichung beigefügten Brief bestätigte, war HUME ein überaus kultivierter Mensch, der das Ideal der *politeness* offensichtlich erfüllte.

Briefe

Ein typisches Genre dieses geselligen Zeitalters, das so sehr um Bildung und geistreichen Gedankenaustausch bemüht war, ist der Brief. Er wurde sowohl zur Schilderung von Ereignissen und Situationen verwendet als auch zur Beschreibung der eigenen Gefühle. Der Grad an Intimität hing davon ab, ob ein Brief mit Blick auf Veröffentlichung geschrieben wurde. Relativ neutral sind z. B. die Briefe des Dichters ALEXANDER POPE (vgl. Kap. 3.2), der seine Korrespondenz bewusst der Öffentlichkeit zur Verfügung stellte und sie dafür teilweise noch einmal überarbeitete.

Lady Mary Wortley Montagu

Die private Korrespondenz von LADY MARY WORTLEY MONTAGU (1689–1762), die ihre literarische Kompetenz zuvor schon durch Gedichte und verschiedene anonyme Schriften unter Beweis gestellt hatte, wurde erst lange nach ihrem Tod 1803 veröffentlicht. Dies ist auch deshalb mehr als verständlich, weil sie die frühe Korrespondenz mit ihrem damaligen Verehrer enthielt, den sie gegen den Willen ihrer Eltern heiratete. MONTAGUS *Embassy Letters* (1763) hingegen waren von ihr selbst zur Veröffentlichung gedacht, wenn sie auch darauf bestand, dass sie vor ihrem Tod nur von Freunden gelesen wurden. Sie verfasste diese Briefe in den Jahren 1716 bis 1718 anlässlich einer Reise in die Türkei, wo ihr Mann zu dieser Zeit Botschafter war. Das breite Spektrum der detailliert beschriebenen Aspekte reicht von sozialen Gewohnheiten über Kleidungsmoden, Religion, Stellung von Frauen und Möglichkeiten der Scheidung bis zu Geschichte, Literatur und Landschaft. MONTAGUS positive Darstellung der Situation türkischer Frauen beruhte auf persönlichen Erfahrungen; sie suchte z. B. *bagnios* auf und konnte durch persönliche Kontakte sogar Einblicke in Gepflogenheiten des Harems des Sultans geben. Die Briefe bilden auch deshalb eine vergnügliche Lektüre, weil MONTAGU eine sehr gute Beobachterin war, amüsant schreiben konnte und geistreiche Vergleiche zur jeweiligen Situation in England zog.

Horace Walpole

Die bekannteste und umfangreichste (über 3000 Briefe!) Korrespondenz des 18. Jh.s stammt von HORACE WALPOLE (1717–1797), dem gebildeten Sohn des scharf kritisierten, aber überaus einflussreichen Ministers ROBERT WALPOLE. Der exzentrische Adlige HORACE WALPOLE war sich seiner eigenen Kultiviertheit sehr wohl bewusst; er gehörte zu den *Connaisseurs* seiner Zeit und füllte seinen nach angeblich ‚gotischer', mittelalterlicher Architektur erbauten Landsitz Strawberry Hill mit vielen Sammlerstücken. Seinen Schauerroman *The Castle of Otranto* (1765) druckte er selbst, um dem Stigma des professionellen *hack* zu entgehen. WALPOLES unterhaltsam geschriebene, eine Fülle von Themen und Schreibstilen umfassende, teils respektlose, aber immer literarisch durchgeformte Briefe enthalten viele kulturgeschichtliche Fakten und Anekdoten, beschränken sich allerdings auf die oberen Schichten.

Briefe als politische Äußerungsform

Auch viele der bekannten politischen Werke des 18. Jh.s sind in Briefform verfasst. Ein von THOMAS GORDON und JOHN TRENCHARD verfasster Klassiker der britischen Oppositionsideologie besteht aus Briefen, die zunächst von 1720 bis 1723 anonym in Zeitungen veröffentlicht wurden und unter dem Titel *Cato's Letters* (4 Bde., 1724) auch in Amerika viele Neuauflagen erlebten. Selbst die umfassendste Darstellung konservativer Werte und Denkweisen, EDMUND BURKES *Reflections on the Revolution in France* (1790), hat die Form eines (wenn auch sehr langen) Briefes. Eine Reihe von radikalen Kritiken an BURKE waren ebenfalls in Briefen geschrieben; dazu zählen die scharfen Entgegnungen von zwei Frauen, die im späten 18. Jh. sehr berühmt waren: CATHARINE MACAULAYS *Observations on the Reflections of the Right Hon. Edmund Burke* (1790) und MARY WOLLSTONECRAFTS *A Vindication of the Rights of Men* (1790).

Junius-Briefe

Zwischen 1769 und 1772 erregte eine Reihe von Briefen, die zunächst in Londoner Zeitschriften, 1772 in Buchform veröffentlicht wurden, großes Aufsehen. Unter dem Decknamen ‚JUNIUS' übte ein fieberhaft gesuchter, aber bis heute unbekannt gebliebener Autor scharfe Kritik an der Regierung. Seine Briefe geben Einblick in das damalige politische Denken und trugen dazu bei, die Regierung zu stürzen. Sie bilden ein Meisterwerk politischer Rhetorik und sind deshalb von besonderem Interesse, weil in ihnen erstmals die Schwächen der Persönlichkeiten von Regierungsmitgliedern gezielt und witzig aufs Korn genommen wurden. Der *Letter to the King*, in dem mit GEORG III. zum ersten Mal ein König persönlich angegriffen wurde, erreichte mehr als 100 000 Leser. Radikal sind die Briefe allerdings eher in Hinsicht auf ihre Form als im Hinblick auf die politischen Inhalte, die von verschiedenen oppositionellen Gruppen geteilt wurden.

3 Allgemeine Ratgeber, *Chapbooks* und Erziehungsschriften: Hannah More, Chesterfield, John Gregory und Hester Chapone

Almanache

Ähnlich wie *chapbooks* waren Almanache im 18. Jh. sehr weit verbreitet. Sie waren fast in jedem Haushalt der unteren Schichten zu finden und stellten dort neben der Bibel häufig die einzige Lektüre dar. Almanache enthielten einen Kalender, Voraussagen für das kommende Jahr, Informationen über astronomische und kirchliche Ereignisse, Tips für die Landwirtschaft und vielerlei Ratschläge. Von den Oberschichten wurden sie auch wegen ihres ‚Aberglaubens' sehr misstrauisch betrachtet. Grundlage für viele Tips war die Astrologie; so wurde etwa dargelegt, welcher Körperteil zu welchen Zeiten besonders anfällig für Krankheiten war. Außerdem lieferten Almanache kurze und leicht verständliche Unterhaltung in Form von Sprichwörtern, Witzen oder Merkwürdigkeiten.

Chapbooks

Ebenso wie Almanache wurden die sehr populären *chapbooks* von fahrenden Händlern vertrieben.[3] Es handelte sich um sehr billige kleine Büchlein, die einen Umfang zwischen 8 und 24 Seiten hatten und oft nicht mehr als einen Penny kosteten. Um die Mitte des Jh.s wurden Millionen solcher *chapbooks* verkauft. Ursprünglich waren sie gleichermaßen an Erwachsene und Kinder gerichtet, doch gegen Ende des Jh.s sprachen sie besonders Kinder an. Die Inhalte variierten stark: Ein großer Teil bestand aus ritterlichen Romanzen, Märchen oder Sagen, die viele Reisen, Abenteuer und heroische Taten enthielten. Kleine Gesangbücher kreisten häufig um Vergnügungen, Tanz und Alkohol. Neben Rätselbüchern erfreuten sich auch Witzbücher mit derbem Humor und die wechselhaften Abenteuer von Kriminellen einiger Popularität.

Subversiver Gehalt

Trotz der unterschiedlichen Inhalte waren sich *chapbooks* von ihrem respektlosen Tenor her sehr ähnlich. Soziale Ordnung und religiöse Pflichten wurden in der Regel missachtet oder explizit dem Spott preisgegeben. Fleiß, Ordnung, sexuelle Keuschheit und andere Tugenden wurden lächerlich gemacht; die Helden reüssierten durch Glück. Häufig gingen solche Geschichten gut für die jeweiligen Abenteurer aus, die aus den unteren Schichten stammten und trotz ihrer Handlungen jenseits der Legalität zuletzt belohnt wurden.

Cheap Repository of Moral and Religious Tracts

Besorgt über die hohen Verkaufszahlen der *chapbooks* begann Hannah More (1745–1833) Anfang 1795 damit, die sensationslüsterne Machart, lebhafte Sprache und Kürze der anschaulichen Geschichten nachzuahmen und mit religiös-didaktischem Inhalt zu füllen. Durch ihre Initiative entstand das *Cheap Repository of Moral and Religious Tracts*, zu dem neben More auch andere Auto-

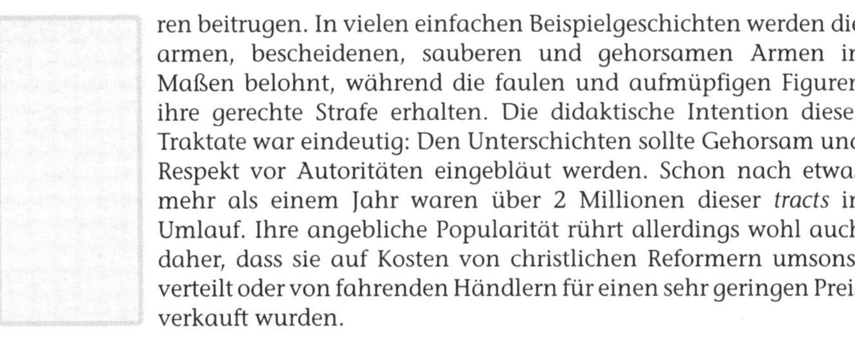

ren beitrugen. In vielen einfachen Beispielgeschichten werden die armen, bescheidenen, sauberen und gehorsamen Armen in Maßen belohnt, während die faulen und aufmüpfigen Figuren ihre gerechte Strafe erhalten. Die didaktische Intention dieser Traktate war eindeutig: Den Unterschichten sollte Gehorsam und Respekt vor Autoritäten eingebläut werden. Schon nach etwas mehr als einem Jahr waren über 2 Millionen dieser *tracts* in Umlauf. Ihre angebliche Popularität rührt allerdings wohl auch daher, dass sie auf Kosten von christlichen Reformern umsonst verteilt oder von fahrenden Händlern für einen sehr geringen Preis verkauft wurden.

Praktische Ratgeber

Großer Popularität erfreuten sich auch praktische Ratgeber aller Art, die im 18. Jh. zu allen möglichen Themenbereichen (von der Archäologie bis zur Zoologie) entstanden. Beliebt bei aufstrebenden Handwerkern waren Bücher wie *The Apprentice's Vade Mecum: or, Young Man's Pocket Companion* (1734), das erste Werk des Romanciers SAMUEL RICHARDSON, in dem er Ratschläge für das berufliche Fortkommen von Lehrlingen darlegte. Bauern zogen die *Horse Hoeing Husbandry* (1731) von JETHRO TULL zu Rate; medizinische Handbücher waren bei allen Schichten beliebt.

Lexika

Nachschlagewerke waren seit dem frühen 18. Jh. sehr gefragt. Den ersten großen Erfolg verzeichnete EPHRAIM CHAMBER mit seiner *Cyclopedia* (1728), die schnell viele Auflagen erlebte. Zum Standardwerk avancierte SAMUEL JOHNSONS *Dictionary of the English Language* (1755), das etymologische Informationen und Begriffsdefinitionen zu 40000 Worten gab. Wie auch in der sprachwissenschaftlichen Einleitung zu diesem Werk deutlich wird, verfolgte JOHNSON das zu dieser Zeit intensiv diskutierte Ziel, linguistische Konventionen zu fixieren. Sein *Dictionary* trug maßgeblich dazu bei, die Rechtschreibung zu vereinheitlichen. Das Bedürfnis nach Informationen schlug sich auch in der *Encyclopedia Britannica* nieder, die in der ersten Auflage in drei Bänden 1771 erschien.

Erziehungsschriften

Besonders beliebt waren Erziehungsschriften und Verhaltensratgeber (*conduct books*), die im 18. Jh. v. a. von den aufstrebenden mittleren Schichten gelesen wurden. JOHN LOCKES im 18. Jh. sehr geschätzte Schrift *Some Thoughts Concerning Education* (1693) bezeichnete kultivierte Umgangsformen als äußerst wichtig, gab aber kaum konkrete Ratschläge, sondern legte einen umfassenden Erziehungsplan dar.[4] Besonders zwei Werke aus dem 17. Jh. wurden häufig neu aufgelegt: Religiös geprägt war z. B. RICHARD

3 Zu *chapbooks* vgl. Neuberg und Schöwerling; zu den *cheap repository tracts* vgl. Pederson.

4 Zur Bedeutung Lockes für die englische Literatur des 18. Jh.s vgl. MacLean.

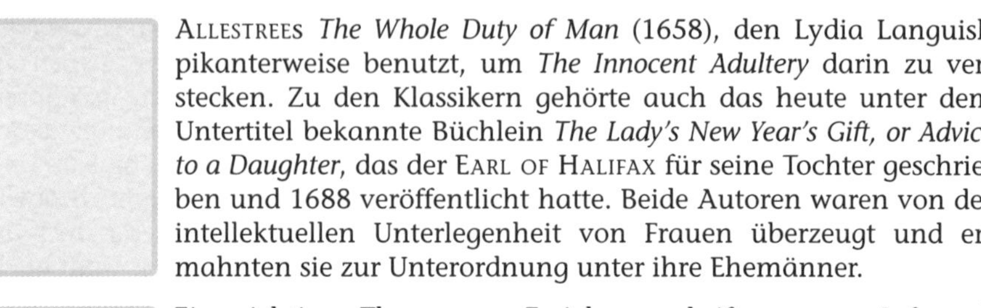

ALLESTREES *The Whole Duty of Man* (1658), den Lydia Languish pikanterweise benutzt, um *The Innocent Adultery* darin zu verstecken. Zu den Klassikern gehörte auch das heute unter dem Untertitel bekannte Büchlein *The Lady's New Year's Gift, or Advice to a Daughter*, das der EARL OF HALIFAX für seine Tochter geschrieben und 1688 veröffentlicht hatte. Beide Autoren waren von der intellektuellen Unterlegenheit von Frauen überzeugt und ermahnten sie zur Unterordnung unter ihre Ehemänner.

Inhalte von Erziehungsschriften

Ein wichtiges Thema von Erziehungsschriften waren Informationen über kultivierte Umgangsformen. Die aufstrebende Mittelschicht hatte ein schier unersättliches Bedürfnis nach Hinweisen darüber, wie man sich standesgemäß zu benehmen habe. Darüber hinaus wurden Ratschläge für den Umgang mit kleinen Kinder und für einen Lektüreplan für Jugendliche gegeben. Von großer Bedeutung war auch die Darstellung wünschenswerter Eigenschaften männlicher und weiblicher Zöglinge. Zu Beginn des 18. Jh.s herrschte noch die Annahme vor, den kindlichen Willen brechen zu müssen; später setzte sich dann die Überzeugung durch, dass die menschliche Natur nicht notwendig schlecht sei und gute Anlagen gefördert werden sollten. Als zentral galt nun vielmehr das menschliche Wohlwollen (*benevolence*), das alles Verhalten leiten solle. In vielen Schriften des 18. Jh.s hatten Religiosität und die Erziehung zur Christlichkeit einen sehr hohen Stellenwert.[5]

Chesterfield

Der wohl bekannteste Ratgeber zur *politeness* war ursprünglich nicht mit Blick auf eine Veröffentlichung geschrieben worden. Der EARL OF CHESTERFIELD (1694–1773) hatte seinem unehelichen Sohn in privaten Briefen eine Fülle von Ratschlägen über *good breeding* und *manners* gegeben, die seine profitgierige Schwiegertochter nach seinem Tod veröffentlichte. Die *Letters Written by The Earl of Chesterfield to his Son Philip Stanhope* (2 Bde., 1774) wurden nicht nur in England sofort zu einem riesigen Verkaufserfolg, da sie Ratschläge zu kultivierten Umgangsformen ‚aus erster Hand' lieferten. Gleichzeitig wurden sie scharf kritisiert, weil das gute Benehmen auf Heuchelei beruhte und letztlich dazu dienen sollte, andere zu funktionalisieren, um den eigenen Aufstieg zu fördern. Außerdem übten viele Rezensenten Kritik an CHESTERFIELDS negativem Frauenbild.

Dr. Gregory und Mrs. Chapone

Positivere Äußerungen über die Eigenschaften von Frauen finden sich in einigen bekannten Erziehungsschriften, z. B. in *A Father's Legacy to His Daughters* (1774) des schottischen Mediziners JOHN GREGORY und in HESTER CHAPONES *Letters on the Improvement of the Mind* (2 Bde., 1773). Diese Werke waren ebenso wie viele andere Erziehungsschriften als persönliche Ratgeber konzipiert, die Rat-

schläge für jugendliche Verwandte gaben. Auf dem Gebiet der Erziehung hatten Frauen im 18. Jh. genauso große Autorität wie Männer: Lydia Languish hat MRS. CHAPONES *Letters* zur Hand, um eine sittsame Lektüre vorzutäuschen, nicht das ebenfalls berühmte Opus des DR. GREGORY.

Ratgeber zur Mädchenerziehung

Die vielen Ratgeber, die sich mit der Erziehung von Mädchen befassten, hatten zwei Schwerpunkte: Erstens wiesen sie junge Frauen auf die große Bedeutung der Keuschheit hin; zweitens skizzierten sie das wünschenswerte Verhalten gegenüber den Ehegatten. Obgleich einige Werke die Vormachtstellung der Männer beklagten und deshalb dazu rieten, sich prospektive Ehemänner sehr genau anzuschauen, betonten fast alle die Unterordnung der Frau und die schon von der Bibel geforderte Pflicht zum Gehorsam. Lediglich ein diskretes und unmerkliches Anleiten der Männer sei erlaubt. Häufig finden sich zusätzlich Ratschläge zur Haushaltsführung, Kindererziehung und Behandlung von Dienern sowie (falls die unteren Mittelschichten angesprochen wurden) Tipps zum Einsparen überflüssiger Ausgaben.

Semifiktionale Kinderbücher

Neben Ratgebern, die sich an Eltern bzw. Jugendliche richteten, entstand im 18. Jh. eine Tradition von Kinderbüchern, in denen anschauliche, lehrreiche Beispielgeschichten lose durch eine Rahmenhandlung verknüpft waren. Diese Bücher befinden sich im Grenzbereich zwischen Fiktion und Sachprosa, da sie offensichtlich viele fiktionale Elemente enthalten, aber den Zweck von Lehrbüchern verfolgen. Die didaktische Absicht zeigt sich oft schon im Titel, etwa in SARAH TRIMMERS *Fabulous Histories designed for the Instruction of Children Respecting their Treatment of Animals* (1786), in dem Kinder z. B. von sprechenden Vögeln belehrt werden. Bekannt waren zudem SARAH FIELDINGS *The Governess* (1749), das häufig als das erste Kinderbuch bezeichnet wird, sowie THOMAS DAYS *Sandford and Merton* (3 Bde., 1783–89) und MARY WOLLSTONECRAFTS *Original Stories* (1788).

4 Feministische Schriften: Mary Astell, Catharine Macaulay und Mary Wollstonecraft

Stellung der Frau

Zu den im 18. Jh. heftig diskutierten Themen gehörte die gesellschaftliche Stellung von Frauen. Im Zentrum dieser Debatten stand aus zwei Gründen meist der Status von Ehefrauen: Erstens

5 Erziehungsschriften des 18. Jh.s sind noch nicht zum Gegenstand ausführlicher Untersuchungen geworden; einzelne Kapitel zur Erziehungsliteratur liefern Mergenthal und V. Nünning, *Revolution …*, S. 281–340.

galt die Ehe als Norm, und verheiratete Frauen genossen im Gegensatz zu *spinsters* ein hohes Ansehen. Zweitens waren Ehefrauen – im Gegensatz zu Witwen, die z. B. frei über ihr Vermögen verfügen konnten – rechtlich sehr schlecht gestellt, was im 18. Jh. zunehmend als ungerecht empfunden wurde. Eine Ehefrau war keine eigene Rechtsperson, sondern wurde nach der Heirat durch den Ehemann vor dem Gesetz repräsentiert. Sie konnte keine Verträge schließen, kein Eigentum besitzen und nicht als Klägerin gegen ihren Mann auftreten. Da Ehemänner für das Verhalten ihrer Frauen verantwortlich waren, besaßen sie das Recht, sie körperlich zu bestrafen und im eigenen Haus einzusperren. Angesichts der wachsenden Zahl berühmter Autorinnen und Künstlerinnen und aufgrund des hohen Ansehens von Frauen in der Kultur der Empfindsamkeit wurde diese Rechtlosigkeit im Laufe des 18. Jh.s immer schärfer kritisiert.

Mary Astell

Als erste englische Feministin gilt MARY ASTELL (1666–1731), die sich seit dem späten 17. Jh. für eine Verbesserung der Position von Frauen einsetzte. Schon 1694 veröffentlichte sie *A Serious Proposal to the Ladies for the Advancement of their True and Greatest Interest*, sechs Jahre später *Some Reflections upon Marriage* (1700), die beide in vielen Auflagen erschienen. Die politisch konservative und zutiefst religiöse ASTELL zweifelte die Institution der Ehe und das Recht des Ehemanns auf den absoluten Gehorsam seiner Frau allerdings noch nicht an. Sie betrachtete die Ehe als ein großes Wagnis besonders für Frauen, die ihr Schicksal nur einem Mann anvertrauen sollten, den sie für vernünftig und tugendhaft hielten. Da sie die Chancen für glückliche Ehen gering einschätzte, forderte ASTELL eine Alternative für Mädchen, die sich nicht dem Regime tyrannischer Männer unterwerfen wollten. Da ASTELL überzeugt war, dass nur die unzureichende Erziehung von Frauen für deren vermeintliche intellektuelle Unterlegenheit verantwortlich war, schlug sie in *A Serious Proposal* vor, eine Art klösterliche Akademie für reiche Frauen einzurichten, in der sie sich im freundschaftlichen Kreis ganz auf ein gottgefälliges Leben und wissenschaftliche Studien konzentrieren könnten.

‚Sophia'

MARY WORTLEY MONTAGU wies 1738 in der sechsten Ausgabe der von ihr herausgegebenen politischen Zeitschrift *The Nonsense of Common Sense* die Ansicht CHESTERFIELDS zurück, dass Frauen Männern naturgemäß unterlegen seien. In dem wichtigsten feministischen Pamphlet der 1730er Jahre brachte der oder die unbekannt gebliebene Autor/in von *Woman Not Inferior to Man … by Sophia or a Person of Quality* (1739) die Überzeugung von der intellektuellen Gleichwertigkeit der Geschlechter zum Ausdruck und argumentierte, dass Frauen ebenso gut politische Ämter ausüben oder an Universitäten unterrichten könnten wie Männer; für die Unwis-

senheit von Frauen sei lediglich deren mangelhafte Erziehung verantwortlich. Dieses Pamphlet entzündete eine öffentliche Debatte um die Stellung von Frauen, an der sich ‚SOPHIA' mit *Beauty's Triumph; or, The Superiority of the Fair Sex Invincibly Proved* (1740) noch einmal beteiligte.

Catharine Macaulay

Das erste Werk, das im 18. Jh. eine grundsätzliche Gleichberechtigung von Ehepartnern forderte, war CATHARINE MACAULAYS *Letters on Education* (1790). In dieser Erziehungsschrift sprach sich MACAULAY (1731–1791) für eine völlig gleichartige intellektuelle und moralische Bildung für Mädchen und Jungen aus, die auch gemeinsam erzogen werden sollten. MACAULAY gründete ihre Vorschläge auf moralphilosophische Überlegungen und auf JOHN LOCKES Zurückweisung der Vorstellung, Ideen seien angeboren: Wenn Menschen als *tabula rasa* auf die Welt kämen, könne es keine psychischen oder intellektuellen Unterschiede zwischen den Geschlechtern geben. MACAULAY argumentierte daher, dass Frauen dieselben Kenntnisse und Fähigkeiten erwerben sollten wie Männer und dass das männliche Geschlecht ebenso viel Empfindsamkeit und Empathie ausprägen sollte wie das weibliche. Ihre Forderung, dass Frauen Unabhängigkeit erlangen und selbstständig urteilen sollten, widersprach verbreiteten Stereotypen und schuf die theoretische Grundlage für die Forderung gleicher Rechte für Männer und Frauen.

Mary Wollstonecraft

In ihrer bekannten politisch-feministischen Kampfschrift *A Vindication of the Rights of Woman with Strictures on Political and Moral Subjects* (1792) räumte MARY WOLLSTONECRAFT (1759–1797) ein, ihre Gedanken über die Erziehung von Frauen von MACAULAY übernommen zu haben. Auch WOLLSTONECRAFT sprach sich für die Aufhebung der Abhängigkeit von Frauen aus und forderte eine Erziehung, die Mädchen die Ausprägung ihrer Anlagen ermöglichte. Allerdings wollte sie nicht alles von dem eigenen Urteil der Mädchen abhängig machen: In jedem Fall sollte ihnen der hohe Wert der Keuschheit eingeimpft werden, auch wenn dies rational nicht begründbar war, solange Männern infolge der herrschenden Doppelmoral *(double standard)* sexuelle Abenteuer verziehen wurden. WOLLSTONECRAFT ging aber insofern über MACAULAY hinaus, als sie aus deren grundlegenden Erörterungen konkrete Forderungen ableitete (u. a. die nach der Repräsentation der Interessen von Frauen im Parlament). Außerdem sollte talentierten Frauen die Möglichkeit gegeben werden, Berufe auszuüben und etwa Hebamme oder Ärztin zu werden.[6]

6 Abgesehen von Macaulay sind die englischen Feministinnen des 18. Jh.s Gegenstand vieler Studien; einen Überblick gibt Browne.

5 Zeitungen, moralische Wochenschriften und Magazine

Verbreitung von Zeitungen

Nach dem Auslaufen des *Licensing Act* kamen im Jahr 1695 die ersten drei regelmäßig erscheinenden Zeitungen heraus, darunter die whiggistische *The Flying Post* (1695–1753) und der konservativere *The Post Boy* (1695–1728); seit 1702 gab es die erste Tageszeitung, *The Daily Courant* (1702–35). Sie waren so beliebt, dass allein in London 1709 schon 18 Zeitungen publiziert wurden, darunter seit 1706 die erste Abendzeitung, die *London Evening Post*. Die besseren Blätter kursierten auch auf dem Land, wo sie häufig erst vom Grundherren, dann von den Bediensteten gelesen wurden. Zudem waren sie in *coffee houses* zugänglich; in den 1770er Jahren lagen in einem der größten Londoner Kaffeehäuser zehn Zeitschriften aus, die Kaffeehäuser in den Provinzen hielten oft noch vier. Man schätzt daher, dass die ca. 4000 Exemplare des *Post Boy* zwischen 50 000 und 70 000 Leser erreichten. Gut gehende Zeitungen verkauften zwischen 8000 und 10 000 Stück pro Auflage. Auf dem Land waren nicht nur Londoner Zeitungen erhältlich; in der ersten Hälfte des 18. Jh.s hatten 55 Städte ihre eigenen lokalen Nachrichtenblätter.

Inhalte von Zeitungen

Die ersten Zeitungen bestanden meist aus nur einem doppelseitig in je zwei Spalten bedruckten Blatt; schon in den 1720er Jahren bildete sich aber ein Format von vier Seiten heraus. Der hauptsächliche Inhalt der meisten Blätter bestand aus politischen Informationen und Kommentaren; schon in der zweiten Hälfte des Jh.s bestanden Zeitungen aber bis zur Hälfte aus Werbung. Größeren Raum nahmen darüber hinaus Nachrichten über die Wirtschaft ein, beliebt waren auch Informationen über Kriminalität und Belehrungen über Umgangsformen. Die Beiträge kamen häufig von Lesern; Leitartikel bildeten sich erst gegen Ende des Jh.s heraus. Viele Zeitungen unterstützten die Auffassungen einer politischen Partei und waren auch deshalb wichtig für die Herausbildung einer politischen Kultur der mittleren und unteren Schichten.[7]

Zeitschriften

Zwischen 1700 und 1720 etablierte sich eine neue Form von periodisch erscheinenden *Journals*, die im deutschen meist ‚moralische Wochenschriften' genannt werden, obgleich die meisten von ihnen weder wöchentlich erschienen noch im heutigen Sinne moralisch waren. In Zeitschriften wie dem *Observator* (1702–12), *The Rehearsal* (1704–09), Daniel Defoes *The Review* (1704–13), *The Examiner* (1710–11), *The Tatler* (1709–11) und *The Spectator* (1711–14) ging es in erster Linie um die Kommentierung aktueller politischer, religiöser, wirtschaftlicher oder kultureller Tendenzen. Solche Magazine haben auch deshalb das Interesse der Literaturwis-

senschaft auf sich gezogen, weil literarische Größen wie DANIEL DEFOE, JONATHAN SWIFT, JOSEPH ADDISON und RICHARD STEELE für sie schrieben.

Tatler* und *Spectator

Insbesondere die von ADDISON und STEELE verfassten Essays im *Tatler* und *Spectator* zählen noch heute zu den Glanzstücken dieses Genres. Zu Beginn des Jh.s waren *periodicals* allerdings noch nicht sehr verbreitet; selbst der *Spectator* hatte meist eine Auflage von nicht mehr als 3000 Exemplaren, wenngleich diese vermutlich von ca. 60 000 Lesern gelesen wurden. Der *Tatler* erschien dreimal pro Woche, im März 1711 wurde er dann ersetzt durch den *Spectator*, der als erstes Magazin bis Dezember täglich herauskam; von Juni bis Dezember 1714 erschienen dann noch drei Ausgaben pro Woche. Jede der 635 Ausgaben kostete nur einen (später zwei) Penny und bestand meist aus einem Essay. Die Kohärenz beruhte nicht in erster Linie auf den Themen, sondern auf der Perspektivierung der Essays, die für bestimmte Standards eintraten und aus der Sicht einzelner fiktiver *personae* verfasst wurden. Die ersten gesammelten Nachdrucke erschienen bereits 1712; danach gab es noch zahllose weitere Auflagen und Nachdrucke einzelner Teile in Schulbüchern, Verhaltensratgebern und Anthologien. Noch im 18. Jh. wurde der *Spectator* zu einem Klassiker, den fast alle *gentlemen* und *gentlewomen* gelesen hatten.

Inhalte

Der *Spectator* bestand aus Essays, teilweise in Form von Briefen, die hauptsächlich von JOSEPH ADDISON (1672–1719) und RICHARD STEELE (1672–1729) verfasst wurden. Die Themen dieser Essays reichen von den Absurditäten moderner Kleidungsmode über Umgangsformen und Sitten bis hin zu Philosophie und Literatur. Anlass für die Kommentare waren aktuelle kulturelle Ereignisse oder Gespräche in einem fiktiven Klub, dessen schrullige Mitglieder zu Beginn der Ausgaben vorgestellt wurden. Ziel war eine humorvolle und amüsante Art der Belehrung. In der 58. Nummer des *Specatator* vom 7. 5. 1711 legte ADDISON sein hochgestecktes Ziel dar: *„the great and only end of these my speculations is to banish vice and ignorance out of the territories of Great Britain“*.

Form der Essays

Die Belehrung sollte auf angenehme, unterhaltsame, teils witzige und ironische Weise erfolgen. ADDISON und STEELE kommentierten die Macken ihrer Zeitgenossen auf humorvolle Weise. Der Stil war weitgehend an die Umgangssprache angepasst, so dass Leser den Eindruck gewinnen konnten, sie hörten einer Unterhaltung zwischen geistreichen Bekannten zu. Die Schreibweise entsprach damit dem Stilideal des 18. Jh.s, das oft als *‚easy and familiar‘*

---

7 Zu Inhalten, Preisen, Aufmachung und Distribution englischer Zeitschriften im 18. Jh. vgl. Black; einen knappen Überblick über das Wachstum von Druckerzeugnissen gibt Feather.

bezeichnet wird. Die Form des Essays wurde aufgrund der kurzweiligen Belehrung geschätzt; sie galt als *polite* und *witty*, gerade recht für die Angehörigen der aufstrebenden mittleren Schichten, die sich nicht in die erörterten Probleme vertiefen, sondern auch komplexe wissenschaftliche Überlegungen in einfacher Form präsentiert haben wollten.

Gründe für den Erfolg

Dass der *Spectator* so schnell zum Klassiker werden konnte, lag v. a. daran, dass er das Ideal der *politeness* verkörperte. In den Essays wurden kultivierte Ansichten und Umgangsformen dargelegt, an denen sich ein (angehender) *gentleman* orientieren konnte. Der Erfolg war eng mit der Form verbunden; da die Essays im Gesprächston verfasst waren, schienen sie Lesern aus den aufstrebenden mittleren Schichten die Möglichkeit zu bieten, auf leichte Art die Regeln der *politeness* zu erlernen. Der *Spectator* informierte auch darüber, wie man neue Theaterstücke und kulturelle Tendenzen zu interpretieren und einzuschätzen habe. Die Vorteile der Lektüre fasste ADDISON in der 411. Nummer des *Specatator* vom 21. 6. 1712 in dem Essay „The Pleasures of the Imagination“ zusammen: *„A man of a polite imagination, is let into a great many pleasures that the vulgar are not capable of receiving. He can converse with a picture, and find an agreeable companion in a statue.“* Adäquater Kunstgenuss gemäß der im *Spectator* vermittelten Regeln stellte nicht nur eine angenehme Form der Freizeitgestaltung dar, sondern wies den Betrachtenden auch als Mitglied der gehobenen Schichten aus und diente damit der gesellschaftlichen Selbstdarstellung.

Imitationen und Differenzierungen

Das Muster des *Spectator* wurde in vielen weiteren Magazinen kopiert. SAMUEL JOHNSON etwa besserte sein Einkommen durch Beiträge für *The Rambler* (1750–52), *The Adventurer* (1753–54) und *Universal Chronicle* (1758–60) auf, indem er unter der *persona* ‚THE IDLER‘ die jeweiligen Leitartikel verfasste. In Schottland gab der Romancier HENRY MACKENZIE *The Mirror* (1779–60) und *The Lounger* (1785–87) heraus. Viele dieser Magazine erschienen zudem als Essaysammlungen in Buchform. Der große Erfolg der *periodicals* schlug sich in einer zunehmenden Differenzierung der Themenbereiche und Ausweitung der angesprochenen Leserschaft nieder. An ein weibliches Lesepublikum richteten sich etwa ELIZA HAYWOODS *The Female Spectator* (1744–46). Informationen über den Buchmarkt lieferten z. B. Zeitschriften wie *The Monthly Review* (1749–1845) und *The Critical Review* (1756–1817), deren Rezensionen von professionellen Autoren verfasst wurden. Politische Interessen vertraten etwa *The Examiner* (1710–11), der von JONATHAN SWIFT zur Unterstützung der 1710 an die Macht gekommenen Tories herausgegeben wurde, und der gegen ROBERT WALPOLE gerichtete *Craftsman* (1726–27 und 1731–37). Die Auflagen dieser

Magazine stiegen stark an; der *Craftsman* erreichte eine Auflage von 13 000, JOHN WILKES' satirische Oppositionszeitung *The North Briton* (1762–65), die die Regierung scharf kritisierte, hatte vermutlich ca. 100 000 Leser.

Gentleman's Magazine

Von den vielen Nachahmern der *periodicals* hatte das von EDWARD CAVE gegründete *Gentleman's Magazine, or Monthly Intelligencer* (1731–1907) den wohl größten Erfolg. CAVE engagierte SAMUEL JOHNSON und andere literarische Größen als Verfasser von Artikeln, verließ sich aber in großem Maße auf freiwillige Beiträge von Lesern, die Artikel, Kommentare, Briefe, Lyrik und Buch- sowie Theaterbesprechungen beisteuerten. Das Muster des *Gentleman's Magazine*, dessen Machart u. a. vom *London Magazine* kopiert wurde, blieb über die Jahrzehnte hinweg gleich: Es bestand aus einer Mischung von kleineren Nachrichten (z. B. über neue Amtsinhaber in Politik oder Kirche), Zusammenfassungen bzw. Rezensionen von Büchern und Theaterstücken sowie größeren Artikeln zu Themen, die von kultureller Brisanz waren. Die Inhalte reichten von der Politik über Fragen der Erziehung und Stellung von Frauen in der Gesellschaft bis zu Empfindsamkeit oder humanitären Reformbewegungen. Im Laufe des 18. Jh.s wurde die Zeitschrift zu einem bedeutenden Organ für die Publikation von zeitgenössischer Lyrik. Die Essays waren mit einem Pseudonym gezeichnet, das die spezifische Perspektive des angeblichen Schreibers verdeutlichte. Im Gegensatz zu anderen Magazinen war das *Gentleman's Magazine* ein Forum für unterschiedliche Auffassungen der Leser und spiegelte den öffentlichen Geschmack wider, auf den es nur geringfügig Einfluss zu nehmen versuchte.[8]

6 Essays und expositorische Prosa: Shaftesbury, David Hume, Bernard Mandeville und Adam Smith

Ziel und Form von Essays

Essays sollten grundsätzlich der Belehrung dienen, dabei aber kurzweilig und unterhaltsam geschrieben sein. Da Essayisten teilweise sehr komplexe Themenbereiche behandelten, war die gute Lesbarkeit immer ein Kriterium von Essays. Mit der Form von Essays beschäftigten sich viele Literaten der Zeit; DAVID HUME vertrat in dem Essay „Of Simplicity and Refinement" die Auffassung, dass ein Mittelmaß zwischen allzugroßer Einfachheit und übertriebener Kultiviertheit gewahrt werden müsse. Magazine blieben während des gesamten 18. Jh.s ein wichtiger Ort für die Publika-

8 Die moralischen Wochenschriften sind zum Gegenstand detaillierter Untersuchungen geworden; einen einführenden Überblick über Essayistik und andere Prosa geben der sehr informative Band von Müllenbrock/Späth, S. 43–69 sowie Rogers, *Restoration* ...

tion von Essays; allerdings wurden diese auch häufig in Buchform veröffentlicht, entweder als Essaysammlungen oder als einzelne längere Schriften. Den engen Bezügen zwischen Wissenschaft und Literatur entsprechend wurden auch viele wissenschaftliche Werke in Form von Essays verfasst, die ebenfalls gut lesbar sein und einen klaren Argumentationsstil aufweisen sollten.

Shaftesbury

Eine der einflussreichsten Essaysammlungen erschien in drei Bänden 1711, die *Characteristicks of Men, Manners, Opinions, Times* von ANTHONY ASHLEY COOPER, dem 3rd EARL OF SHAFTESBURY (1671–1713). SHAFTESBURYS Abhandlungen waren in doppelter Hinsicht relevant. Zum einen wies er die These zurück, dass *politeness* und politische Freiheit sich gegenseitig ausschlössen, und brach damit eine Lanze für kultivierte Umgangsformen. Zum anderen befasste er sich intensiv mit Fragen der Moral, Religion und Tugend, wobei er dem Menschen neben egoistischen auch wichtige altruistische Eigenschaften zusprach; er war sogar der Ansicht, dass beide insofern auf dasselbe hinausliefen, als Menschen von Natur aus gerne Gutes tun. Äußerst einflussreich war SHAFTESBURYS Konzept des *moral sense*, der Menschen Einsicht in sittliche Phänomene verschaffe und moralische Handlungen leite; zudem stellte er ästhetische Reflexionen an. Das Gedankengut SHAFTESBURYS schlug sich in vielen Romanen, ästhetischen und philosophischen Schriften des 18. Jh.s nieder.[9]

David Hume

Während des 18. Jh.s wurde DAVID HUME (1711–1776) zunächst durch seine Essays berühmt. Seine philosophischen Abhandlungen über die Bedeutung von Sinneseindrücken, Assoziationen und Gewohnheiten sowie seine Kritik am Kausalitätsbegriff bilden zwar bedeutende Meilensteine der europäischen Philosophie, in England und Europa wurden jedoch v. a. seine Essays geschätzt, die nach seinem Tod in einer von ihm selbst mehrfach überarbeiteten Form unter dem Titel *Essays, Moral, Political, and Literary* (1777) erschienen. In ihnen beschäftigte sich HUME mit Fragen der Moralphilosophie, Politik und Literaturkritik, mit Merkmalen guter Kunst im allgemeinen und mit Standards für gelungene literarische Werke im besonderen. Seine hohe Einschätzung dieser Gattung zeigt sich sowohl in seiner Diskussion dieser Form in *Of Essay-Writing* als auch daran, dass er dieses Genre über Jahrzehnte hinweg zur Darlegung seiner Gedanken verwendete.

Bandbreite von Essaysammlungen

Neben Philosophen verbreiteten auch viele *gentlemen* und *ladies*, die Zeit und Lust zum Schreiben hatten, ihre Auffassungen über Gott und die Welt in Form von gesammelten Essays. So verfasste LADY MARY WORTLEY MONTAGU mehrere Essays, die teilweise sogar im *Spectator* abgedruckt wurden; auch der heute weniger bekannte Geistliche VICESIMUS KNOX füllte über 500 Seiten mit seinen *Essays,*

Moral and Literary (1778). Häufiger war aber die Sammlung von Essays zu bestimmten Themenbereichen. HANNAH MORE betitelte eine ihrer bekannten Erziehungsschriften mit *Essays on Various Subjects, Principally Designed for Young Ladies* (1778).

Längere Essays

Viele Monografien, die man heute als wissenschaftliche Werke einstuft, wurden damals als Essays bezeichnet. Beispiele dafür sind JOHN LOCKES bedeutender *Essay Concerning Human Understanding* (1690) sowie der *Essay on the First Principles of Government* (1768) des heute als Entdecker des Sauerstoffs bekannten Philosophen, Theologen und Naturwissenschaftlers JOSEPH PRIESTLEY (1733–1804), der darin die Prinzipien einer freiheitlichen Regierung auf naturrechtlichen Grundlagen erörterte. Die Schriften von HUME und PRIESTLEY, die auf LOCKES sensualistischer Erkenntnistheorie gründen, wurden jungen Frauen zur Lektüre empfohlen.

Bernard Mandeville

Sicherlich nicht in das Zimmer junger Damen gehörte hingegen BERNARD MANDEVILLES (1670–1733) amüsante *Fable of the Bees*, die von der *Grand Jury of Middlesex* als öffentliches Ärgernis gebrandmarkt und im 18. Jh. fast einhellig missbilligt wurde. Ein erster Teil von MANDEVILLES Werk war unter dem Titel *The Grumbling Hive: or, Knaves Turn'd Honest* 1705 erschienen; 1714 fügte er diesem zunächst separat veröffentlichten Gedicht drei größere Essays (später noch einige Dialoge) hinzu, die den Umfang des knapp 400 Zeilen langen Gedichts bei weitem überschritten. Am Anfang der späteren Auflagen steht die in Knittelversen abgefasste Fabel von einem Bienenstock, der zunächst überaus korrupt und lasterhaft, dabei aber sehr reich und glücklich ist, bis er fatalerweise tugendhaft wird und folgerichtig dem Ruin verfällt. Aus dem „*Spacious Hive well stockt with Bees,/ That liv'd in Luxury and Ease*“ (Textanfang) wird ein anständiges, aber völlig verarmtes Bienenvolk. Die Zwangsläufigkeit dieses Prozesses wird von MANDEVILLE in langen Kommentaren begründet; die ‚Moral von der Geschicht‘ verdeutlicht aber schon der Untertitel des Werks: *Private Vices, Publick Benefits*. Das private Eigeninteresse, das Menschen dazu bringt, Luxusgüter zu erwerben, dient letztlich dem Gemeinwohl. Der Wohlstand einer Nation beruht MANDEVILLE zufolge nicht auf der Moral von Individuen und Politikern, was aus seiner Sicht ohnehin empirisch eindeutig widerlegt war, sondern auf den Lastern und dem Eigennutz der Menschen. MANDEVILLES Argumentation richtete sich nicht nur gegen das positive Menschenbild SHAFTESBURYS, sondern widersprach auch der damals verbreiteten Verdammung von *luxury*.

---

9 Zur Bedeutung Shaftesburys für die englische Literatur des 18. Jh.s vgl. Wolff, *Shaftesbury*..., L. Klein sowie Göbel, „Der Shaftesbury-Mythos...“.

Adam Smith

In seinem die klassische Wirtschaftsheorie begründenden Werk *An Inquiry into the Nature and Causes of the Wealth of Nations* (1776) schloss sich der schottische Philosoph ADAM SMITH (1723–1790) insofern an MANDEVILLES Thesen an, als er die Ansicht vertrat, dass man den individuellen Eigeninteressen freien Lauf lassen solle. Eine *invisible hand* werde diese zu einer florierenden Wirtschaft zusammenfügen; jedes Eingreifen von Politikern könne einem wirtschaftlichen Wachstum nur abträglich sein.[10] SMITH wendete sich damit gegen vorherrschende merkantilistische Auffassungen und trat für Grundgedanken des *laissez faire* ein. Obgleich SMITHS *Inquiry* zu einem Wegbereiter des wirtschaftlichen Liberalismus wurde und ökonomische Theorien bis ins 20. Jh. beeinflusste, war er keineswegs in erster Linie ein Wirtschaftstheoretiker. Von mindestens ebenso großer Bedeutung war seine *Theory of Moral Sentiments* (1759), in der er das Konzept des *impartial spectator* entwickelte. In dieser Schrift, die auf den Einsichten der zeitgenössischen Moralphilosophie aufbaute, erörterte SMITH die zentrale Rolle der Empathie: Ein tugendhafter Mensch müsse versuchen, sich in die Situation von anderen hineinzuversetzen und sein eigenes Verhalten letztlich nach dem auszurichten, was ein außenstehender unvoreingenommener Beobachter unter den jeweiligen Umständen für gut befinden würde.

7 Reiseberichte: Daniel Defoe, Captain Cook, William Gilpin, Ann Radcliffe, Mary Wollstonecraft und Laurence Sterne

Jh. des Reisens

Dass das Reisen im 18. Jh. so beliebt wurde, lag u. a. an den verbesserten Reisebedingungen, insbesondere dem Ausbau von Straßen und dem höheren Komfort von Kutschen. Der Mentalität der Zeit entsprechend, mussten Reisen zu Beginn des Jh.s über das bloße Vergnügen hinaus noch einen Zweck erfüllen. Sofern gesundheitliche Gründe geltend gemacht wurden, fuhr man entweder ans Meer in Orte wie Margate oder Brighton oder in populäre Kurorte wie Bath, die im 18. Jh. einen wahren Boom erlebten. Das Ziel von Bildungsreisen, die aufgrund der Kosten den höheren Schichten vorbehalten blieben, war meist Europa. Erst in den letzten Dekaden des Jh.s gestanden Reisende sich ein, Landschaften und Länder einfach genießen zu wollen.

Charakteristika

Die Beliebtheit des Reisens schlug sich besonders in der zweiten Hälfte des 18. Jh.s in einer Fülle von Veröffentlichungen nieder.[11] Zu Beginn des Jh.s kamen meist nüchterne Darstellungen der bereisten Länder auf den Markt, die als ergebnishaft geschriebene Berichte verfasst waren. Im Laufe des Jh.s gewannen Aufzeichnungen an Popularität, die in Form von Tagebüchern oder Brie-

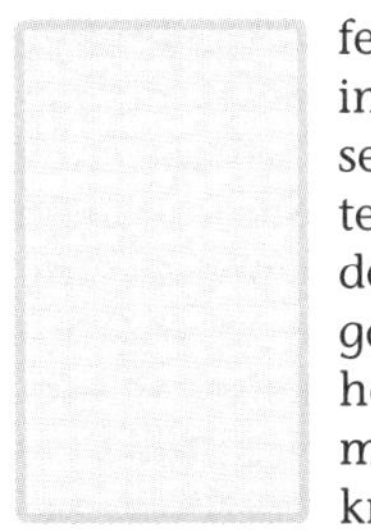

fen abgefasst waren und die subjektiven Eindrücke des Reisenden in den Vordergrund stellten. Ein Merkmal vieler Reiseberichte dieser Zeit war ein unterschwelliger Patriotismus. Reisende verurteilten fremde Religionen und Gebräuche, insbesondere in Italien, dessen Katholizismus sowie angeblicher wirtschaftlicher Niedergang und politischer Despotismus häufig als Gegenbild des freiheitlichen, reichen England dargestellt wurden. Auch die vermeintliche sexuelle Freizügigkeit italienischer Frauen wurde kritisiert, so etwa in ANNA MILLERS *Letters from Italy* (1777).

Die *Grand Tour*

In der frühen Neuzeit war es üblich, dass die ältesten Söhne wohl habender Familien ihre Bildung mit einer *grand tour* durch Europa abschlossen. Eine solche Reise wurde meist von einem Tutor begleitet und dauerte mehrere Monate. Sie sollte Kenntnisse über die bereisten Länder vermitteln und die Geschliffenheit im Umgang fördern. Den jungen Männern wurde geraten, sich nicht auf sexuelle Eskapaden einzulassen (eine große und berechtigte Angst), sondern ihre Sprachkenntnisse zu vervollkommnen und sich über die jeweiligen Sitten, Künste, Gesetze und Regierungsformen zu informieren. Die damaligen Interessen zeigen sich im Titel eines Reiseberichts von TOBIAS SMOLLETT, der alles Populäre anpreist: *Travels through France and Italy, Containing Observations on Character, Customs, Religion, Government, Police, Commerce, Arts, and Antiquities. With a particular Description of the Town, Territory, and Climate of Nice* (1766). Ein ‚Muss' für Bildungsreisende war ein längerer Aufenthalt in Frankreich, besonders in Paris. In dieser Stadt sollten die jungen Engländer v. a. die moderne Architektur bewundern und Eingang in gehobene gesellschaftliche Kreise finden, um den letzten Schliff in Sachen *politeness* zu bekommen. Fast immer führte die Reise auch nach Italien, wobei sich die Aufmerksamkeit hier besonders auf antike Bauwerke und Denkmäler sowie auf italienische Kunstwerke richten sollte; oftmals wurden auch Gemälde oder Skulpturen für den Familienwohnsitz erstanden. Weitere beliebte Reiserouten führten durch Städte in Holland, Deutschland und der Schweiz.

Reisen im eigenen Land

Zur Popularität von Reisen innerhalb der britischen Inseln trugen in der zweiten Hälfte des Jh.s eine Reihe von Faktoren bei.[12] Im Gefolge von EDMUND BURKES Bestimmung des *sublime* (vgl. Kap. 2.9) favorisierten Reisende Landschaften, die in ihnen ein Gefühl des Erhabenen erwecken konnten. Die Ausprägung eines

10 Zur weitreichenden Bedeutung des Konzepts der ‚unsichtbaren Hand' vgl. Riedel.

11 Eine Einführung in die wichtigsten englischen Reiseberichte liefern Korte und Bode; zu den Ausprägungen dieses Genres im 18. Jh. vgl. auch Feldmann, „Economic ..." und Batten.

12 Zum *domestic travel writing* vgl. Feldmann, „Economic ...".

kulturellen Nationalismus führte zu einer neuen Wahrnehmung von Landschaften, die zunehmend in das nationale Erbe eingingen. Das Interesse an der britischen Kultur war verknüpft mit einer Suche nach den nationalen Wurzeln, und auf Reisen erfreuten sich alte Klöster, Schlösser und Ruinen besonderer Beliebtheit; Tintern Abbey war schon zu Ende des Jh.s berühmt. Im 18. Jh. wurden Schottland, Wales und v. a. der *Lake District* als Reiseziele entdeckt. Reiseberichte zeichneten Großbritannien als ein attraktives Land mit vielen Sehenswürdigkeiten; Berge, Seen und Flüsse galten nun nicht mehr als beschwerliche Hindernisse, sondern als pittoreske Reiseziele.

Daniel Defoe

Eine solche Wertschätzung von Landschaften und Ruinen war dem bekanntesten Reisebericht von DANIEL DEFOE (1660–1731), *A Tour through the Whole Island of Great Britain* (1724–26), noch völlig fremd. DEFOES Werk war zwar auch von Stolz auf Großbritannien geprägt, aber bei ihm richtete sich dieser Stolz auf den wirtschaftlichen Fortschritt. DEFOES ergebnishaft abgefasster Bericht enthält viele Informationen über den aktuellen Stand von Landwirtschaft, Manufakturen und Handel. Seine faktenorientierten Ausführungen zum Zustand der Straßen und zu den Errungenschaften großer Städte beruhten auf genauer Beobachtung. Allerdings hatte DEFOE nicht, wie er vorgab, alle Orte selbst bereist, sondern er trug viel aus anderen Reiseführern zusammen. Dies passt aber insofern zur Zielsetzung seines Werks, als DEFOE seinen Lesern ermöglichen wollte, über viele Gegenden von Großbritannien zu sprechen, ohne selbst dort gewesen zu sein.

Joseph Addison

Einen typischen Bericht über einen Teil einer *grand tour* aus dem frühen 18. Jh. legte JOSEPH ADDISON mit seinen *Remarks on Several Parts of Italy* (1705) vor. ADDISON beschrieb kulturelle Ereignisse wie Opernbesuche, aber auch Sehenswürdigkeiten, Kirchen, Skulpturen und Gemälde, ohne seine eigenen Eindrücke wiederzugeben. Bereits 1705 bestand ein Problem dieser Art von Berichten über die typischen Stationen der *grand tour* darin, dass die wichtigsten Sehenswürdigkeiten zuvor schon vielmals beschrieben worden waren. Die Reiseberichte des 18. Jh.s sind daher von zwei miteinander verknüpften Tendenzen gekennzeichnet: Zum einen kam es zu einer Subjektivierung der Darstellungen, zum anderen wurden zunehmend neue Gegenden bereist und beschrieben.

Samuel Johnson

Schottland galt im 18. Jh. vielen Engländern noch als unzivilisiertes, fast barbarisches Land. Obgleich auch SAMUEL JOHNSON die verbreiteten Vorurteile gegenüber Schotten teilte, unternahm er gemeinsam mit seinem Freund JAMES BOSWELL eine Reise zu entlegenen schottischen Inseln. In *A Journey of the Western Islands of*

Scotland (1775) beschrieb er Lebensweisen und Gebräuche ebenso wie Ereignisse aus der schottischen Geschichte. JOHNSON ging es offensichtlich v. a. um die Erlangung und Vermittlung von Wissen, aber selbst dieser konservative Autor konnte sich dem Reiz mittelalterlicher Klöster und Ruinen nicht völlig entziehen.

Captain Cook

Die Reiseberichte, die die Teilnehmer der Erkundungsfahrten von CAPTAIN JAMES COOK (1728–1779) in die Südsee über die Flora, Fauna und Sitten der Ureinwohner veröffentlichten, erwiesen sich als große Verkaufserfolge. Von COOK selbst stammt der *Account of Voyages for making discoveries in the southern hemisphere* (3 Bde., 1773). GEORG FORSTER, der COOKS zweite Weltumsegelung als Botaniker begleitete, schrieb nicht nur die ihm aufgetragene offizielle Darstellung der Reise, sondern auch eine handliche, populäre Version, die noch vor COOKS eigenem Bericht dieser Fahrt erschien: *A Voyage Round the World* (1777).

Pittoreske Reisen: William Gilpin

Der Maler WILLIAM GILPIN (1724–1804) war in doppelter Hinsicht wichtig für Reiseberichte im 18. Jh. Zum einen verfasste er ein theoretisches Werk, *Three Essays: On Picturesque Beauty; On Picturesque Travel, and on Sketching Landscape* (1792), in denen er u. a. definierte, welche Landschaften im Betrachter einen ästhetischen Genuss hervorriefen. Spätere Reisende suchten nach Orten, von denen aus sie eine optimale Sicht auf solche pittoresken Gegenden haben konnten; einige führten sogar das sogenannte *Claude glass* mit sich, mit dem sie die Landschaft wie ein Bild getönt und gerahmt wahrnehmen konnten. Zum anderen veröffentlichte GILPIN mehrere sehr populäre Berichte über seine Reisen durch die britischen Inseln, in denen er sich v. a. auf die Beschreibung schöner Landschaften konzentrierte und genau darlegte, aus welcher Perspektive man sie am besten betrachten konnte. Im Gefolge GILPINS, dessen erstes Werk *Observations on the River Wye* im Jahr 1782 erschien, wurde das pittoreske Reisen geradezu zu einer Manie, die viele weitere Veröffentlichungen nach sich zog.

Ann Radcliffe

Großen Wert auf die Beschreibung von Landschaften legte etwa ANN RADCLIFFE (1764–1823) in *A Journey Made in the Summer of 1794 through Holland and the Western Frontier of Germany* (1795). RADCLIFFE wies eigens darauf hin, dass ihr Ehemann landeskundliche und politische Informationen zu ihrer Schrift beigetragen habe; sie selbst präsentiert sich als empfängliche Beobachterin, die ihre Ergriffenheit von der Erhabenheit der Landschaften – insbesondere während der damals schon sehr beliebten Fahrten auf dem Rhein – schildert.

Besonderheiten weiblicher Reiseberichte

An den Briefen Lady Mary Wortley Montagus ist bereits deutlich geworden, dass weibliche Reisende vielfach eine andere Perspektive einnahmen und Informationen lieferten, die in männlichen Reiseberichten eine weniger große Rolle spielten. Im 18. Jh. verfaßten viele Frauen Berichte, in denen sie Aussagen von männlichen Reisenden kritisierten und zurückwiesen. Tendenziell zeichnet sich weibliche Reiseliteratur durch ein größeres Interesse am Alltag, insbesondere an Frauen betreffenden Umständen, aus. In ihrem sehr populären Reisebericht *Letters Written during a Short Residence in Sweden, Norway, and Denmark* (1796) widmete Mary Wollstonecraft der sozialen Stellung von Frauen viel Aufmerksamkeit. Reiseberichte von Frauen diskutieren häufig asymmetrische Machtverhältnisse und zeichnen sich durch eine Ambivalenz der Darstellung aus.[13]

Relevanz für Romane

Das Reisemotiv war ein zentraler Bestandteil der Struktur vieler Romanen des 18. Jh.s. Ein großer Teil etwa der Romane Henry Fieldings und Tobias Smolletts spielt sich auf Straßen und in Gasthäusern ab (vgl. Kap. 5.4 und 5.6). Auch die Schauplätze von *Gothic novels* waren ihren Lesern oft durch Reiseberichte bekannt geworden, denn Schauerromane spielen häufig in Italien und Spanien oder im mittelalterlichen England, dessen Ruinen angeblich ein Gefühl für die damalige Atmosphäre vermittelten.

A Sentimental Journey

Von zentraler Bedeutung ist das Reisemotiv in Laurence Sternes Werk *A Sentimental Journey Through France and Italy* (1768), das an der Grenze zwischen Roman und Reisebericht angesiedelt ist. Thema dieses Buchs sind weniger die Besonderheiten der bereisten Orte als die Gefühle der Hauptfigur, des arg unkonventionellen Geistlichen Yorick. Die Einteilungen der Kapitel ergeben sich folgerichtig nicht aus Etappen der Reise, sondern aus dem Wechselbad der Gefühle Yoricks, der, anders als im Titel angekündigt, gar nicht bis nach Italien gelangt. Yorick legt zwar seine Eindrücke von anderen Personen dar; seine Beschreibungen zeigen aber v. a. seine eigene Empfindsamkeit, die sich häufig als stärker erweist als seine Urteilskraft. Dieses ebenso witzige wie empfindsame Werk, das in typisch Sternescher Manier mitten im Gespräch beginnt und mitten im Satz abbricht, prägte das Stereotyp des *sentimental traveller* und trug maßgeblich zur Ausprägung des Kults der Empfindsamkeit bei.

Vom Objekt zum Subjekt

Die Reisebeschreibungen von Defoe und Sterne bilden entgegengesetzte Pole einer Skala: Während der Schwerpunkt bei Defoe ganz auf der nüchternen Darlegung von Fakten liegt, befasst sich Sterne fast ausschließlich mit den Empfindungen des Reisenden. Wenngleich nur wenige Autoren so weit gingen wie Sterne, bildet diese Tendenz zur Subjektivierung ein Merkmal der Entwicklung der Reiseliteratur im 18. Jh., in der sich die Aufmerksamkeit immer

mehr vom wahrgenommenen Objekt auf das erlebende Subjekt verlagerte. Eine ähnliche Entwicklung lässt sich bei den Motiven des Reisens beobachten: Zu Beginn des Jh.s stand die Erlangung von Kenntnissen im Vordergrund, zu Ende des Jh.s mehr die Eindrücke der Reisenden, die zunehmend zu ihrem Vergnügen reisten und daher am Anfang der Entwicklung zum Tourismus stehen.

8 Prosasatiren: Daniel Defoe und Jonathan Swift

Formen der Satire

Die Vermischung unterschiedlicher Gattungen zeigt sich besonders in Satiren, die häufig in Versform gehalten sind und als Gedichte eingestuft werden (vgl. Kap. 3.2). Satiren stellen eine sehr negative, stark verzerrte Welt dar; die positive Gegenwelt liegt der Darstellung als ideale Norm zugrunde, wird aber nicht explizit genannt, sondern muss vom Leser erschlossen werden – was im 18. Jh. nicht immer gewährleistet war.

Daniel Defoe

So wurde etwa die satirische Absicht von DANIEL DEFOES Pamphlet *The Shortest Way with the Dissenters* (1702) von den zeitgenössischen Lesern zunächst nicht durchschaut. Dieses anonyme Pamphlet war aus der Perspektive eines engstirnigen Geistlichen der anglikanischen Kirche verfasst, der die protestantischen Nonkonformisten so verabscheute, dass er vorschlug, sie am besten alle zur Zwangsarbeit zu verurteilen oder gleich aufzuhängen. DEFOE, der selbst ein Dissenter war, wollte in dem satirischen Pamphlet die Sturheit von Geistlichen der *High Church* anprangern, aber dies misslang, weil Leser die Ironie nicht durchschauten und ihn beim Worte nahmen; nachdem seine Autorschaft publik geworden war, wurde DEFOE sogar an den Pranger gestellt.

Jonathan Swift

Heute noch bekannte Prosasatiren verfasste der irische Geistliche JONATHAN SWIFT (1667–1745), dessen weltberühmter Roman *Gulliver's Travels* (1726) oft auch als Satire eingestuft wird. Besonders böse war SWIFTS Pamphlet *A Modest Proposal for preventing the Children of Poor People from being a Burthen to their Parents, or the Country* (1729), in der eine schaurige Lösung für das Armutsproblem in Irland skizziert wurde: In der *persona* des sachlichen Volkswirts und wohlmeinenden Ratgebers schlug der Autor vor, die Kinder armer Eltern zu schlachten und ihr Fleich gewinnbringend an die Mitglieder der oberen Schichten zu verkaufen – auf diese Weise sei Armen und Reichen gleichermaßen gedient.[14]

---

13 Zu den Besonderheiten weiblicher Reiseliteratur vgl. Bohls sowie Kap. 6 in Korte.

14 Eine fundierte Analyse englischer Prosasatiren liefern Schmidt, *Satire* ...; zur Bedeutung von Satiren im Augustan Age vgl. auch die Beiträge in Weiß, Die englische Satire, Weiß, Swift und die Satire ... sowie Elkin.

Zielscheiben des Spotts

In Anlehnung an antike Satiren wurde im 18. Jh. häufig das tugendhafte Landleben mit dem lasterhaften und verruchten Leben in der Stadt kontrastiert. Beliebt waren Angriffe auf *luxury*, so etwa in der anonymen Satire *The Tryal of the Lady Allurea Luxury, before the Lord Chief-Justice* (1757). Ein Kennzeichen vieler satirischer Essays (z. B. von SAMUEL JOHNSON) ist die negative Darstellung sozialer Aufsteiger, die als dumme Tölpel karikiert werden, die mit ihrem Geld nichts anzufangen wissen und zum Gespött ihrer Bekannten verzweifelt versuchen, *polite* und kultiviert zu erscheinen, die aber letztlich in ihrer gehobenen gesellschaftlichen Position sehr unglücklich sind.

9 Ästhetik, Literaturkritik und Literaturgeschichte: Edward Young, Edmund Burke und Samuel Johnson

Ästhetische Schriften

Überlegungen zu Fragen der Kunst und des Geschmacks *(taste)* wurden im 18. Jh. zuerst in den *Characteristics* des EARL OF SHAFTESBURY angestellt. Sowohl von religiöser als auch von politischer Seite aus bestanden allerdings Bedenken gegen Kunstwerke: Man fürchtete, dass sie in den Umkreis der *luxury* gehören, Bürger verweichlichen und korrumpieren sowie Christen zur Liederlichkeit verführen könnten. Fürsprecher der Künste wurden daher nicht müde zu betonen, dass Literatur sowohl erfreuen als auch belehren müsse.

Edward Young

Während in der ersten Hälfte des 18. Jh.s antike Vorbilder und die Befolgung klassischer Regeln die literaturtheoretische Diskussion beherrschten, vollzog sich ab der Mitte des Jh.s eine langsame Abkehr von den Normem des Klassizismus (vgl. Kap. 3). Von wegweisender Bedeutung für die Entwicklung einer modernen Poetik waren die *Conjectures on Original Composition* (1759) des Dichters und Literaturkritikers EDWARD YOUNG (1683–1765), der erstmals die Bedeutung des Konzepts der Originalität für den künstlerischen Schaffensprozess hervorhob. Nicht die strenge Nachahmung antiker Autoren sollte englische Schriftsteller leiten, sondern sie sollten ihre antiken Vorbilder nur insofern nachahmen, als sie sich ebenso wie diese an der Darstellung der Natur orientierten. Im Zuge dieser Entwicklung erlangte WILLIAM SHAKESPEARE um die Mitte des Jh.s seinen Ruf als bedeutendster britischer Dramatiker, dem es kraft seiner Kreativität gelungen sei, die klassischen Regeln zu überwinden.

Edmund Burkes Ästhetik des Erhabenen

Eine der einflussreichsten ästhetischen Schriften des späten 18. Jh.s ist EDMUND BURKES (1729–1797) *A Philosophical Inquiry into the Origin of our Ideas of the Sublime and the Beautiful* (1756).[15] In seiner Wirkungsästhetik gründet er das zentrale Konzept des Erhabenen bzw. Sublimen, das den Akzent von der Ästhetik des Wer-

kes auf dessen Wirkung auf den Betrachter und die in ihm hervorgerufenen Affekte verlagert, auf die Ambivalenz von Freude und Schmerz, lustvollem Genuss und Schrecken, Bewunderung und Furcht. BURKES Ästhetik des Erhabenen ist eine der wichtigsten *„Manifestationen des ästhetischen Paradigmenwechsels vom Klassizismus zur Romantik"*.[16] Literarischen Niederschlag fand BURKES Theorie im englischen Schauerroman (vgl. Kap. 5.8). Mit seiner sensualistisch fundierten Unterscheidung des Schönen und des Erhabenen trug BURKE maßgeblich zur Psychologisierung und Subjektivierung literaturkritischer Maßstäbe und zur Überwindung der festen Regelsysteme der klassizistischen Ästhetik bei.

Literaturkritik

Im Laufe des 18 Jh.s wandelte sich auch die Literaturkritik insofern, als weniger Wert auf die Einhaltung klassischer Regeln gelegt wurde.[17] Statt dessen bemühte man sich zunehmend darum, die Errungenschaften einzelner Werke zu würdigen. Kritische Auseinandersetzungen mit Literatur wurden meist als Artikel oder Rezensionen in Zeitschriften veröffentlicht. Die Essays waren teilweise von professionellen Autoren wie TOBIAS SMOLLETT oder SAMUEL JOHNSON verfasst, teilweise aber auch von gebildeten *gentlemen* und *gentlewomen*, die diese wichtige geschmacksbildende Tätigkeit nicht den *hacks* überlassen wollten. Die Meinungen darüber, welche Werke besonders wertvoll seien, klafften weit auseinander; eine annähernde Einigung über den ‚Höhenkamm' der Literatur erzielte man erst gegen Ende des Jh.s. Zu dieser Zeit stellten die Beiträge von professionellen Autoren bereits das Gros der veröffentlichten Literaturkritik dar.

Dramenkritik: Goldsmith

Theaterstücke standen auch deshalb im Kreuzfeuer der Kritik, weil der didaktische Wert von Komödien umstritten war. Zu Beginn des Jh.s konnte sich die Auffassung COLLEY CIBBERS durchsetzen, dass herkömmliche Komödien die Moral der Zuschauer gefährdeten und daher durch *sentimental comedies* ersetzt werden sollten (vgl. Kap. 4.2). In den 1770er Jahren sprach sich OLIVER GOLDSMITH in *An Essay on the Theatre; or a Comparison between Laughing and Sentimental Comedy* (1773 im *Westminster Review* erschienen) dafür aus, dass Komödien durchaus Torheiten der unteren oder mittleren Schichten darstellen und komisch sein sollten. Diese Forde-

15 Zu Burkes Bedeutung vgl. zuletzt Fludernik, „Ästhetik und Rhetorik ..." mit viel weiterführender Literatur.

16 Weber, S. 20, 22. Zur Bedeutung von Burkes Ästhetik vgl. auch J. Klein, S. 21–84 und Weber, S. 20–39.

17 Zur Einführung in die Literaturkritik und -theorie dieser Epoche vgl. Wellek, Omasreiter, Mainusch, Ahrens/Wolff, Copley/Garside und Nugel. Zur Bedeutung von *gender* und Sprache vgl. die aufschlussreiche Untersuchung von Runge.

rung war auch egoistisch motiviert, denn GOLDSMITH wollte ein positives Klima für die Rezeption seiner eigenen Komödien schaffen (vgl. Kap. 4.7).

Roman-kritik: Johnson

Nicht viel besser war es um den Ruf von Romanen bestellt. Kritiker wurden nicht müde, seichte Romane zu verteufeln, die angeblich nur von jungen Mädchen gelesen wurden, die aus ihnen lernten, sich völlig auf romantische Liebe zu konzentrieren und auf ihren Märchenprinzen zu warten. Obwohl sich schon HENRY FIELDING darum bemühte, eine Theorie aufzustellen, die Romane respektabler machen sollte (vgl. Kap. 5.4), standen Literaturkritiker dieser Gattung bis zum Ende des Jh.s sehr skeptisch gegenüber. In Erziehungsschriften wurden junge Mädchen vor der Lektüre von Romanen gewarnt; eine Ausnahme machten viele Ratgeber allerdings für die Werke SAMUEL RICHARDSONS, die als bildend eingestuft wurden. Eine ausgewogene Einschätzung von Romanen lieferte SAMUEL JOHNSON in einem Essay in der 4. Nummer des *Rambler* (31. 3. 1750): Romane hätten aufgrund ihrer Anschaulichkeit ein hohes didaktisches Potential; daher sei es um so wichtiger, keine Unklarheiten bei der Beurteilung von Charakteren aufkommen zu lassen. Tugenden müssten sehr positiv gezeichnet werden, während die Darstellung von *vice* immer Abscheu im Betrachter hervorrufen solle.

Kanon-bildung

In der zweiten Hälfte des 18. Jh.s versuchte man, die unüberschaubar werdende Fülle an neuer Literatur zu sichten, relevante Werke auszuwählen, die als besonders gut und wertvoll galten, und sie in einen größeren Zusammenhang zu stellen. Dies geschah teilweise durch Ausgaben von Werken, die als ‚Klassiker' eingestuft werden sollten. So veröffentlichte JOHN BELL ausgewählte Sammlungen von Dramen und Gedichten; *Bell's British Theatre* (1776–78) umfasste 20 Bände, *Bell's British Poets* (1777–82) sogar 109 Bände. Eine Gruppe von 36 *booksellers* heuerte 1777 SAMUEL JOHNSON an, um kurze Einleitungskapitel zu den *Works of the English Poets* (10 Bde., 1779–81) zu verfassen und sich damit von den konkurrierenden Ausgaben abzuheben. JOHNSONS Einleitungen gerieten zwar recht lang und ließen außerdem auf sich warten, aber die Investition hatte sich gelohnt: Die Verbindung der Biografien der jeweiligen Autoren mit einer kritischen Würdigung ihrer Werke erwies sich als so erfolgreich, dass sie unter dem Titel *Lives of the Most Eminent English Poets* noch einmal separat veröffentlicht wurden. Zur Kanonbildung trugen auch die ersten Literaturgeschichten bei, allen voran die *History of English Poetry* (3 Bde., 1774–81) von THOMAS WARTON (1728–1790).

10 Geschichtsschreibung und Biografien: David Hume, Catharine Macaulay, Edward Gibbon und James Boswell

Ansehen von Geschichtsschreibung

Geschichtswerke genossen im 18. Jh. ein enorm hohes Ansehen.[18] Dies spiegelte sich auch in den Verkaufszahlen wider; schmale Bändchen waren ebenso populär wie gewichtige Werke. Besonders gern gelesen wurden Darstellungen der Geschichte Englands. Im Zuge des erwachenden Nationalbewusstseins interessierte man sich für viele Facetten der eigenen Vergangenheit, von der Regierungsform bis zu den Künsten der Druiden. Sogar Lokalgeschichte wurde liebevoll aufgearbeitet. Allerdings hatten nicht alle Geschichtswerke einen gleichermaßen hohen Status: Historiker grenzten sich häufig von *antiquaries* ab, die versuchten, alle Fakten detailliert darzulegen, ohne dabei Zusammenhänge aufzuzeigen.

Merkmale und Ziele

Die Merkmale guter Geschichtsschreibung wurden in vielen theoretischen Veröffentlichungen dargestellt. Ein gut lesbarer Stil galt ebenso als erforderlich wie adäquate Kommentare über das Geschehen und das Aufzeigen von größeren Zusammenhängen. Solche Werke wurden als sehr lehrreich gerühmt; DAVID HUME fasst das hohe Ansehen der Geschichte treffend zusammen, wenn er sie im 59. Kapitel des 5. Bandes seiner *History of England* als *„great mistress of wisdom"* bezeichnet. Die klassischen Ziele der Geschichtsschreibung formulierte HENRY ST. JOHN, VISCOUNT BOLINGBROKE (1678–1751) in seinen *Letters to a Young Nobleman on the Study and Use of History* (1735 geschrieben, 1752 veröffentlicht): Durch die Darstellung historischer Ereignisse und das Lob für gute Taten sowie die Verurteilung von schlechtem Handeln erweiterten Geschichtswerke den Erfahrungshorizont, ohne die Tugend der Lesenden zu gefährden. Geschichte sei kein trockener Stoff, sie belehre in einer anschaulichen, zur Nachahmung stimulierenden Weise: *„[H]istory is philosophy teaching by examples"*.

Geschichtsschreibung und Romane

Aufgrund des hohen Ansehens und didaktischen Werts von Geschichte versuchten viele Romanciers, ihren Werken den Anstrich der Geschichtsschreibung zu verleihen. SAMUEL RICHARDSON verzichtete in der zweiten Auflage seines empfindsamen Romans *Clarissa* sogar auf ein lobendes Vorwort von WILLIAM WARBURTON, weil daraus hervorging, dass *Clarissa* nicht zur Geschichtsschreibung gehöre, sondern ein besonders guter, das Leben exakt nachahmender, tugendhafter und lehrreicher Roman sei. Das war

18 Als Einführung in den Stellenwert und die Funktionen englischer Historiografie im 18. Jh. vgl. Levine sowie V. Nünning, „In Speech an Irony ..." und *Revolution ...*, S. 113–193. Zum Verhältnis zwischen Historiografie und Roman im 18. Jh. vgl. Braudy und Zimmermann.

RICHARDSON nicht genug; er wollte dem Werk gern *„the Air of Genuineness"* (Brief von SAMUEL RICHARDSON vom 19. 4. 1748) verleihen und es in die Nähe der Geschichtsschreibung rücken.

David Hume

Zum Standardwerk avancierte DAVID HUMES *The History of England, from the Invasion of Julius Caesar to the Revolution of 1688* (6 Bde., 1754–63). HUMES verhältnismäßig ausgewogene Darstellung betonte den Fortschritt der englischen Zivilisation seit dem frühen Mittelalter. Sein Werk entsprach insofern der Sicht der Tories, als er die Fortschritte in Bezug auf Wirtschaft, Handel, Künste, Sitten und Umgangsformen zeigte und seine Leser zur Zufriedenheit mit den bestehenden Verhältnissen anhielt.

Catharine Macaulay

Das einzige Geschichtswerk des 18. Jh.s, das aus der Sicht der Radikalen verfasst wurde, stammt von einer Frau. CATHARINE MACAULAY wurde schon durch die Veröffentlichung des ersten Bandes ihrer *History of England from the Accession of James I to that of the Brunswick Line* (8 Bde., 1763–83) zu einer Berühmtheit. MACAULAYS gründliche Aufarbeitung von Geschichtswerken sowie von politischen, religiösen und geistesgeschichtlichen Quellen schlägt sich in den ersten fünf Bänden in langen Zitaten aus (teilweise unveröffentlichten) Quellen und einem ausführlichen Fußnotenapparat nieder. Danach passte MACAULAY sich dem damaligen Geschmack der Leser an, tilgte die Spuren wissenschaftlicher Erkenntnisfindung weitgehend aus dem Text und wählte einen leicht lesbaren Stil.

William Robertson

Der schottische Geistliche WILLIAM ROBERTSON (1721–1793) befasste sich nicht mit der englischen Geschichte. Sein Werk *The History of Scotland during the Reigns of Queen Mary and of King James VI* (1759) wurde trotz der Vorurteile vieler Engländer gegen die angeblich hinterwäldlerischen, armen und ungebildeten Schotten viel gelesen. Seine zweibändige *History of America* (1777) war insofern von aktuellem Interesse, als die nordamerikanischen Kolonien im Jahr zuvor die Unabhängigkeit von England erklärt hatten und sich im Krieg mit dem englischen Mutterland befanden.

Edward Gibbon

Von zeitgenössischer Brisanz war auch das sechsbändige *History of the Decline and Fall of the Roman Empire* (6 Bde., 1776–88) des Historikers EDWARD GIBBON (1737–1794), die oft als bestes Geschichtswerk des 18. Jh.s bezeichnet wird. GIBBON zeichnet den Verfall des römischen Reichs von der Kaiserzeit bis ins frühe Mittelalter nach. Obgleich seine Geschichte des römischen Reichs aufgrund ihrer soliden Quellenarbeit, der ausgewogenen Urteile und der guten Lesbarkeit sogleich eine hohe Popularität erlangte, wurde sie wegen der kritischen Darstellung des frühen Christentums scharf angegriffen. Die detaillierte Darstellung des Untergangs des römischen Reichs erregte die Gemüter aber auch deshalb, weil man angesichts von Ähnlichkeiten zwischen der römischen und englischen Verfassung und der Ausweitung beider Reiche einen ähnlichen Verfall des britischen Empire befürchtete.

Weitere populäre Werke

Die zu erwartenden Verkaufserfolge von Geschichtswerken nutzten *booksellers*, die viele Geschichtswerke von *hacks* schreiben oder kompilieren ließen. Neben regelrechten Machwerken kamen dabei auch einige solide und interessante Publikationen heraus. Tobias Smollett etwa verfasste über 20 Bände zur englischen Geschichte, und Oliver Goldsmith die anonym erschienene *An History of England, in a Series of Letters from a Nobleman to his Son* (2 Bde., 1764). Diese zwei schmalen Bändchen waren im Konversationston geschrieben und gut lesbar. Sie lieferten eine sehr positive Darstellung des englischen Volks, das als besonders human und *polite* charakterisiert wird.

Funktionen von Geschichtsschreibung

Geschichtswerke erfüllten im 18. Jh. unterschiedliche Funktionen. Sie stellten Deutungsmuster bereit, die nicht nur der Erklärung von geschichtlichen Ereignissen, sondern auch von zeitgenössischen Umständen dienten. Ihre Darstellung des nationalen Erbes wurde oft zu einem Medium kultureller Selbstreflexion. v. a. trugen sie zur Herausbildung einer nationalen Identität bei: Gleichgültig, ob Autoren (wie Macaulay) Freiheitsliebe oder (wie Goldsmith) Humanität als Charakteristikum des britischen Volkes bezeichneten, schufen sie damit eine Voraussetzung für den Nationalismus des 19. Jh.s.

Geschichte als Propaganda

Eine besonders wichtige Funktion von Geschichtswerken im 18. Jh. war politischer Natur. Sehr viele Werke hatten einen parteipolitischen Gehalt: Smollett, Goldsmith und ansatzweise Hume vertraten die Sicht der Tories, Macaulay hingegen die der Radikalen. Da Geschichtswerke Präzedenzfälle lieferten, konnten sie zur Rechtfertigung aktueller politischer Entscheidungen beitragen. Die Darstellung negativer Maßnahmen diente oft als Warnung vor ähnlichem Fehlverhalten in der zeitgenössischen Politik. Außerdem konnten Geschichtswerke politische Prinzipien und Werthaltungen darstellen, definieren und veranschaulichen. Positive Werte wurden oft in die Vergangenheit projiziert, und durch die Darstellung solcher guter Zustände wurde Kritik an zeitgenössischen politischen Umständen geübt.

Biografien

Biografien erfreuten sich im 18. Jh. ebenfalls großer Beliebtheit. Lord Lytteltons (1709–1773) erbauliche, aber langweilige *The History of the Life of Henry the Second* (1767–71) wurde viel gelesen, und William Robertson konnte für seine dreibändige Biografie *The History of the Reign of the Emperor Charles V* (1769) den unerhörten Preis von 4500 Pfund heraushandeln. Das zeitgenössische Interesse an der Stellung der Frau in der Gesellschaft machte sich

Life of Johnson

Verbrecherbiografien

Relevanz für andere Genres

GEORGE BALLARD (1706–1755) in seinem Werk *Memoirs of Several Ladies of Great Britain who have been Celebrated for their Writings or Skill in the Learned Languages, Arts, and Sciences* (1752) zunutze. Daneben entstanden bereits die ersten biografischen Sammelwerke, so etwa das *General Dictionary, Historical and Critical* (1734–41) von THOMAS BIRCH (1705–1766), der dafür die erstaunliche Zahl von 618 Biografien verfaßte.

Life of Johnson

Die wohl bekannteste und wichtigste Biografie des 18. Jh.s war JAMES BOSWELLS *The Life of Samuel Johnson* (6 Bde., 1791).[19] BOSWELL war gut 20 Jahre mit JOHNSON befreundet gewesen und konnte daher auf seine eigenen Erfahrungen, Briefe und Anekdoten zurückgreifen, um einen sehr anschaulichen Eindruck von Johnsons Persönlichkeit zu vermitteln. BOSWELLS detaillierte Studie zeigt Stärken und Schwächen dieses exzentrischen Autors, zeichnet aber insgesamt ein von Bewunderung geprägtes Porträt. JOHNSONS Leben wurde auch geschildert von HESTER LYNCH PIOZZI (1741–1821; vor ihrer zweiten Heirat bekannt als MRS. THRALE) in ihren *Anecdotes of the late Samuel Johnson* (1786).

Verbrecherbiografien

Gleichsam den Gegenpol zu diesen seriösen Werken bildeten Verbrecherbiografien, die nicht nur bei den Unterschichten eine beliebte Lektüre waren. Dieses Genre bestand aus zwei Gruppen: offiziellen und populären Biografien. Die offizielle Darstellung des Lebens von bekannten Verbrechern verfasste der jeweilige Kaplan des Londoner Gefängnisses Newgate, in dem die zum Tode Verurteilten auf die Hinrichtung warteten. Die populären, wenn auch als minderwertig geltenden Verbrecherbiografien wurden hingegen von *hacks* wie DANIEL DEFOE verfasst und konnten einen Umfang von wenigen Seiten bis zu mehreren Bänden haben. Das wohl berühmteste Beispiel für solche Biografien war CAPTAIN ALEXANDER SMITHS Werk *A Complete History of the Lives and Robberies of the Most Notorious Highwaymen ...*, das 1713 erstmals erschien und dann zahlreiche Neuauflagen erlebte. Solche Biografien zeichneten sich weniger durch Faktentreue als durch Sensationslust aus. Die Protagonisten waren bewunderte Helden mit vielerlei Talenten und einem eigenen Ehrenkodex. Ihr Schicksal diente nicht der abschreckenden Belehrung; vielmehr war es die Grundlage für eine spannende Geschichte, in der ein galanter, schöner und sexuell attraktiver Mann seinen ‚Beruf' mit großer Höflichkeit und Effizienz ausübt.

Relevanz für andere Genres

Das große Interesse an solchen Verbrecherbiografien schlägt sich in vielen intertextuellen Bezügen zu diesem Genre nieder. Eine Fülle von Anspielungen auf Verbrecherbiografien findet sich etwa in JOHN GAYS Erfolgsstück *Beggar's Opera* (vgl. Kap. 4.3); in den Romanen DEFOES machen die Protagonisten sehr häufig per-

sönliche Bekanntschaft mit Kriminellen, Bandenchefs und dem Inneren von Gefängnissen (vgl. Kap. 5.2). Henry Fieldings Roman *The History of Jonathan Wild, the Great* (1742) spielt mit der Ähnlichkeit zwischen Vorgehensweisen korrupter Politiker und berühmter Verbrecher wie Jonathan Wild, um verdeckte Kritik an dem damals führenden Minister Robert Walpole zu üben.

Ausblick: Weitere Genres

In diesem Kapitel wurden lediglich die wichtigsten Tendenzen und Werke der bedeutendsten Prosagattungen vorgestellt. In jedem der hier skizzierten Genres sind eine Fülle weiterer Werke erschienen, die Stoff für viele Magisterarbeiten liefern können, weil sie von der Forschung bislang kaum beachtet wurden. Erst seit kurzem interessieren sich Anglisten etwa für Kinderbücher, die sich in der zweiten Hälfte des Jh.s zu einer kleinen Industrie entwickelten, auf die sich die *bookseller* John Newbery und William Darton konzentrierten. Außerdem lassen sich einige Werke aufgrund der unklaren Grenzen zwischen den Genres nicht eindeutig zuordnen. So besteht Gilbert Whites (1720–1793) heute noch bekanntes Buch *The Natural History of Selbourne* (1789) aus Briefen, die sich aus der Perspektive eines Naturkundlers mit Flora und Fauna seines Heimatdorfes befassen. Der Kupferstecher Thomas Bewick (1753–1828) verfasste mehrere reich illustrierte und über England hinaus populäre Werke über die heimische Tierwelt, die sich gleichermaßen an Kinder und Erwachsene richten. Schon sein erstes Werk *General History of Quadrupeds* (1790) kam gleichzeitig in zwei Ausgaben heraus: einer eleganten, die für Buchsammler und Naturkundler gedacht war, und einer kleinen billigen Version für Kinder und das breite Lesepublikum.

Wissenschaften und *Debating Clubs*

Außerdem erschien im 18. Jh. eine große Bandbreite wissenschaftlicher und pseudowissenschaftlicher Werke etwa zur Anthropologie, Theologie, Mathematik, Statistik, Chemie, Medizin, Botanik und Rhetorik. Darüber hinaus wurden Kenntnisse über diese Sachgebiete häufig mündlich an bildungshungrige Mitglieder der mittleren, teilweise auch unteren Schichten vermittelt. Dies wurde dadurch erleichtert, dass sich viele Wissenschaften noch im Anfangsstadium befanden und daher relativ wenig Vorwissen für ein Verständnis neuer Erkenntnisse notwendig war. Viele *clubs*, deren Mitglieder sich regelmäßig zu geselligen Abenden und Gesprächen trafen, luden *lecturers* zu Vorträgen ein, die sie über unterschiedliche Bereiche der Wissenschaften informierten, wobei Rhetorik und Aussprache besonders beliebt waren. Natürlich wurden *clubs* und *associations* aus vielen Gründen ins Leben gerufen: Einige dienten quasi der Altersversorgung von bestimmten Berufs-

19 Zum fremdbiografischen Erzählen vgl. Schwalm.

gruppen, andere lieferten in erster Linie Anlässe zum rituellen Betrinken, aber viele waren auf die Verbesserung der Stellung und die Selbstbildung ihrer Mitglieder ausgerichtet. In sogenannten *debating clubs* wurden politische und wissenschaftliche Themen nach festen Regeln diskutiert; dies stärkte das Selbstbewusstsein der Redner und gab ihnen die Gelegenheit, sich in der Rhetorik zu üben. Der berühmte ‚Robin Hood Club', in dem auch Angehörige der unteren Schichten politische Fragen nach parlamentarischer Manier debattierten, bildete nur die Spitze des Eisbergs. Ebenso wie Kaffeehäuser trugen diese *clubs* zur Entstehung einer öffentlichen Kultur bei.

Übersetzungen und politische Werke

Übersetzungen antiker Autoren ins Englische bildeten seit dem frühen 18. Jh. eine eigene Sparte. Aufgrund ihres hohen Ansehens boten sie attraktive Verdienstmöglichkeiten für gebildete Autoren. ELIZABETH CARTER (1717–1806) wurde mit ihrer Übersetzung des Gesamtwerks des antiken Stoikers Epiktet, *All the Works of Epictetus* (1758), reich und berühmt; ihr Honorar von fast 1000 Pfund ermöglichte es ihr danach, sich ganz ihren literarischen Interessen zu widmen. Der Stil politischer Schriften wandelte sich im 18. Jh.; es vollzog sich eine Abkehr von den antiken Regeln der Rhetorik zugunsten eines ‚natürlichen', klaren und präzisen Sprachgebrauchs. Zudem galt bis zum Siebenjährigen Krieg (1756–63) die Regel, dass sich wirkliche *gentlemen* nur mit allgemeinen und abstrakten Sachverhalten beschäftigten und in sachlicher Weise das für und wider von Maßnahmen diskutierten; gegen Ende des Jh.s wurden Politiker hingegen immer häufiger persönlich angegriffen. Politisches Schrifttum entzündete sich an mehreren Ereignissen: dem Frieden zu Utrecht (1713), der Herrschaft ROBERT WALPOLES (1721–1742), dem Siebenjährigen Krieg, den vielen Konflikten um den schillernden Volkshelden JOHN WILKES (1760er Jahre) sowie der Amerikanischen und Französischen Revolution. Einige dieser aus aktuellem Interesse geschriebenen Pamphlete wurden schnell zu Klassikern; so etwa THOMAS PAINES (1737–1809) radikale Schrift *Rights of Man* (2 Teile, 1791 und 1792), deren erster Teil eine Entgegnung auf BURKES *Reflections of the Revolution in France* darstellte.

Die englische Lyrik des 18. Jahrhunderts

1 Englische Versdichtung zwischen Klassizismus und Romantik

Kontinuität

Obgleich das Todesjahr von JOHN DRYDEN (1631–1700), dessen Werk die Epoche der Restauration nachhaltig geprägt hatte, mit dem Ende des 17. Jh.s zusammenfällt, bildet das Jahr 1700 weder in der Lyrik noch in den anderen Gattungen eine Epochenschwelle. Vielmehr besteht gerade in der Entwicklung der Versdichtung eine deutliche Kontinuität. So setzen sich in den ersten Dekaden des 18. Jh.s die klassizistischen Tendenzen zunächst fort. Der Begriff des Klassizismus bezeichnet die Orientierung an den Stilidealen, Formen und poetologischen Regeln antiker Autoren, deren Werke vielfach imitiert wurden. Ebenso wie der Terminus ‚Romantik' wird der des Klassizismus zum einen zur Bezeichnung ästhetischer Strömungen verwendet, zum anderen als Epochenbegriff.

Besonderheiten der Versdichtung des 18. Jh.s

Die Besonderheiten der Versdichtung des 18. Jh.s erschließen sich nur dann, wenn man die Werke nicht an jenem modernen Lyrikverständnis misst, das sich erst in der Romantik (ca. 1780–1830) herausbildete. Nicht Subjektivität, Gefühlsbetontheit und Originalität zeichnen die Versdichtung des 18. Jh.s aus, sondern eine formelhafte Sprache, eine Orientierung am naturwissenschaftlichen Vernunftbegriff, eine ausgeprägte Regelhaftigkeit und die Imitation antiker Vorbilder. Wenn der viktorianische Dichter und Kritiker MATTHEW ARNOLD (1822–1888) das 18. Jh. als ein Zeitalter der Prosa und des Verstandes charakterisiert, dann sind damit bereits einige Besonderheiten der oft prosaisch wirkenden Lyrik in dieser Epoche benannt. Drei weitere Gründe dafür, dass ein großer Teil der Lyrik des 18. Jh.s aus heutiger Sicht eigenartig ‚unlyrisch' erscheint, verweisen auf zentrale Merkmale der Versdichtung dieser Epoche:[1] deren sehr didaktischen Charakter, die Vorliebe für satirische Formen und Darstellungsverfahren sowie die Wirklichkeitsnähe, die sich in der Themenwahl und realistischen Detailbeschreibung zeigt.

---

1 Zur ersten Einführung in die Versdichtung dieser Epoche sind folgende Werke zu empfehlen: Fabian, Bd. 1, S. 303–314, Hühn, Bd. 1, S. 220–282, Johnston, Peake, Pache, S. 31–111, Rolle, *18. Jahrhundert*, S. 21–143, Seeber, S. 165–175 sowie die ausgezeichnete Darstellung von Müllenbrock/Späth, S. 107–191, die auch eine gute Auswahlbibliografie der Standardwerke enthält; zur Vertiefung vgl. Weinbrot.

Poetic Diction

Erschwert wird der Zugang zur Lyrik des 18. Jh.s. zudem durch die als *poetic diction* bezeichnete kunstvolle Sprache, die von der Alltagssprache bewusst abgehoben ist. Zu den Merkmalen der *poetic diction* zählen die Vorliebe für Archaismen, kunstvolle Umschreibungen sowie die Veranschaulichung von abstrakten Begriffen durch Personifikationen. Weitere Kennzeichen sind *„der Gebrauch von zusammengesetzten Epitheta (‚well-mouthed'), Partizipialadjektiven (‚swelling tide'), Latinismen (‚horrid' für rauh), Adjektiven mit y-Suffix sowie eines festen Repertoires an Lieblingswörtern (‚genial') und Lieblingsausdrücken (‚azure main')"*.[2] Die Häufung dieser vorgeprägten Stilmittel bzw. Versatzstücke verleiht einem großen Teil der Lyrik dieser Epoche einen sehr formelhaften, stilisierten und (aus heutiger Sicht) z. T. auch unfreiwillig komischen Charakter. Das bevorzugte Versmaß, der als *heroic couplet* bezeichnete paarweise gereimte jambische Pentameter, entsprach dem klassizistischen Stilideal, demzufolge sich die Sprache der Dichtung durch Einfachheit, Klarheit, Prägnanz und Verständlichkeit auszeichnen sollte.

Formenvielfalt

Darüber hinaus zeichnet sich die Versdichtung dieser Epoche durch eine Vielfalt der lyrischen Formen und Genres aus. Das Spektrum reicht von klassizistischen Lehrgedichten, Imitationen klassischer Vorlagen, Pastoraldichtung und Eklogen über Parodien, komische Heldenepen, andere *mock-heroic poems* und Verssatiren bis zu deskriptiv-reflektierender Landschafts- und Naturdichtung und Genres wie Elegien und Oden. Kulturgeschichtlich aufschlussreich sind außerdem die Beliebtheit von melancholischer Friedhofsdichtung und von (zunächst unentdeckten) Fälschungen.

Diachrone Entwicklung und Periodisierung

Trotz dieser Vielfalt von oft zeitgleich existierenden Formen gibt es auch in der Versdichtung des 18. Jh.s eine Reihe von Entwicklungen und Phasen, die jeweils ein recht markantes Profil haben. Obgleich es in jeder Dekade unterschiedliche Strömungen gab, vollzog sich in der Wahl der Genres, Themen und Darstellungsverfahren ein allmählicher Wandel. Während in den ersten drei Dekaden klassizistische, satirische und komische Formen bevorzugt wurden, traten nach etwa 1740 vorromantische Tendenzen in den Vordergrund. JOHNSTON fasst diese Veränderungen im Hinblick auf die zugrundeliegende Wirkungsästhetik überspitzt, aber anschaulich zusammen: *„When reading the best work of Dryden, Pope, Swift, Prior or Gay, we are often made to laugh. After 1740 poets want us to weep or sigh, to gasp with awe or shudder with fear, but they do not ask us to laugh. One of the main characteristics of the poets writing between 1740 and 1780 is their desire to restore poetry ‚to her antient truth and purity'."*[3]

Drei Entwicklungsphasen

Obgleich das Jahr 1740 keine klare Zäsur darstellt, lassen sich in der Entwicklung der Lyrik des 18. Jh.s drei Phasen unterscheiden: Eine erste Phase, die vom ausgehenden 17. Jh. bis etwa 1740 reicht, steht noch weitgehend in der Tradition des Klassizismus. Die zweite Phase, deren Höhepunkte in die mittleren Dekaden des Jh.s. fallen und in der die im Klassizismus dominierenden didaktischen und satirischen Züge zugunsten anderer Tendenzen zurücktreten, ist durch das Nebeneinander verschiedener Strömungen und Genres sowie eine Aufwertung von Emotion, Empfindsamkeit und Subjektivität gekennzeichnet. Die dritte Phase von etwa 1770 bis 1800 steht im Zeichen der thematischen und formalen Innovationen der als Vor- und Frühromantik bezeichneten ästhetischen Neuorientierung. Die Abwendung von den Idealen des Klassizismus und die Hinwendung zum Romantischen vollzog sich in der Lyrik keineswegs abrupt, sondern in Form eines allmählichen Wandels.

Merkmale von Klassizismus und Romantik

Klassizismus und Romantik markieren zwar die Pole, zwischen denen sich die diachrone Entwicklung der englischen Lyrik des 18. Jh.s entfaltet, doch in vielen Werken überlagern sich klassizistische und romantische Elemente. Daher ist eine Kenntnis der einander entgegengesetzten poetologischen Prämissen und Schreibweisen, durch die sich die klassizistische Versdichtung von der vor- bzw. frühromantischen Lyrik unterscheidet, wichtig für ein Verständnis der Lyrik in dieser Epoche.[4] Stark vereinfacht lassen sich die wichtigsten Merkmale, durch die sich Klassizismus und Romantik auszeichnen, so zusammenfassen:

Merkmale des Klassizismus	Merkmale der Romantik
▪ Rückgriff auf die Antike	▪ Wiederentdeckung des Mittelalters
▪ Nachahmung klassischer Formmuster	▪ Aufwertung volkstümlicher Formen
▪ Orientierung an der antiken Regelpoetik und an überzeitlichen Normen	▪ Begründung neuer ästhetischer Werte
▪ Beherrschung vorgegebener metrischer und rhetorischer Regeln	▪ Suche nach neuen Ausdrucksmöglichkeiten

2 Müllenbrock/Späth, S. 111; zur *poetic diction* vgl. ebd., S. 110–113 und Göller, *„Die Poetic Diction ...“*.

3 Johnston, S. 315.

4 Die Sekundärliteratur zu Klassizismus und Romantik ist kaum überschaubar, und eine Auswahlbibliografie würde leicht einen eigenen Band füllen. Zur Einführung vgl. G. Stratmann, *Englische Aristokratie ...* bzw. Müller, „Das Problem der Subjektivität ...“.

■ mimetische Literaturkonzeption (Dichtung als Nachahmung der Natur)	■ expressive Poetik (Dichtung als Ausdruck leidenschaftlicher Gefühle und persönlichen Erlebens)
■ Tradition und Autorität	■ Innovation und Originalität
■ geschlossene, ganzheitliche Formen	■ offene, fragmentarische Formen
■ stilisierte, formelhafte Sprache	■ einfache, ‚natürliche' Sprache
■ Klarheit und Eindeutigkeit	■ Suggestion und Ambiguität
■ Betonung allgemeingültiger Gesetze	■ Betonung des individuellen Erlebens des Dichters
■ Objektivität und Universalität	■ explizite Subjektivität und Partikularität
■ Primat der Vernunft und des Verstandes	■ Primat des Gefühls und der Einbildungskraft
■ Literatur als didaktisches und satirisches Medium	■ Autonomie der Kunst

2 Klassizistische Imitationen, komische Epen, Lehrgedichte und Verssatiren: Alexander Pope, Jonathan Swift und Samuel Johnson

Poetik des Klassizismus

In den ersten Dekaden des 18. Jh.s. stand die englische Versdichtung noch ganz im Zeichen des Klassizismus. In Ergänzung zu den in der voranstehenden Matrix genannten Merkmalen zeichnen sich die Poetik und Dichtung des Klassizismus durch drei weitere Kennzeichen aus: durch eine mimetische Auffassung von Dichtung als Nachahmung der allgemeingültigen und feststehenden Naturgesetze der Welt, den für das Zeitalter der Aufklärung typischen Glauben an die gleichbleibende, harmonische und rational zu begreifende Ordnung der Natur sowie den normativen Charakter der klassizistischen Regelpoetik, der sich etwa in der klar definierten Hierarchie der literarischen Gattungen sowie in der Imitation antiker Vorbilder zeigt.

Aufgabe des Dichters

Die höchste Aufgabe des Dichters bestand der klassizistischen Poetik zufolge somit gerade nicht darin, seinem persönlichen Erleben auf möglichst originelle Weise Ausdruck zu verleihen. Vielmehr ging es darum, subjektive und persönliche Aspekte zu eliminieren und allgemeingültige Erfahrungen und Naturgesetze, die allgemeine und gleichbleibende Natur des Menschen, unter Rückgriff auf die Modelle und Verfahren antiker Autoren darzustellen. Nicht Inspiration und Originalität waren somit die Voraussetzungen für Dichtung, sondern technische Virtuosität, die Beherrschung und geschickte Abwandlung vorgegebener metrischer und rhetorischer Muster.

Bedeutung von Imitation

Die Poetik und Dichtung des Klassizismus beruhten somit in doppelter Hinsicht auf Nachahmung bzw. Imitation: Nachahmung der feststehenden Gesetze der harmonischen Natur und Imitation der antiken Vorbilder, denen normative Verbindlichkeit zugeschrieben wurde. Welche Bedeutung Imitationen unter den poetologischen Rahmenbedingungen des Klassizismus zukam und warum die antike Literatur einen so hohen Stellenwert hatte, hat Wolfgang Weiß prägnant zusammengefasst: *„Da die antiken Texte idealtypisch die Mimesis, die Nachahmung der Natur, repräsentierten, die Gegenstände der Dichtung aber immer nur die allgemeinen, historisch unveränderlichen Verhaltensweisen des Menschen, seine Leidenschaften, Tugenden und Laster sein konnten, war die Imitation als Weg, korrekte Dichtung hervorzubringen, unausweichlich vorgegeben. Imitation antiker Texte und Mimesis der allgemeinen Natur des Menschen waren letztlich dasselbe."*[5]

Genres klassizistischer Versdichtung

Trotz dieser poetologischen und weltanschaulichen Gemeinsamkeiten ist das Spektrum der Formen und Gattungen des englischen Neoklassizismus sehr breit. Allein der Begriff der Imitation umfasst sehr unterschiedliche Genres. An einem Pol der Skala sind Formen wie die Übersetzung eines antiken Textes, die Adaption eines bestimmten Gattungsmodells und die Übernahme pointierter Formulierungen angesiedelt. Am anderen Ende stehen Parodie und Travestie antiker Vorbilder; dazu zählen etwa Formen wie das komische Epos und andere *mock-heroic poems*, d. h. burleske Nachahmungen des heroischen Stils, die sich vielfach durch eine satirischer Zielsetzung auszeichnen. Weitere Genres der klassizistischen Versdichtung sind das Lehrgedicht, die Versepistel und die Verssatire sowie Ekloge, Elegie und Ode. Zudem gibt es zahlreiche Mischformen wie das satirische Lehrgedicht und das satirische Versepos. Gemeinsam ist allen Genres klassizistischer Versdichtung, dass sie an antike Vorbilder anknüpfen.

Alexander Pope

Ein Autor, der sich in all diesen Genres mit großem Erfolg versuchte, war ALEXANDER POPE (1688–1744), der sein erstes Gedicht, die „Ode on Solitude", bereits als zwölfjähriger Knabe verfasste und der als herausragender englischer Dichter des Klassizismus und des *Augustan Age* gilt. Sein in dieser Epoche unübertroffen breites Werk reicht von Hirtengedichten (den VERGIL-Imitationen der *Pastorals*, 1709), HORAZ-Imitationen (*The Satires and Epistles of Horace Imitated*, 1738), Epigrammen und Übersetzungen klassischer Werke – u. a. äußerst erfolgreichen und lukrativen Übertragungen von HOMERS *Ilias* (1720) und *Odysee* (1725/26) ins Englische – über moralisch-philosophische Lehrgedichte und Versepisteln bis zu komischen und satirischen Versepen.

---

5 Weiß, *Swift und die Satire ...*, S. 129.

Gesetz der *concordia discors*

Gemeinsam ist allen Werken POPES nicht nur die enge Anlehnung an die klassizistische Regelpoetik, sondern auch der von ihnen evozierte Eindruck, im Medium der Dichtung objektive Aussagen über die universelle Gültigkeit der Naturgesetze zu treffen. In einer für den Klassizismus typischen Weise verbinden daher viele seiner Werke Naturbeschreibungen, generalisierende moralische und weltanschauliche Reflexionen sowie historische und politische Bezüge. So vereinigt POPES meditatives Gedicht *Windsor Forest* (1713) pastorale, topografische, didaktische und politische Elemente. Beispielhaft kommt in *Windsor Forest* die für den Klassizismus so bedeutsame Vorstellung der *order in variety* bzw. *concordia discors* anhand der Beschreibung der wohldurchdachten Anlage des Waldes zum Ausdruck, der als Mikrokosmos sowohl die politisch-gesellschaftliche Ordnung und Prosperität Englands als auch die Harmonie der göttlichen Weltordnung symbolisiert:

Here hills and vales, the woodland and the plain,
Here earth and water seem to strive again;
Not chaos-like, together crush'd and bruised,
But, as the world, harmoniously confused;
Where order in variety we see,
And where, though all things differ, all agree. (Z. 11–16)

Komisches Versepos

Selbst parodistische Formen wie das komische Versepos und andere *mock-epic* bzw. *mock-heroic poems* bezogen ihren hohen Status aus dem intertextuellen Bezug zu ihren ‚ernsten' Vorläufern aus der Antike.[6] Im Gegensatz zu Imitationen wandelten sie die Gattungskonventionen der Vorbilder jedoch in ironischer und komischer Weise ab. Das komisch-heroische Versepos ist insofern ein burleskes Genre, als es den heroischen Stil nachahmt, ihn aber zugleich durch den Kontrast mit den alltäglichen, ‚niederen' und derben Themen relativiert, verspottet und parodiert.

The Rape of the Lock

Eines der bedeutendsten komischen Heldenepen ist POPES aus fünf Gesängen bestehendes Versepos *The Rape of the Lock*, von dem 1712 die ersten zwei Cantos und 1714 die erweiterte Fassung erschienen. Im Stil des heroischen Epos schildert POPE darin eine Begebenheit, die die Gemüter der gehobenen Gesellschaft erregte: Miss Arabella Fermor war das schreckliche Schicksal widerfahren, dass ihr ein Lord ihre schönste Locke abgeschnitten hatte. In einer für *mock-heroic poems* typischen Weise bezieht *The Rape of the Lock* seine Wirkung aus dem ironischen Spiel mit literarischen Konventionen. Die Komik des mit vielen realistischen Details und zeitgenössischen Anspielungen angereicherten Werks resultiert aus dem Kontrast, der zwischen dem gehobenen Stil und den typischen Motiven des heroischen Epos (vom Musenanruf bis zu homerischen Kampfszenen) und dem trivialen Thema des Locken-

raubs besteht. Kein übermächtiger Drache fällt dem Schwert des Helden bei dem ganz unheroischen Kampf der Geschlechter in den Salons der Gesellschaft zum Opfer, sondern die Locke der angebeteten Nymphe: *„What wonder then, fair nymph! thy hairs should feel,/ The conquering force of unresisted steel?"* (3. Gesang, Z. 177 f.). In *The Rape of the Lock* dient die Parodie des Heldenepos somit zugleich als ein Medium zur satirischen Darstellung der zeitgenössischen Gesellschaft.

Klassizistische Lehrdichtung

Das Genre, in welchem sowohl das dem Klassizismus zugrundeliegende Gedankengut und Weltbild als auch der argumentative Charakter der Versdichtung am deutlichsten zum Ausdruck kommt, ist die Lehrdichtung. Die wichtigsten Merkmale dieses inhaltlich bestimmten Genres sind die didaktische Ausrichtung, die auf Belehrung und Wissensvermittlung abzielt, der daraus resultierende rationale und rhetorische Charakter sowie die Funktionalisierung literarischer Ausdrucksformen für moralische und erzieherische Zwecke.

Popes Lehrgedichte

In Popes philosophischen Lehrgedichten, die ebenso wie seine Satiren an Horaz angelehnt sind, zeigt sich der klassizistische Anspruch, die universellen Naturgesetze und den zugrundeliegenden göttlichen Schöpfungsplan im Medium der Dichtung sichtbar werden zu lassen. Ebenso wie seine Imitationen und satirischen Gedichte umspannen Popes Lehrgedichte thematisch ein breites Spektrum von Wissensgebieten. Formal verleiht das *heroic couplet* den Aussagen den für Popes Werke typischen epigrammatischen, geschliffenen, einprägsamen und prägnanten Charakter, der durch sprachliche Parallelen, Antithesen und Chiasmen unterstrichen wird.

An Essay on Criticism

Dass der klassizistische Dichter in seinen Lehrgedichten keineswegs vorgefundene Gesetze bloß abbildete, sondern selbst welche aufstellte, zeigt sich etwa in Popes poetologischem Lehrgedicht *An Essay on Criticism* (1711, endgültige Fassung 1713), das als literaturkritisches Manifest des Klassizismus gilt. In Anknüpfung an die Regeln und die Praxis der antiken Dichter legt Pope darin mit normativem Anspruch die Grundsätze der Kritik fest und beschreibt die Merkmale eines guten Kritikers. Zu den zentralen Maximen, die für den Klassizismus grundlegend sind, zählt das Gebot, bei der Formulierung literarischer Urteile die Gesetze der unfehlbaren Natur (*„Unerring Nature"*, Z. 70) nachzuahmen und zu befolgen. Weil den Dichtern der Antike dies in vorbildlicher Weise gelungen ist, seien sie so nachahmenswert: *„Learn hence for ancient rules a just esteem;/ To copy nature is to copy them"* (Z. 139 f.). Daher sieht

---

6 Das Standardwerk zum komischen Epos ist die Monografie von Broich.

der klassizistische Dichter seine Aufgabe darin, die universellen und unveränderlichen Naturgesetze sowie allgemeine Gedanken möglichst treffend zum Ausdruck zu bringen: „*True wit is nature to advantage dress'd;/ What oft was thought, but ne'er so well express'd*" (Z. 297 f.).

An Essay on Man

Die für die klassizistische Dichtung und das Zeitalter der Aufklärung grundlegende Vorstellung von der vernünftigen Ordnung der Schöpfung und der Stellung des Menschen im Universum wird nirgendwo so deutlich artikuliert wie in Popes anthropologischem Lehrgedicht *An Essay on Man. Being the First Book of Ethic Epistles* (1733/34). In der ersten der vier Episteln, die in der als Leitmotiv fungierenden Feststellung der Vollkommenheit der Welt – ***„Whatever is, is right"*** (Z. 294 sowie 4. Epistel Z. 145 und 394) – kulminiert, entwirft Pope seine Ordnungsvision, die durch die Metapher einer „*Vast chain of being*" (Z. 237) bzw. ‚Großen Kette des Seins' veranschaulicht wird. Unterstrichen wird die darin implizierte Vorstellung vom Kosmos, von der Gesellschaft und vom Staat als einer natürlichen, harmonischen und hierarchisch strukturierten Ordnung, in der alle Phänomene und Wesen aufgrund einer klaren Rangabstufung ihren eigenen feststehenden Platz haben, durch den Vergleich dieser Ordnung mit einem Körper (Z. 259 ff.). Als die wichtigsten Voraussetzungen für die Stabilität dieser Hierachie galten daher die Wahrung der als ‚natürlich' angesehenen sozialen Rangabstufungen sowie das geordnete und harmonische Zusammenwirken der verschiedenen Teile der Gesellschaft, die sich ebenso gegenseitig ergänzen und stärken wie Eigennutz und Gemeinwohl („*That true Self-love and Social are the same*", 4. Epistel, Z. 395).

Weitere Lehrgedichte

In anderen Lehrgedichten ist der thematische Fokus enger als in Popes Werken, die mit ihren weit ausholenden Ordnungsvisionen die gesamte Welt im Überblick zu erfassen versuchen. Wie bereits die Titel signalisieren, behandeln etwa Lehrgedichte wie *The Art of Cookery* (1708) von William King (1663–1712) oder *The Art of Politicks* (1729) von James Bramston (1694?–1744), die ebenfalls in der Nachfolge des Horaz stehen, enger begrenzte und prosaischere Themen. Im Gegensatz dazu geht es in Richard Blackmores (1650–1729) Lehrgedicht *The Creation* (1712), das mit einer Huldigung Gottes beginnt, um nichts Geringeres als um die göttliche Schöpfung.

Verssatire

Ein für diese Epoche sehr charakteristisches Genre ist die Verssatire, die sich aufgrund ihrer bewusst aggressiven Form des Sprechens vorzüglich als Medium der Zeitkritik eignet.[7] Obgleich sie die didaktische Zielsetzung mit dem Lehrgedicht teilt, wird die belehrende Absicht in der Satire von anderen Funktionen über-

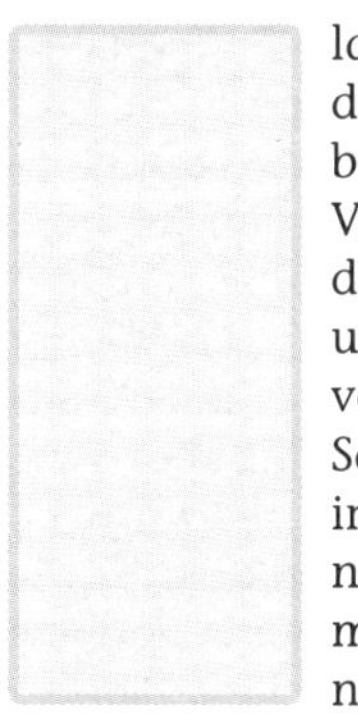

lagert. Abgesehen von der Versform weist das Genre der Verssatire die gleichen Merkmale auf wie die Prosasatire: den als *persona* bezeichneten Sprecher, der als ‚Maske' des Autors fungiert, das Vorhandensein einer idealen Norm, die als Maßstab der Kritik dient, sowie die kritische Darstellung menschlicher Schwächen und Laster bzw. moralischer oder gesellschaftlicher Zustände, die von dieser Norm abweichen. Zu den typischen Verfahren der Satire zählen groteske Verfremdung, Umkehrung, Reduktion und ironische Übertreibung. Beliebte Zielscheiben der Satiren waren neben politischen und gesellschaftlichen Missständen der Verfall moralischer und ethischer Grundsätze in einer Gesellschaft, die nur auf äußerliche Dinge Wert legte.

Popes Verssatiren

Dass Pope auch als einer der bedeutendsten Verssatiriker eingestuft wird, beruht auf seinem im Stile des komischen Epos verfassten Werk *The Dunciad. An Heroic Poem* (1728, Neufassung 1743), das er mehrfach erweiterte. Mit dieser scharfzüngigen ‚Dummkopfiade', in der dem damaligen *poet laureate* Colley Cibber (1671–1757) die zweifelhafte Ehre zuteil wurde, die Rolle des Dummkopfkönigs zu bekleiden, lieferte Pope eine bissige Abrechnung mit den *hack writers* der Grub Street und den von ihnen verkörperten literarischen Auswüchsen, machte sich zugleich aber viele Feinde.

Scriblerus Club

Popes *Dunciad* zählt zu jenen Werken, das aus den Anregungen des berühmt-berüchtigten ‚Scriblerus Club' hervorging, der 1713 von Jonathan Swift (1667–1745) in Verbindung mit John Arbuthnot (1667–1735), John Gay (1685–1732), Pope und anderen Dichtern gegründet worden war. Dabei handelte es sich um eine Vereinigung von Literaten, die das Ziel verfolgten, schlechten Geschmack, minderwertige Literatur und die Pedanterie pseudowissenschaftlicher Gelehrsamkeit, kurzum ‚*false taste in learning*', zu verspotten. Daraus erwuchsen etwa die größtenteils von Arbuthnot verfassten satirischen Pseudomemoiren des Martinus Scriblerus, *Memoirs of the Extraordinary Life, Works and Discoveries of Martinus Scriblerus*, die Fragment blieben und 1741 erstmals veröffentlicht wurden.

Jonathan Swift

Obgleich der irische Autor Jonathan Swift – ähnlich wie der ebenfalls sehr misanthropische Pope – es meisterhaft verstand, seine Gegner in seinen Werken zu verspotten, unterscheiden sich seine Verssatiren in mehrfacher Hinsicht von denen anderer Autoren. Sie sind Ausdruck einer wütenden Entrüstung und eines grimmi-

7 Zu den Gattungsmerkmalen der Satire und der Bedeutung dieses Genres im 18. Jh. vgl. die ausgezeichneten Darstellungen von Elkin, Schmidt, *Satire ...*, Weiß, *Swift und die Satire ...* und Rawson, *Satire ...*

gen Unmuts (*saeva indignatio*), die SWIFT zufolge sein Temperament als satirischer Autor bestimmten. Außerdem beruht die satirische Wirkung seiner Werke in noch stärkerem Maße auf einer virtuosen Inversionstechnik und auf dem parodistischen Spiel mit klassizistischen Stil-, Motiv- und Gattungskonventionen, z. B. der Pastoraldichtung in „A Description of the Morning" (1709) oder der Elegie in „A Satirical Elegy on the Death of a Late Famous General" (1722). Als Markenzeichen von SWIFTS satirischer Versdichtung gelten die idiomatische Ausdrucksweise, die kritische Darstellung alltäglicher Szenen, die ebenso detaillierte wie abstoßende Schilderung physiologischer Prozesse, seine Vorliebe für das Skatologische und anzügliche Mehrdeutigkeiten. Beherzt wie kein zweiter wetterte SWIFT in seinen Satiren gegen den Niedergang wahrer Gelehrsamkeit, die Torheiten der Zeit und die moralischen Verfallserscheinungen.

Swifts skatologische Verssatiren

In satirischen Gedichten wie „The Lady's Dressing Room" (1732) und „A Beautiful Young Nymph Going to Bed" (1734), die SWIFT aufgrund ihrer unverblümten Misogynie den Vorwurf eingetragen haben, er sei ein Frauenverächter, entlarvt er die Diskrepanz zwischen schönem äußeren Schein und dem dahinterliegenden tristen Sein. Gerade SWIFTS skatologische Gedichte, die sich deutlich von klassizistischen Normen und der *poetic diction* abheben, sind ein Indiz dafür, dass die Epoche des Klassizismus weniger geschlossen und harmonisch war, als es etwa POPES Ordnungsvisionen vermuten lassen, indem sie die in den Imitationen und Lehrgedichten ausgeblendeten Bereiche der menschlichen Existenz ausleuchten.

Samuel Johnson

Im Gegensatz dazu knüpft SAMUEL JOHNSON (1709–1784) in seinen Verssatiren an die auf JUVENAL zurückgehende Tradition an und folgt den klassizistischen Regeln dieser Gattung. In dem satirischen Lehrgedicht *London* (1738), einer Imitation der dritten Satire des JUVENAL, kontrastiert JOHNSON die vom Sprecher angepriesenen Vorzüge des einfachen Landlebens mit den Lastern und Missständen des Lebens in der Großstadt. Ein weiteres Merkmal von JOHNSONS Verssatiren ist deren Mischung von Patriotismus und Xenophobie. In *London* nimmt sie geradezu aggressive und chauvinistische Züge an, wenn der angewiderte Sprecher die englische Metropole als „*The Common Sewer of* Paris *and of* Rome" (Z. 94) bezeichnet und unverblümt feststellt: „*I cannot bear a French Metropolis*" (Z. 98). In seinem satirisch-philosophischen Lehrgedicht *The Vanity of Human Wishes* (1749), bei dem es sich ebenfalls um die Adaption eines literarischen Modells, um eine aktualisierende Nachahmung der zehnten Satire des JUVENAL handelt, entwirft JOHNSON ein geografisch und historisch breit angelegtes Panorama menschlicher Eitelkeiten, Torheiten und Wunschträume und entlarvt deren Sinnlosigkeit, indem er die Schicksale historischer Persönlichkeiten als warnende Beispiele anführt.

Weitere Verssatiriker

Obgleich Pope und Johnson die bedeutendsten Dichter des Klassizismus waren, gab es daneben eine Reihe weiterer Autoren, die sich als Verfasser von Verssatiren einen Namen machten. Dazu zählt etwa Edward Young (1683–1765), dessen klassizistische Satiren in dem Band *Love of Fame, the Universal Passion* (1728) gesammelt sind. Auch Daniel Defoe (1660–1731), der heute primär als Romanautor bekannt ist, verfasste mit dem anti-chauvinistischen Werk *The True-Born Englishman* (1701) und *A Hymn to the Pillory* (1703) einige populäre Verssatiren. Im Vorwort zu *The True-Born Englishman* wird die moralisch-didaktische Wirkungsintention der Satire, die auf eine Verbesserung bzw. Behebung von Missständen abzielt, prägnant zusammengefasst: *„The End of Satyr is Reformation"*. Mit komischen und satirischen Umdichtungen trat auch Matthew Prior (1664–1721) hervor. In Epigrammen und kurzen Versepisteln verspottete er Modetorheiten und übte mit milder Ironie Zeitkritik. Der humorvolle Dialog „Alma, or the Progress of the Mind" (1718), der zum Genre der didaktischen Burleske zählt, ist nicht nur eine Satire auf verbreitete philosophische Positionen, sondern parodiert auch das Lehrgedicht. Obgleich Prior auch ernste Oden und lehrhafte Werke verfasste, gilt er v. a. als ein Meister der Gesellschafts- und Gelegenheitsdichtung, für die seine *Poems on Several Occasions* (1709) ein typisches Beispiel sind.

3 Lyrikerinnen des 18. Jahrhunderts: Mary Chudleigh, Anna Seward und Anna Laetitia Barbauld

Feministische Kanonrevision

Nachdem das vorherrschende Bild von der englischen Lyrik des 18. Jh.s bis vor kurzer Zeit fast ausschließlich von männlichen Dichtern geprägt war, sind im Zuge der feministischen Kanonrevision viele Lyrikerinnen des 18. Jh.s in das Blickfeld gerückt.[8] Ein Hauptgrund dafür, warum viele Gedichte von Frauen aus dieser Epoche lange in Vergessenheit geraten waren, liegt darin, dass sie nicht den Normen entsprechen, die als typisch für Klassizismus oder Romantik gelten. Daher entzieht sich ein Großteil der von Frauen geschriebenen Lyrik einer Zuordnung zu herkömmlichen poetologischen Modellen. Obgleich sich Dichterinnen durchaus der damals populären lyrischen Genres bedienten, unterscheiden sich ihre Gedichte oft im Hinblick auf die Themenselektion und die bevorzugten Formen von den vorherrschenden Strömungen,

8 Vgl. Todd, *Dictionary*... für kurze, aber sehr informative Darstellungen von Leben und Werk vieler Autorinnen.

von der *„männliche[n] Ordnungsvision“* des Klassizismus und von der *„exklusive[n] Männlichkeit der Romantik“*.[9]

Mary Chudleigh

Zu den wiederentdeckten Lyrikerinnen zählt etwa MARY LEE, LADY CHUDLEIGH (1656–1710), eine große Bewunderin von MARY ASTELL (1666–1731), der ersten englischen Feministin (vgl. Kap. 2.4). In ihrem mehrstimmigen Dialoggedicht *The Ladies Defence: or, The Bride-Woman's Counsellor Answer'd* (1701), einer literarischen Reaktion auf eine konservative Ehepredigt, die absoluten Gehorsam von der Ehefrau forderte, deckt sie den Konflikt zwischen den gesellschaftlichen Pflichten von Ehefrauen und deren Streben nach einem selbstständigeren und freieren Leben auf: Den misogynen Äußerungen von drei karikaturhaft überzeichneten männlichen Sprechern stellt LADY CHUDLEIGH die Perspektive einer jungen Frau namens Melissa als kritisches Korrektiv gegenüber. Die scharfe Kritik an der herkömmlichen Geschlechterordnung und die emanzipatorische Botschaft, die ihre und viele andere Gedichte über die Ehe enthalten, werden in „To the Ladies“ (1703) knapp, aber unmissverständlich artikuliert: *„**Wife** and servant are the same, / But only differ in the name. / [...] Value yourselves, and men despise: / You must be proud, if you'll be wise“* (Z. 1–2, 23–24).

Feministische Antworten auf misogyne Verssatiren

Viele Autorinnen lieferten in ihren Gedichten feministische ‚Antworten‘ auf misogyne Verssatiren. SARAH FYGE EGERTON (1669?–1722) geht in „The Emulation“ (1703) gar so weit, die Ehe mit Sklaverei gleichzusetzen und die Frau als Sklavin des tyrannischen Mannes zu bezeichnen. Ähnlich scharfe Töne schlägt ELIZABETH TOLLET (1694–1754), deren Gedichte oft theologische Themen behandeln, in „Hypatia“ (1724) an. Ein desillusioniertes Bild vom Los der Frau entwirft auch die Autodidaktin MARY LEAPOR (1722–1746) in einem polemischen Pendant zu Popes sehr viel berühmterem *Essay on Man*, dem Lehrgedicht „An Essay on Woman“ (1751), das mit den Worten schließt: *„Unhappy woman's but a slave at large“*. Vergleichsweise gemäßigt ist dagegen die Kritik, die MARY BARBER (1690–1757) in ihren *Poems on Several Occasions* (1734) an verbreiteten Ansichten über intellektuelle Frauen übt. Gegen die sexuelle Doppelmoral der Gesellschaft polemisiert CATHERINE JEMMAT (?–1766) in „Essay in Vindication of the Female Sex“ (1753).

Anna Seward

Hingegen repräsentiert die auch als ‚*The Swan of Lichfield*‘ bekannte Dichterin und Literaturkritikerin ANNA SEWARD (1747–1809), deren ‚lyrischer‘ Roman *Louisa: A Political Novel* (1784) sich durch eine innovative Mischung von Genrekonventionen auszeichnet, andere Tendenzen, die für die englische Lyrik der zweiten Hälfte des Jh.s kennzeichnend sind. SEWARD schrieb Gelegenheitsgedichte, Sonette, sentimentale Gedichte wie „An Old Cat's

Dying Soliloquy" (1792) und recht konventionelle topografische Gedichte, in denen sie nostalgisch Kindheitserinnerungen evozierte. Zudem veröffentlichte sie politische Lyrik, in der sie etwa GEORGE WASHINGTON scharf angriff oder Solidarität mit den französischen Revolutionären bekundete („To France on Her Present Exertions", 1789).

Anna Laetitia Barbauld

Viele Dichterinnen traten in den letzten Dekaden des 18. Jh.s hervor, in denen Hunderte von Gedichtsammlungen von Frauen erschienen. Ebenso wie im Roman und in nichtfiktionalen Schriften zur Stellung der Frau häuften sich in den 1790er Jahren in der Lyrik feministische Stimmen. ANNA LAETITIA BARBAULD (1743–1825) schrieb nicht nur Essays und Kinderbücher, sondern auch Eklogen, meditative Naturlyrik, politische Gedichte (z. B. „To the Poor", 1795; *Eighteen Hundred and Eleven*, 1812) und dezidiert feministische Gedichte wie „The Rights of Woman" (ca. 1795, erschienen 1825), das mit der Zeile *„**Yes**, injured Woman! rise, assert thy right!"* anhebt. Weitere Beispiele für die Politisierung der Lyrik von Frauen in den 1790er Jahren sind etwa das Langgedicht *The Emigrants* (1793) von CHARLOTTE SMITH (1749–1806) oder das Gedicht „The Chimney-Sweeper's Complaint" (1799) von MARY ALCOCK (1742?–1798), das ähnlich sentimental ist wie die in dem Band *Fugitive Verse* (1790) erschienene konventionelle Lyrik von JOANNA BAILLIE (1762–1851).

Andere Themen und Formen

Lyrikerinnen beschäftigten sich im 18. Jh. allerdings nicht nur mit der Frage nach der Stellung der Frau in der Gesellschaft. Ebenso wie ANNA LAETITIA BARBAULD schrieben etwa HELEN MARIA WILLIAMS (1761?–1827), HANNAH MORE (1745–1833) und einige andere Autorinnen Gedichte gegen die Sklaverei, in denen einzelne Sklaven oft als ‚Edle Wilde' idealisiert wurden. Andere Lyrikerinnen leisteten Beiträge zu damals populären lyrischen Genres: MARY WORTLEY MONTAGU verfasste satirische Gedichte und Stadt-Eklogen (vgl. Kap. 3.4), ANNE FINCH, COUNTESS OF WINCHILSEA, schrieb u. a. pindarische Oden, Satiren, Liebesgedichte und Naturlyrik (vgl. Kap. 3.5), und MARY COLLIER und ANN YEARSLEY lieferten in ihren rustikalen Werken lebensechte Beschreibungen der täglichen Pflichten von Landarbeiterinnen (vgl. Kap. 3.5).

9 Schabert, S. 286 bzw. 371, die den herkömmlichen Darstellungen dieser Epoche eine bahnbrechende ‚Gegengeschichte' aus der Sicht der Geschlechterdifferenz gegenüberstellt.

4 Wandlungen der Pastoraldichtung und Ekloge: Mary Wortley Montagu, Oliver Goldsmith und George Crabbe

Begriff, Entwicklung und Formen

Ähnlich deutlich von der Antike beeinflusst wie die typischen klassizistischen Genres ist auch die Pastoraldichtung. Dieser Terminus bezeichnet verschiedene Ausprägungen von wirklichkeitsentrückter Schäfer- und Hirtendichtung, die an die Vorstellung vom Goldenen Zeitalter anknüpfen und das Landleben als positiven Lebensraum verklären. Im Gegensatz zur realistischen *rural poetry* (vgl. Kap. 3.5) zielt die Pastoraldichtung nicht darauf ab, das Landleben wirklichkeitsgetreu darzustellen, sondern sie zeichnet sich dadurch aus, dass sie Hirten idealisiert. Dass die Pastoraldichtung im Laufe des 18. Jh.s zunehmend an Ansehen verlor, ist bezeichnend für den sich in dieser Epoche vollziehenden poetologischen Wandel, im Zuge dessen die Orientierung an der Tradition (z.B. in Form von Imitationen klassischer Vorbilder) durch das Streben nach Innovation und Originalität zurückgedrängt wurde. Zu den typischen Formen der Pastoraldichtung zählen die Idylle, die Elegie und die Ekloge.

Ekloge

V. a. die Ekloge (*eclogue*) erfreute sich im Zeitalter des Klassizismus zunächst besonderer Beliebtheit, bevor sie im Laufe des 18. Jh.s. einen zunehmenden Prestige- und Popularitätsverlust erlitt.[10] Wie die enge Anlehnung an klassische Vorbilder zeigt, ist die Ekloge in besonderer Weise der Tradition verpflichtet. Im Gegensatz zum dominant thematisch definierten Begriff der Pastoraldichtung ist der Begriff *eclogue* primär auf die Form bezogen und bezeichnet dramatische Hirtengedichte in Form von Wechselgesängen. Die wichtigsten Gattungsmerkmale der Ekloge sind in der folgenden Übersicht stichwortartig zusammengefasst:

Gattungsmerkmale der Ekloge	
Form:	lyrisches Dialogschema, Verbindung von narrativen, dramatischen und lyrischen Elementen
Kommunikationsstruktur:	zwei oder drei hierarchisch angeordnete Kommunikations- bzw. Handlungsebenen
Kommunikations- bzw. Handlungsebenen:	kommunikative Dichter-Leser-Ebene, dramatische Ebene des szenischen Dialogs der Hirten, referierte bzw. erzählte Ebene der von Figuren vorgetragenen Lieder
Fokus:	dramatische Ebene des Dialogs (und der Handlungen) der Hirten
Figuren:	idealisierte Hirten

Motive:	pastorale Geschenke, *locus amoenus*, erste Liebe, Anteilnahme der Natur am menschlichen Schicksal (Synusie)
Themen:	Liebe, Vergänglichkeit, Tod, Dichtung und Musik
Gliederungsprinzipien:	Kalenderschema, Jahreszeitenzyklus
Wirklichkeitsbezug:	Welt der Hirten als Metapher für die Realität
Funktionen:	Zeitkritik bzw. Zeitklage *(lamentatio)*, Unterhaltung, moralische Belehrung

Eklogentypologie

Verschiedene Ausprägungen der Ekloge lassen sich danach unterscheiden, ob sie die pastorale Welt idealisieren, das rustikale Leben unverfälscht darstellen oder die Gattungskonventionen auf einen anderen Bereich übertragen. Darüber hinaus sind verschiedene thematische Subgenres zu unterscheiden. Dazu zählen etwa die Stadt-Ekloge, die politische Ekloge, die Provinz-Ekloge, die religiöse Ekloge, die orientalische Ekloge und die Fischer-Ekloge.

Hauptrepräsentanten

Zu den Dichtern, die die Tradition der Ekloge im 18. Jh. fortführten und weiterentwickelten, zählen AMBROSE PHILIPS (1674–1749), dessen *Pastorals* (1709) aufgrund ihres Bemühens um sprachliche Einfachheit und rustikale Lebensechtheit den Gegenpol zu POPES erstem Werk, *Pastorals* (1709), markieren, und GEORGE LYTTELTON (1709–1773), der mit seinem Band *The Progress of Love, in Four Eclogues* (1732) an POPE anknüpfte. Typische Vertreter für die realistische und burleske Variante der Ekloge sind hingegen JOHN GAY (1685–1732) mit seinem parodistischen Gedichtzyklus *The Shepherd's Week, in Six Pastorals* (1714) und JONATHAN SWIFT mit „A Pastoral Dialogue" (1729). Hingegen erschlossen Autoren wie WILLIAM DIAPER (1685–1717), dessen *Nereides: or, Sea-Eclogues* (1712) die Handlung auf die hohe See verlagern, und MOSES BROWNE (1704–1787) mit seinem Band von neun Fischer-Eklogen, deren Untertitel *Piscatory Eclogues: An Essay to Introduce New Rules, and New Characters into Pastoral* (1729) auf das Streben nach Innovation verweist, der Gattung neue Themen und Wirklichkeitsbereiche. Andere Dichter verlegten die Gattung der Ekloge in die Welt des Orients. Beispiele für solche orientalischen Eklogen sind etwa WILLIAM COLLINS' konventionelle *Persian Eclogues* (1742) und JOHN SCOTTS (1730–1783) *Oriental Eclogues* (1770).

10 Zu den Gattungsmerkmalen, den verschiedenen Ausprägungen und der Entwicklung der Ekloge im 18. Jh. vgl. die grundlegende Studie von Borgmeier, die die Eklogentradition dieser Epoche erschöpfend behandelt und auf die wir uns im folgenden stützen.

Stadt-Eklogen

Im Gegensatz zu traditionellen Eklogen zeichnen sich Stadt-Eklogen dadurch aus, dass sie zur idealisierten Welt der Pastoraldichtung in einer deutlichen Distanz stehen und dass sie die Lebensverhältnisse in der Stadt unter Rückgriff auf die pastoralen Konventionen realistisch und oft satirisch darstellen. Obgleich MARY WORTLEY MONTAGU (1689–1762) in erster Linie wegen ihrer Briefe aus dem Orient berühmt ist (vgl. Kap. 2.2), machte sie sich auch mit ihren satirischen Stadt-Eklogen, *Six Town Eclogues with some other Poems* (1747), die die Hofgesellschaft verspotteten, einen Namen. Die für viele Gedichte typische Kritik an urbanen Lebensverhältnissen und Werten im Genre der Stadtdichtung reicht von JOHN GAYS parodistischem Spiel mit Gattungskonventionen in *Trivia; or, The Art of Walking the Streets of London* (1716) bis zu den *Town Eclogues* (1772) von CHARLES JENNER (1736–1774).

Oliver Goldsmith

Im Gegensatz zur Tradition der Pastoraldichtung setzten sich einige Dichter in mehr oder weniger realistischer Weise mit den Folgen der Urbanisierung und Industrialisierung auseinander. So kontrastiert OLIVER GOLDSMITH (1728–1774) in seinem populären Gedicht *The Deserted Village* (1770), dessen Struktur und Rhetorik des Damals-und-Heute durch einen doppelten Kontrast (verklärte Vergangenheit vs. öde Gegenwart und Land vs. Stadt) geprägt sind, das nostalgisch gezeichnete Bild des ursprünglichen und glücklichen Lebens der intakten Dorfgemeinschaft mit deren Zerstörung durch aristokratisches Besitzstreben und dem Schicksal der in die Städte abgewanderten Dorfbewohner, die z. B. als Lohnarbeiter oder Prostituierte ein trostloses Dasein fristen. Obgleich diese pastorale Elegie nicht frei ist von der für dieses Genre typischen Tendenz zur Idealisierung, rückt die in dem Werk enthaltene Klage über „*luxury*" (Z. 284, 295, 312), die Veränderung des Lebens auf dem Lande und das Verschwinden der dörflichen Idylle im Prozess der Industrialisierung Aspekte in den Blick, die von der traditionellen Pastoraldichtung ausgeblendet werden: „*Ill fares the land, to hastening ills a prey,/ Where wealth accumulates, and men decay*" (Z. 51–52).

George Crabbe

In scharfem Gegensatz zur Idealisierung des Landlebens in der Eklogentradition und auch zu GOLDSMITHS Idylle steht die unverblümte und wirklichkeitsgetreue Beschreibung von Natur und Landleben, die der Dorfpfarrer GEORGE CRABBE (1754–1832) in seinem Gedicht *The Village* (1783) gibt. Obgleich seine in *heroic couplets* abgefassten Gedichte und Verserzählungen, die Charakterporträts von einfachen Menschen und gesellschaftlichen Außenseitern enthalten, formal an klassizistische Konventionen anknüpfen, stehen sie mit ihrer unverhüllten Sozialkritik dem Klassizismus fern. Anstatt wie GOLDSMITH an die Konventionen der Idylle anzuknüpfen, entlarvt sie CRABBE durch explizite Kontras-

tierung mit dem Leben der armen Landbewohner („*The poor laborious natives of the place*", Z. 42) als hohle Klischees, die den sozialen Verhältnissen der Zeit in keiner Weise angemessen sind und denen er ein wahrheitsgemäßes und lebensechtes Bild entgegensetzt: „*As truth will paint it, and as bards will not*" (Z. 54).

5 Deskriptiv-topografische und meditativ-reflektierende Landschafts- und Naturdichtung: Stephen Duck, Mary Collier, John Dyer, Anne Finch und James Thomson

Zwei Traditionslinien

Neben der dominant wirklichkeitsentrückten Pastoraldichtung gibt es verschiedene andere Formen der Dichtung, die sich in deskriptiver und meditativer Weise mit dem Leben auf dem Lande und der Natur beschäftigen. Obgleich die Darstellung der Natur im gesamten 18. Jh. zu den beliebtesten Themen in der englischen Dichtung zählt, lassen sich nicht nur markante Veränderungen in der Naturlyrik beobachten, sondern auch verschiedene Traditionslinien.[11] Auf der einen Seite ist gerade im Bereich der Landschafts- und Naturdichtung eine Tendenz zu realistischer Darstellung des Landlebens in Form von deskriptiv-topografischen Gedichten zu verzeichnen. Auf der anderen Seite finden sich verschiedene Ausprägungen von meditativ-reflektierender Landschafts- und Naturdichtung, bei der das beschriebene Objekt zugunsten der Gedanken und Empfindungen des lyrischen Subjekts in den Hintergrund tritt.

Deskriptive und reflektierende Komponenten

Ebenso wie in der Stadtdichtung können die Dominanzverhältnisse zwischen den deskriptiven und den meditativ-reflektieren den Passagen in der Landschafts- und Naturlyrik erheblich variieren. Während in der realistischen *rural poetry* das deskriptive Element im Vordergrund steht, dominieren in der anderen Traditionslinie meditativ-reflektierende Komponenten.

Wirklichkeitsnahe *rural poetry*

Die eigentlich als Merkmal des modernen Romans geltende Wirklichkeitsnähe lässt sich in dieser Epoche auch in vielen Gedichten beobachten, die sich in realistischer Manier mit dem Landleben und sogar der Landwirtschaft beschäftigen und als *rural poetry* bezeichnet werden. Die Hinwendung zum Alltäglichen zeigt sich in der Themenwahl, in der Häufung realistischer Details und in der teils didaktischen, teils sozialkritischen Wirkungsintention. Viele Gedichte entwerfen keine wirklichkeitsentrückten Fantasiewelten, sondern behandeln Themen des täglichen Lebens. Bei-

11 Zur Darstellung von Natur und Landschaft in der englischen Versdichtung des 18. Jh.s vgl. Goodridge und Erzgräber.

spiele für diese Tendenz zu realistischer und didaktischer Darstellung des ländlichen Alltags sind in der *rural poetry* in der ersten Hälfte des 18. Jh.s vielfach zu finden.[12] Dabei handelt es sich um Adaptionen von VERGILS lehrhaftem Epos *Georgica* (ca. 37–29 v. Chr.), das sich mit Themen wie Ackerbau und Viehzucht beschäftigt und Dichtern des 18. Jh.s als Modell diente. So beschreibt etwa JOHN PHILIPS (1676–1709), dessen Gedichte vielfach Imitationen von MILTON darstellen, in „Cyder“ (1708) die Herstellung des gleichnamigen Apfelweins.

Stephen Duck

Äußerst prosaisch ist die Themenwahl in den Gedichten von STEPHEN DUCK (1705–1756). Sie enthalten eine Vielzahl realistischer Details und entwerfen ein gänzlich unidealisiertes Bild vom harten Leben der Landbevölkerung. Dies verdeutlichen bereits der Titel des Gedichts „The Thresher's Labour“ (1730) sowie der ebenso ausführliche wie aussagekräftige Titel seiner autobiografisch geprägten Gedichtsammlung: *Poems on Several Subjects: Written by Stephen Duck, Lately a poor Thresher in a Barn in the County of Wilts, at the Wages of Four Shillings and Sixcpence per Week* (1730).

Mary Collier

Eine trotz der Konzentration auf die Erfahrungen arbeitender Frauen ähnliche Themenwahl und ein vergleichbares Bemühen um eine realistische Darstellung des Landlebens zeichnet die Gedichte von MARY COLLIER (1689–1762?) aus. Der Titel ihrer Gedichtsammlung enthält nicht nur einen Hinweis auf die dialogische Beziehung ihrer Gedichte zu denen von DUCK, sondern er hebt auch den thematischen Fokus hervor, der auf der desillusionierten und detaillierten Schilderung des harten weiblichen Arbeitsalltags liegt: *The Woman's Labour: an Epistle to Mr. Stephen Duck; In Answer to his late Poem, called The Thresher's Labour [...]. By Mary Collier, Now a Washer-Woman, at Petersfield in Hampshire* (1739). Obgleich die Milchmagd ANN YEARSLEY (1752–1806), die sich als ‚*the poetical milkwoman*‘ einen Namen machte, aus ähnlichen Verhältnissen stammt, stehen ihre meditativen Naturgedichte in einer ganz anderen Tradition als die von MARY COLLIER und MARY LEAPOR.[13]

Thema des Rückzugs

Eine Mittelposition zwischen der realistischen *rural poetry* und der stärker meditativ-reflektierenden Richtung nehmen jene Werke ein, in der Dichter den Rückzug auf das Land und das einfache Leben preisen. Eine lange Reihe von Gedichten bezeugt die Popularität, die das Thema des Rückzugs (*retreat*) in ländliche Ruhe und Geborgenheit in dieser Epoche genoss und von denen JOHN POMFRETS (1667–1702) „The Choice“ (1700) das erste und populärste ist. An diese Tradition knüpfen auch *The Spleen* (1737) von MATTHEW GREEN (1696–1737) und die Gedichte des berühmten Landschaftsgärtners WILLIAM SHENSTONE (1714–1763) an.

Anne Finch, Countess of Winchilsea

Zu dieser Tradition zählen auch einige Gedichte von ANNE FINCH, COUNTESS OF WINCHILSEA (1661–1720), die zu Lebzeiten nur einen Band, *Miscellany Poems on Several Occasions, Written by a Lady* (1713) veröffentlichte und außerdem zwei Versdramen und einige Fabeln schrieb. Sie machte sich mit pindarischen Oden, Satiren und v. a. Natur- und Liebesgedichten einen Namen. Obgleich in Gedichten wie „Petition for an Absolute Retreat" und „A Nocturnal Reverie" (beide 1713) der klassizistische Glaube durchscheint, dass Verstand und Ordnung die Natur prägen, zeichnen sie sich durch feinfühlige Beschreibungen von Natur und Landschaft aus, die allerdings wiederholt von generalisierenden Reflexionen überlagert werden. Die Bildersprache in ihren Naturgedichten würdigte kein geringerer als der Romantiker WILLIAM WORDSWORTH (1770–1850), der eine Anthologie ihrer Gedichte herausgab.

John Dyer

Der walisische Maler, Vikar und Dichter JOHN DYER (1699–1758) trat sowohl mit deskriptiv-meditativen Landschaftsgedichten als auch mit einem realistischen Lehrgedicht hervor. Eine Form der ländlichen Dichtung, die für die *rural poetry* in der Mitte des 18. Jh.s besonders kennzeichnend ist, verkörpert DYERS didaktisches Epos *The Fleece* (1757). Dieses Lehrgedicht über Schafzucht und Wollverarbeitung ist in mehrfacher Hinsicht repräsentativ für Tendenzen der Lyrik in dieser Phase: zum einen wegen der ebenso realistischen wie detaillierten Beschreibung ländlicher Beschäftigungen, zum anderen wegen des lehrhaften Inhalts und der unverhüllten didaktischen Wirkungsintention. Typisch für die Naturdarstellung im Genre des *prospect-poem*, in dem ein lyrisches Ich eine Landschaft von einem erhöhten Standpunkt aus panoramisch überblickt, ist etwa DYERS Gedicht *Grongar Hill* (1727), in dem detailreiche Naturbeschreibung und Reflexion eng miteinander verknüpft sind und das sich durch seine Subjektivität bereits deutlich vom Klassizismus distanziert.

James Thomson

Dass Klassizismus und Romantik kein einfacher Gegensatz sind, zeigt sich beispielhaft in dem aus vier Teilen bestehenden Blankversgedichtzyklus *The Seasons* (1726–1730) des schottischen Dichters und Dramatikers JAMES THOMSON (1700–1748), zu dessen Œuvre auch so bekannte Werke wie das lange allegorische Gedicht *Liberty* (1735/36), die patriotische Ode „Rule Britannia" (1740) und *The Castle of Indolence. An Allegorical Poem* (1748) zählen. Viele Merkmale von *The Seasons* zeigen, dass dieses Werk noch deutlich in der Tradition der klassizistischen Literatur steht:

12 Die beste Darstellung der *rural poetry* bietet Goodridge.

13 Vgl. Landrys ausgezeichnete Studie zur Lyrik von Mary Collier, Mary Leapor und anderen Frauen aus der Arbeiterschicht.

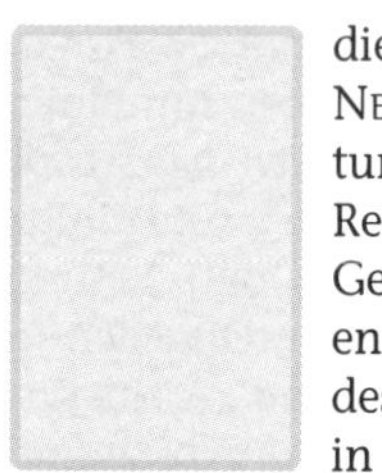

die enge Anlehnung an das naturwissenschaftliche Weltbild NEWTONS und an LOCKES Empirismus, die Überlagerung der Naturbeschreibungen durch generalisierende kulturphilosophische Reflexionen, die Privilegierung des Intellekts gegenüber dem Gefühl und die moralisch-didaktische Ausrichtung.[14] Zudem orientiert sich THOMSON an den Konventionen der *poetic diction* und des Lehrgedichts und betont die harmonische Ordnung der Natur, in der sich der dauernde Wandel in geregelten Bahnen vollzieht.

Vorromantische Elemente in *The Seasons*

Zugleich finden sich in *The Seasons* bereits einige Elemente, die auf die Romantik vorausweisen. Dazu zählen die intensive Anteilnahme des lyrischen Ich an der Natur und die ausführliche Beschreibung natürlicher Objekte. Besonders deutlich werden vorromantische Tendenzen in dem für die zweite Ausgabe von „Winter" geschriebenen Vorwort, in dem THOMSON zwei Aspekte betont, die ihn aus der Rückschau als einen Vorläufer der Romantik erscheinen lassen: sein Hinweis auf die besonderen Gaben des weltabgewandten und die Einsamkeit liebenden Dichters *(„whom heaven has blessed with the discerning eye")* und seine emphatische Beschwörung der wilden und romantischen Natur als dem erhebendsten Thema der Lyrik: *„I know no subject more elevating, more amusing; more ready to awake the poetical enthusiasm, the philosophical reflection, and the moral sentiment, than the works of Nature. [...] Poets have been passionately fond of retirement, and solitude. The wild romantic country was their delight."*

Natur und Gesellschaft

Vergleicht man die realistische *rural poetry* oder THOMSONS Darstellung der Natur mit der Entwicklung der Naturlyrik in der zweiten Hälfte des 18. Jh.s, so zeigt sich, dass die Darstellung der Natur in der gesamten Epoche selten ein Selbstzweck ist, sondern eng mit sozialen und politischen Problemen verknüpft ist. Formal schlägt sich dies in dem für die damalige Naturlyrik typischen Alternieren von deskriptiven und reflektierenden Passagen nieder. Diese Dialektik von Natur und Gesellschaft verdeutlicht, dass Dichter des 18. Jh.s *„Natur niemals als isolierte Provinz betrachteten, sondern stets die kosmischen* und *geschichtlichen Zusammenhänge mitbeachteten, in denen der Mensch steht"*.[15]

Entwicklungstendenzen in der Naturlyrik

Trotz dieser Konstanten lassen sich einige übergreifende Entwicklungstendenzen in der englischen Naturlyrik des 18. Jh.s feststellen. Ebenso wie im Falle des Niedergangs der Ekloge zeigt sich auch in den Veränderungen der Naturlyrik, wie eng der literarische Wandel mit sozial- und mentalitätsgeschichtlichen Prozessen verknüpft ist. Die drei wichtigsten Tendenzen lassen sich mit den Stichworten ‚Subjektivierung', ‚Dynamisierung' und ‚Anthropomorphisierung' der Naturdarstellung bezeichnen.

Subjektivierung, Dynamisierung und Anthropomorphisierung

Erstens kommt es in der literarischen Darstellung der Natur im Laufe des Jh.s zu einer zunehmenden Subjektivierung: Ähnlich wie im Genre des Reiseberichts (vgl. Kap. 2.7) verlagert sich der Akzent bei der Begegnung des lyrischen Ich mit der Natur vom wahrgenommenen Objekt auf das wahrnehmende Subjekt. Dominiert in den ersten Dekaden noch der Objektbezug, so treten später immer mehr das lyrische Ich, seine persönlichen Empfindungen und seine Subjektivität in den Vordergrund. Die zweite übergreifende Entwicklung besteht in einer fortschreitenden *„Dynamisierung der Naturdarstellung"*, die ihrerseits jene *„Ablösung eines vornehmlich statischen ‚Weltbildes' durch ein dynamisches oder prozessuales"* reflektiert,[16] die sich im 18. Jh. in verschiedenen Diskursen vollzieht. Drittens ist eine Tendenz zur Anthropomorphisierung der Natur zu beobachten, die sich auch in den Werken jener Dichter beobachten lässt, die in den nächsten drei Kapiteln vorgestellt werden.

6 Melancholische Friedhofsdichtung und Ode: Robert Blair, Edward Young, William Collins und Thomas Gray

Graveyard School of Poetry

Die Popularität der melancholischen Grabesdichtung und Friedhofspoesie um die Mitte des Jh.s ist ein weiterer Beleg für die allmähliche Ablösung des neoklassizistischen Weltbilds und Literaturverständnisses durch vorromantische Tendenzen. Diese markante Strömung in der englischen Lyrik des 18. Jh.s wird oft als *Graveyard School of Poetry* bezeichnet, obgleich die unter diesem Begriff subsumierten Lyriker keine ‚Schule' bildeten oder einem ästhetischen Programm folgten. Kennzeichen der *graveyard poetry* sind die Themenwahl (v. a. Tod, Vergänglichkeit und Unsterblichkeit), die Melancholie des vereinsamten lyrischen Ich, die düsteren Bilder, die schwermütige Stimmung sowie der pessimistische und sentimentale Ton.

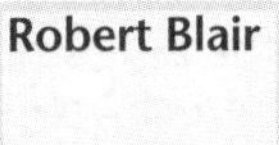

Robert Blair

Maßgeblichen Anteil am Aufkommen der *graveyard poetry*, die in der Mitte des Jh.s zu einer regelrechten literarischen Mode wurde, hatte der presbyterianische Geistliche ROBERT BLAIR (1699–1746). Sein in Blankversen abgefasstes populäres Lehrgedicht *The Grave* (1743) weist bereits viele der typischen Merkmale dieser Strömung auf. Das lyrische Ich sieht es als seine Aufgabe an, *„To paint the*

---

14 Vgl. die ausgewogenen Interpretationen von *The Seasons* in Müllenbrock/Späth, S. 150–156 und Erzgräber, S. 48–53.

15 Erzgräber, S. 59; vgl. ähnlich Müllenbrock/Späth, S. 108.

16 Wild, S. 83, dessen Beobachtungen zur deutschen Naturlyrik im 18. Jh. auch für die englische Literatur zutreffen.

gloomy horrors of the tomb", um die Menschen an die Vergänglichkeit des Daseins zu erinnern. Dazu dienen etwa die vielen Ausrufe, direkten Anreden und die ebenso anschauliche wie melodramatische Evozierung einer möglichst schauerlichen Stimmung. Die detailreiche Beschreibung der im heulenden Winde wehenden Eiben und Ulmen und der schreienden Vögel sowie Anspielungen auf wilde Schreie, die aus den leeren Gruften zu hören sind, und andere grausige Erscheinungen erzeugen die für das Genre typische düstere und makabere Atmosphäre, die auf den Schauerroman vorausweist (vgl. Kap. 5.8).

Edward Young

Einer der bedeutendsten Vertreter der *graveyard poetry* ist EDWARD YOUNG (1683–1765), der mit seinen *Conjectures on Original Composition* (1759) wegweisend für die Poetik der Romantik war (vgl. Kap. 2.9) und sich auch (allerdings mit geringem Erfolg) als Dramatiker versuchte. YOUNGS bekanntestes und einflussreichstes Werk ist das epische Langgedicht *The Complaint, or Night Thoughts on Life, Death and Immortality*, das aus 10.000 Zeilen in Blankversen besteht und in neun Teilen zwischen 1742 und 1745 erschien. Noch sehr viel stärker als in JAMES THOMSONS Landschaftsdichtung wird das Erbe des Neoklassizismus in *The Complaint* durch vorromantische Tendenzen überlagert. Dies zeigt sich in der Abkehr vom Rationalismus sowie in der Akzentuierung von Bewusstseinsprozessen, persönlichem Erleben und intensiven Gefühlen. Damit zeichnet sich bei YOUNG jene Aufwertung von Individualität und Emotionalität ab, die auf die Lyrik der Romantik vorausweist.

William Collins' Oden

Noch deutlicher sind die vorromantischen Tendenzen in der Lyrik von WILLIAM COLLINS (1721–1759), der den Akzent von der Beschreibung auf die Evozierung subjektiver Stimmungen verlagerte und sich mit dem Rückgriff auf Mythen vom Rationalismus der Zeit abwendete. Im Gegensatz zu THOMSONS Darstellung der Natur in *The Seasons* zeichnet sich etwa COLLINS' „Ode to Evening" (1746) *„durch eine wirkungsvolle und zugleich subtile Wiedergabe von Stimmungen aus"*.[17] Ebenso wie viele andere Dichter des 18. Jh.s bevorzugte COLLINS in seinen späteren Werken die Form der Ode. Obgleich sich dieses Genre durch feste Strophenformen, eine Bevorzugung erhabener Themen sowie einen feierlichen und oftmals pathetischen Ton auszeichnet, weisen COLLINS' Oden, die in dem Band *Odes on Several Descriptive and Allegoric Subjects* (1746) erschienen, in mehrfacher Hinsicht auf die Romantik voraus. Besonders deutlich wird dies in der Verschmelzung von lyrischem Ich und abendlicher Natur in der „Ode to Evening" sowie in seiner patriotischen Freiheitsode „Ode to Liberty".

Antizipation der Romantik

Die für COLLINS' Lyrik charakteristische Antizipation romantischer Strömungen zeigt sich auch daran, dass er sich in seinen Oden intensiv mit poetologischen Fragen und der Dichtung selbst auseinandersetzt (z. B. „Ode on the Poetical Character"). So behandeln die „Ode to Pity" und die „Ode to Fear" die Emotionen Furcht und Mitleid, die seit der Poetik des ARISTOTELES im Zentrum wirkungsästhetischer Theorien standen. Am deutlichsten sind die Abkehr von den Normen des Klassizismus und die vorromantischen Tendenzen in der unvollendeten „An Ode on the Popular Superstitions of the Highlands of Scotland, Considered as the Subject of Poetry" (1750, postum erschienen 1788). Wenn COLLINS darin den Aberglauben, die Sagen und die rauhe Landschaft Schottlands als geeigneten Gegenstand der Dichtung empfiehlt, antizipiert er wesentliche Entwicklungen der englischen Lyrik der 1760er und 1770er Jahre. Das gleiche gilt für die Oden von JOSEPH WARTON (1722–1800), der im Vorwort zu seinen *Odes on Various Subjects* (1746) explizit auf sein Streben nach Neuorientierung der Lyrik hinweist: *„the following Odes may be look'd upon as an attempt to bring back Poetry into its right channel"*.

Thomas Gray

Eine ähnliche Zwischenstellung zwischen Klassizismus und Romantik wie YOUNG und COLLINS nimmt auch THOMAS GRAY (1716–1771) ein. GRAYS Bevorzugung der Odenform bezeugt schon den Einfluss des Neoklassizismus, der sich auch in formaler und stilistischer Hinsicht niederschlägt. Das klassizistische Erbe zeigt sich etwa in dem Landschaftsgedicht „Ode on a Distant Prospect of Eton College" (1742), das mit der für GRAY typischen Betonung der tragischen Isoliertheit des Individuums endet. Das Spektrum seiner Oden reicht von düsteren und pessimistischen Gedichten wie der „Ode to Adversity" (1742) bis zu komischen Gedichten wie der „Ode on the Death of a Favourite Cat" (1748), einer amüsanten Parodie auf die damals populären Grabes- und Beerdigungselegien. Andererseits weisen die Themenwahl und die Aufwertung von Subjektivität in GRAYS Gedichten auf die Romantik voraus.

Grays Friedhofselegie

In kaum einem Gedicht dieser Epoche lässt sich die Überlagerung des Klassizismus durch vor- oder frühromantische Merkmale so deutlich nachvollziehen wie in GRAYS berühmter Friedhofselegie. In seiner „Elegy Written in a Country Church-Yard" (1750) *„zeichnen sich wesentliche Aspekte romantischer Subjektivität bereits ab"*.[18] WOLFGANG G. MÜLLER hat die wichtigsten Eigenschaften von GRAYS

---

17 Erzgräber, S. 53, der vorzügliche Interpretationen der beiden Gedichte liefert.

18 Müller, „Das Problem der Subjektivität ...", S. 128, dessen scharfsinnige Interpretation im folgenden stichwortartig zusammengefasst wird. Vgl. auch die ausgezeichnete Analyse von Hühn, Bd. 1, S. 233–250.

Elegie, die in bezug auf die Romantik wegweisend sind, prägnant herausgearbeitet:

- die prononcierte Subjektivität dieses Gedichts, die sich in der Selbstthematisierung des isolierten lyrischen Ich sowie in der Betonung individueller Erfahrungen und Eindrücke niederschlägt;
- die intensive Emotionalisierung des lyrischen Sprechens und der Darstellung, die subjektive Stimmungen akzentuiert;
- die reflexiven Bezüge des Gedichts auf sich selbst und auf das Ich in seiner Rolle als Dichter;
- der enge Bezug zwischen Ich und abendlicher Landschaft (Subjekt und Objekt), der auf die Vereinigung des empfindenden Subjekts mit der wahrgenommenen Natur in der Lyrik der Romantik vorausweist;
- die aus der Subjektivität resultierende politische Parteinahme für die Armen und Unbekannten auf dem Friedhof sowie die darin zum Ausdruck kommende Infragestellung der gesellschaftlichen Hierarchie.

Mythologie und Bardenkult

Darüber hinaus kann Gray aus der Rückschau noch aus weiteren Gründen als Wegbereiter der Romantik gelten. Obgleich bereits der Untertitel seines Gedichts „The Bard. A Pindaric Ode“ (1757) signalisiert, dass es formal an die Tradition der pindarischen Ode anknüpft, weist Grays intensive Beschäftigung mit keltischer Mythologie voraus auf das Interesse an frühgeschichtlichen Kulturen, das in den 1760er Jahren einen ersten Höhepunkt erreichte. Grays Gedicht hatte nicht nur nachhaltigen Einfluss auf die Entwicklung des Bardenkults, sondern er trug mit seinen Nachdichtungen von Stoffen aus der skandinavischen Mythologie (z. B. „The Descent of Odin“, 1761) auch maßgeblich zur Wiederentdeckung und Rezeption archaischer Literatur bei.

7 Fälschungen und die Aufwertung volkstümlicher Dichtung: James Macpherson, Thomas Percy und Thomas Chatterton

Aufwertung volkstümlicher Dichtung

Grays Gedichte nach walisischen und altnordischen Überlieferungen waren insofern repräsentativ für diese Epoche, als sich darin die Aufwertung volkstümlicher Dichtung manifestiert. Unbeabsichtigt ebnete Gray damit zugleich den Weg für einige berühmte literarische Fälschungen,[19] deren Siegeszug geradezu beispielhaft den poetologischen Paradigmenwechsel vom Klassizismus zur Romantik verdeutlicht. Bei dieser Rückwendung in die Vergangenheit in den Fälschungen, denen enormer Erfolg beschieden war, ging es nicht um das wirkliche Mittelalter, sondern um eine idealisierte archaische Zeit. Das Interesse an einer

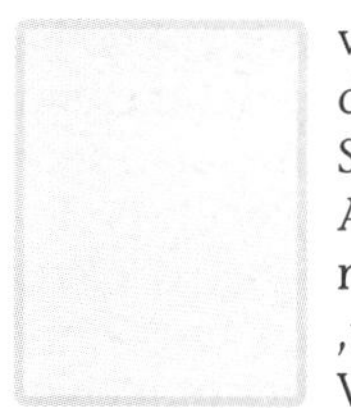

vermeintlich ‚ursprünglichen' Dichtung und an Barden ist Ausdruck der Abwendung von der klassizistischen Regelpoetik und der Suche nach spontanen und nicht-imitativen Ausdrucksformen. An die Stelle der für klassizistische Werke typischen strengen formalen Konzeption tritt die Bevorzugung von offenen und ‚ursprünglichen' Formen wie Fragmenten und Gattungen der Volksliteratur (z. B. Ballade, Volkslied).

James Macpherson

Von großer Bedeutung war in diesem Zusammenhang der Schotte JAMES MACPHERSON (1736–1796), der nach Reisen durch das schottische Hochland und die Hebriden die *Fragments of Antient Poetry Collected in the Highlands, and translated from the Gaelic or Erse Language* (1760) veröffentlichte. MACPHERSON gab seine lyrisch-epischen Werke *Fingal. An Ancient Epic Poem in Six Books* (1762) und *Temora* (1763), die 1765 zusammen mit 21 kürzeren Prosagedichten unter dem Titel *The Works of Ossian, Son of Fingal* in einer Ausgabe erschienen und in ganz Europa mit großer Begeisterung aufgenommen wurden, als seine Übersetzungen der von ihm aufgefundenen Dichtungen des keltischen Barden OSSIAN aus dem 3. Jh. aus. Obgleich es sich in weiten Teilen um frei erfundene Nachdichtungen bzw. Fälschungen handelte, übten die OSSIANischen Dichtungen einen kaum zu überschätzenden Einfluss auf die Entwicklung der Romantik aus.

Thomas Percy

Beispielhaft für diesen Geschmackswandel ist auch der nicht minder große Erfolg der von THOMAS PERCY (1729–1811) herausgegebenen Balladensammlung *Reliques of Ancient English Poetry* (1765). Im Gegensatz zu MACPHERSONS Fälschungen handelte es sich dabei tatsächlich um ‚Überreste alter englischer Dichtung', um mündlich tradierte Volksballaden, Volkslieder und andere Texte, die aus der Zeit zwischen dem Mittelalter und dem 17. Jh. stammten und die PERCY z. T. überarbeitete, ergänzte und dem damaligen Publikumsgeschmack anpasste. In dem Erfolg von PERCYS Wiederentdeckungen traditioneller und einfacher Formen zeigt sich jene Wendung zum Volk bzw. zur volkstümlichen Dichtung, die in der Romantik ihren Höhepunkt findet.

Thomas Chatterton

Dass sich um den frühreifen Dichter THOMAS CHATTERTON (1752–1770), den *marvellous boy* (WILLIAM WORDSWORTH), der im Alter von nur 17 Jahren unter ungeklärten Umständen verstarb, in der Romantik ein regelrechter Mythos und Kult entwickelte, verweist auf die paradigmatische Bedeutung, die seine einzigartigen Fälschungen hatten. CHATTERTON verdankt seine Berühmtheit v. a. seinen Gedichten, die er als Originale eines fiktiven mittelalterlichen Mönchs namens Thomas Rowley ausgab, die später aber

19 Vgl. Haywood sowie Höfele, „Die Originalität ...".

als Fälschungen entlarvt wurden. Darüber hinaus war er Verfasser eines breiten Spektrums von pseudohistorischen Dokumenten wie Memoiren, Tagebüchern, Briefen, Stadtplänen und sogar Wappen. Wie kein anderer verstand es CHATTERTON, der als Prototyp des verkannten Genies galt und der auch seine vier *Eclogues* (ca. 1769) als wiederentdeckte Werke Rowleys ausgab, mit seiner Erfindung einer mittelalterlichen Welt und einer altertümlichen Sprache den literarischen Geschmack seiner Zeitgenossen anzusprechen.

Geschmackswandel und vorromantische Strömungen

Ungeachtet der Tatsache, dass die Echtheit der Werke MACPHERSONS und CHATTERTONS schon bald bezweifelt wurde und der vermeintliche Übersetzer MACPHERSON die gälischen Originale nicht vorweisen konnte, ist die von ihnen ausgelöste Welle der Begeisterung Ausdruck eines grundlegenden Geschmackswandels, der sich beispielhaft am großen Interesse am Mittelalter zeigt. Zu den vorromantischen Merkmalen der OSSIANischen Dichtungen zählen etwa die prononcierte Subjektivität des Sprechers und die Sensibilität der keineswegs ‚wilden' Helden, die rhythmische Prosa, die mehrdeutige Bildersprache, stilisierte Beschreibungen der urwüchsigen Natur sowie die oft pathetische Betonung von Emotion und Empfindsamkeit. Ebenso wie PERCYS Volksballaden und CHATTERTONS Fälschungen ist ‚OSSIANS Siegeszug' Ausdruck eines für diese Epoche typischen Kults des Ursprünglichen und des Interesses an einer Dichtung, die nicht mehr wie die klassizistische Versdichtung auf der Beherrschung vorgegebener Regeln beruht, sondern auf dem Ausdruck spontaner und intensiver Gefühle.

Originalitätsbegriff und neues Konzept von Autorschaft

MACPHERSON und CHATTERTON können auch deshalb als Wegbereiter der Romantik gelten, weil paradoxerweise gerade ihre Fälschungen maßgeblich dazu beitrugen, dass sich der romantische Originalitätsbegriff und ein neues, emphatisches Konzept von Autorschaft herausbildeten. Ihre Werke sind symptomatisch für jene poetologische Epochenschwelle, an der das klassizistische Prinzip der Nachahmung zugunsten einer neuen Ausdruckspoetik zurücktritt. Dadurch ändert sich nicht nur die Auffassung vom Wesen der Dichtung, sondern auch vom Autor. Da dieser dank der Annahme eines autonomen, individuellen Ursprungs poetischer Kreativität nun mehr und mehr als genialer Schöpfer erscheint, der kraft seiner besonderen Sensibilität, Einbildungskraft und dichterischen Inspiration eine Welt gleichsam aus dem Nichts erschafft, erhält er eine völlig neue Aura. Überspitzt formuliert: Die Fälschungen sind die ersten ‚echten' Originale und ‚authentischen' Dichtungen, und die Erfindung des archaischen Barden ist die Geburtsstunde des Romantikers und des modernen Autors.[20]

8 Lyrik der Vorromantik: William Cowper, Robert Burns und William Blake

Abkehr vom Klassizismus und Rationalismus

In den letzten beiden Dekaden des 18. Jh.s erreichen die Tendenzen, die sich seit den 1740er Jahren in der englischen Dichtung abzeichnen, in der Lyrik der Frühromantik ihren Höhepunkt. Diese markiert eine Abkehr von den Normen des Klassizismus und vom Rationalismus der Aufklärung. An die Stelle des vernunftbestimmten Weltbildes des *Augustan Age* tritt eine stärkere Betonung von Gefühl und Einbildungskraft. Die wichtigsten Merkmale der Frühromantik lassen sich stichwortartig so zusammenfassen:

- Aufwertung von Subjektivität und Emotionalität;
- Hochschätzung der dichterischen Einbildungskraft;
- Dynamisierung und Anthropomorphisierung der Naturdarstellung: An die Stelle der vom Menschen kontrollierten Natur treten subjektiv gefärbte Beschreibungen malerischer oder ‚wilder' Landschaften;
- Verschmelzung von lyrischem Ich und Natur, wahrnehmendem Subjekt und wahrgenommenem Objekt;
- Politisierung und prononcierte Sozial- und Gesellschaftskritik.

William Cowper

Repräsentativ für die als Vor- bzw. Frühromantik bezeichnete Phase des Übergangs sind die Gedichte von WILLIAM COWPER (1731–1800), der auch zahlreiche Kirchenlieder schrieb und dessen recht kurze Schaffenszeit von Depressionen und Wahnvorstellungen überschattet war. Im Gegensatz zu seinen in *Poems* (1782) erschienenen frühen Gedichten, die relativ konventionell und in *heroic couplets* verfasst sind, weist COWPERS bekanntestes Werk, das aus sechs Büchern bestehende Blankvers-Gedicht *The Task* (1785), typische Merkmale dieser Übergangszeit auf. Der Titel bezieht sich auf die Aufgabe (vor die COWPER von LADY AUSTEN gestellt wurde), ein Gedicht über das Sofa zu schreiben. Trotz seines didaktischen und moralisierenden Charakters nimmt *The Task* zentrale Elemente und Anliegen der Lyrik der Romantik vorweg. Dazu zählen etwa die Hinwendung zum Alltäglichen in Stoff und Sprache, die realistische Beschreibung alltäglicher Details des Landlebens (etwa der Heuernte), die Darstellung ‚einfacher Leute', die Wiedergabe von Natureindrücken, die enge Verbindung von erlebendem und mitfühlendem Ich und Natur, das Streben nach Ausdruck persönlichen Erlebens, die unverhohlene politische Zeitkritik (u. a. an Korruption, Gewinnstreben, Despotismus, Verweltlichung des Klerus und Sklaverei) sowie die melancholische Stimmung. In seinen

20 Vgl. dazu den bahnbrechenden Aufsatz von Höfele, „Der Autor und sein Double …", dem wir viele neue Einsichten verdanken.

Landschaftsgedichten (z. B. „The Poplar-Field", 1785), die einem idyllischen Eskapismus eine Absage erteilen, erscheint die Natur nicht mehr primär als Idyll, sondern wird zum auslösenden Moment für selbstreflexive Analysen des komplexen, von Resignation geprägten Gemütszustands der Sprecher.

Robert Burns

Sehr deutlich sind die vorromantischen Tendenzen auch in den Werken des schottischen Nationaldichters ROBERT BURNS (1759–1796) erkennbar. Als Bauerssohn genoss er keine künstlerische oder akademische Ausbildung, wurde aber mit der Veröffentlichung seiner *Poems, chiefly in the Scottish Dialect* (1786) über Nacht berühmt und galt fortan als Naturtalent und Originalgenie. An der Mythenbildung um den „*Heaven-taught ploughman*" (HENRY MACKENZIE) hatte BURNS insofern selbst beträchtlichen Anteil, als er sich in dem poetologischen Gedicht „Epistle to J. Lapraik, An Old Scotch Bard" (1785) als naiver Volksdichter stilisierte, der allein von der Natur inspiriert sei („*Gie me ae spark o' Nature's fire*", 1. Z., 13. Str.), und damit vom Typus des gelehrten Dichters abgrenzte. Ebenso wie vor ihm ROBERT FERGUSSON (1750–1774) verfasste BURNS seine Gedichte im schottischen Dialekt, dessen sich auch die als ‚*Muse of Cumberland*' bekannte SUSANNAH BLAMIRE (1747–1794) in ihren wirklichkeitsnahen Gedichten über das Landleben in Cumbria bediente.

Volkstümliche Dialektdichtung

BURNS' Dialektdichtung verkörpert beispielhaft die Hinwendung zu volkstümlichen und ursprünglichen Ausdrucksformen. Der Autodidakt BURNS machte es sich in seinen Gedichten, von denen viele zu Volksliedern wurden, zum Anliegen, die Gebräuche und Gefühle seiner bäuerlichen Landsleute in deren Idiom darzustellen. Dementsprechend kreist seine schlichte, volkstümlichen Themen und mündlich überlieferten Formen verpflichtete Lyrik, die den Eindruck von Spontaneität und Unmittelbarkeit evoziert, um Themen des ländlichen Alltags sowie um Liebe, Freundschaft, Abschied und Trauer. Während er die heuchlerischen und selbstgerechten Moralapostel im presbyterianischen Schottland in satirischen Gedichten wie „Holy Willie's Prayer" (1784/85, erschienen 1789) entlarvte und verspottete, galt seine Sympathie den armen und notleidenden Menschen und Tieren („To a Mouse", 1785).

William Blake

Von humanitärem Engagement zeugen auch viele Werke des aus einfachen Verhältnissen stammenden Dichters, Buchillustrators und Druckers WILLIAM BLAKE (1757–1827), der nach seiner Lehre als Kupferstecher zunächst die ‚Royal Academy of Arts' besuchte. Der von vielen seiner Zeitgenossen für wahnsinnig gehaltene BLAKE verlieh seiner visionären Weltsicht in den meisten seiner Werke in Wort und Bild Ausdruck. Im Gegensatz zu seinen späteren Dichtungen, die experimentell, mystisch und prophetisch

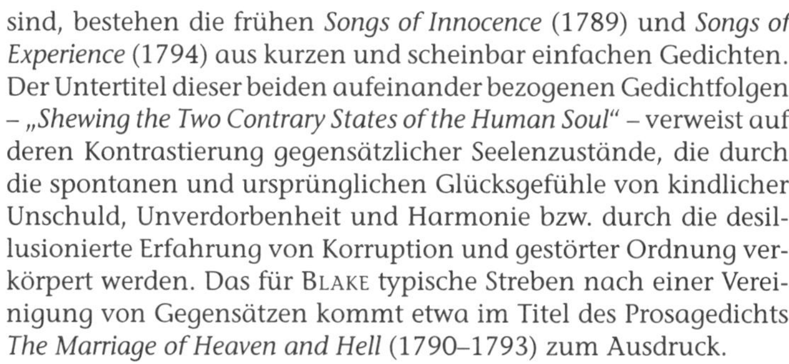

sind, bestehen die frühen *Songs of Innocence* (1789) und *Songs of Experience* (1794) aus kurzen und scheinbar einfachen Gedichten. Der Untertitel dieser beiden aufeinander bezogenen Gedichtfolgen – *„Shewing the Two Contrary States of the Human Soul"* – verweist auf deren Kontrastierung gegensätzlicher Seelenzustände, die durch die spontanen und ursprünglichen Glücksgefühle von kindlicher Unschuld, Unverdorbenheit und Harmonie bzw. durch die desillusionierte Erfahrung von Korruption und gestörter Ordnung verkörpert werden. Das für Blake typische Streben nach einer Vereinigung von Gegensätzen kommt etwa im Titel des Prosagedichts *The Marriage of Heaven and Hell* (1790–1793) zum Ausdruck.

Sozialkritik

Weitere Kennzeichen von Blakes Denkweise und Lyrik sind seine explizite Gesellschaftskritik und seine Auflehnung gegen konventionelle Moralauffassungen, soziale Ungerechtigkeit, Unterdrückung des Geistes sowie gegen jede Form von institutionalisiertem Zwang und Tyrannei. Besonders deutlich kommt dies in sozialkritischen Gedichten wie „The Chimney-Sweeper" (1789) oder „London" (1794) zum Ausdruck.[21] Zudem repräsentieren Blakes poetische Anklagen beispielhaft jenen ausgeprägten Subjektivismus, der eines der charakteristischen Merkmale der Lyrik der Romantik ist. Die prononcierte Subjektivität von „London", die sowohl die Thematik als auch die literarische Gestaltung der beschriebenen Situationen prägt, manifestiert sich in der Sprechsituation und in der Perspektive des lyrischen Ich. Blakes epische Gedichte der 1790er – z. B. *The French Revolution* (1793), das feministische Werk *Visions of the Daughters of Albion* (1793) sowie die beiden ‚prophetischen Bücher' *America. A Prophecy* (1793) und *Europe. A Prophecy* (1794) – vermitteln eine anschauliche Vorstellung davon, mit welch visionären Mitteln er seiner rebellischen Haltung und seiner Sympathie für die Ideale der Französischen Revolution literarisch Ausdruck verlieh.

Ausblick: Hauptvertreter der Romantik

Blakes spätere Werke fallen zeitlich zwar in die Hauptphase der Romantik, doch sie nehmen in dieser Strömung eine Sonderstellung ein. Als herausragende englische Repräsentanten der Lyrik der ‚Hochromantik' gelten William Wordsworth (1770–1850), Samuel Taylor Coleridge (1772–1834), John Keats (1795–1821), Percy Bysshe Shelley (1792–1822) und Lord Byron (1788–1824). Der Anfang der Hochromantik wird meist wegen des programmatischen *Preface* der zweiten Auflage von Wordsworths und Coleridges Gedichtsammlung *Lyrical Ballads* auf das Jahr 1800 datiert. Dieses gilt nicht zuletzt deshalb als eine Art ‚Gründungstext' der Romantik, weil in ihm die typisch romantische Aus-

21 Für eine ausgezeichnete Interpretation von „London" vgl. Hühn, Bd. 1, S. 251–282

druckspoetik prägnant dargelegt wird: *„Poetry is the spontaneous overflow of powerful feelings"*. Da in den Werken dieser Autoren das für einen Großteil der englischen Versdichtung des 18. Jh.s. charakteristische Spannungsverhältnis zwischen klassizistischen und romantischen Elementen endgültig zugunsten des zweiten Pols aufgelöst wird, bilden sie den Anfang einer neuen Epoche.[22]

22 Zur Einführung in die Romantik vgl. Müller, „Das Problem der Subjektivität ..." und Curran.

Das englische Drama des 18. Jahrhunderts

1 Theatergeschichtliche Rahmenbedingungen: Zensur und Aufführungspraxis

Vielfalt der dramatischen Produktion

Obgleich das englische Drama des 18. Jh.s[1] im Gegensatz etwa zur Blütezeit des Theaters in der elisabethanischen Zeit kaum Dramatiker hervorgebracht hat, die zu den ‚Klassikern' der englischen Literatur zählen,[2] ist die thematische, formale und gattungsmäßige Vielfalt bemerkenswert. Auffällig ist aus heutiger Sicht zunächst einmal der scheinbar kuriose Charakter von vielen damals populären Stücken: „*The age is one which may well seem remarkable less for the distinction of its dramatic writing than for the oddity of its dramatic taste.*"[3]

Genres und Tendenzen

Diese Eigenartigkeit des dramatischen Geschmacks besteht z. T. darin, dass das Drama des 18. Jh.s eine Reihe von Genres hervorgebracht hat, die herkömmliche Erwartungen an eine Komödie oder Tragödie durchkreuzen. Obgleich der literarische Rang vieler Stücke nicht sehr hoch eingestuft wird, sind die epochenspezifischen Gattungsausprägungen aus kulturgeschichtlicher Sicht insofern sehr aufschlussreich, als sie Einblick in die damalige ‚Mentalität' geben.[4] Will man die für das Drama des 18. Jh.s typischen Entwicklungen zu einigen Haupttendenzen bündeln, so lassen sie sich in stichwortartiger Verkürzung so zusammenfassen:

---

1 Als Einführungen in das englische Dramas des 18. Jh.s sind folgende Werke zu empfehlen: Bevis, *English Drama* ..., Booth/Southern, Kavenik, Loftis/Southern, die Bücher von Loftis sowie die sehr guten Darstellungen von Müllenbrock/Späth, S. 70–106 und Zaic, „Die Zeit des Klassizismus". Aufschlussreiche Interpretationen einzelner Dramen finden sich in den von Mehl, *Das englische Drama* ... und Kosok herausgegebenen Sammelbänden. Für innovative kulturgeschichtliche Untersuchungen vgl. die von Canfield/Payne und Schofield/Macheski, *Curtain Calls* ... herausgegebenen Bände sowie Shepherd/Womack.

2 Ausnahmen sind allenfalls Oliver Goldsmith und Richard Brinsley Sheridan, die beide irischer Abstammung sind (vgl. Kap. 4.7). Auch andere führende Dramatiker des 18. Jh.s – etwa George Farquhar, Hugh Kelly, Arthur Murphy und Sir Richard Steele – wurden in Irland geboren. Als Einführung in das Werk der wichtigsten Dramatiker dieser Epoche sind Boas und Backscheider zu empfehlen. Zur Kanonfrage im Bereich des Dramas des 18. Jh.s vgl. Corman.

3 Donaldon, S. 161.

4 Vgl. A. Nünning, „Das englische Drama ...".

Entwicklung des Dramas im 18. Jahrhundert

- Charakteristisch für die Entwicklung der Komödie in dieser Epoche ist die Herausbildung eines neuen Typus, der als ‚sentimentale Komödie' *(sentimental comedy)* bezeichnet wird und sich dadurch auszeichnet, dass diese Stücke selten komisch sind.
- Die epochenspezifische Gattungsausprägung der Tragödie ist die *domestic tragedy*, die in etwa dem ‚bürgerlichen Trauerspiel' entspricht und deren Tragik von pathetischer Rührseligkeit, einem rigiden Moralkodex und oft auch von unfreiwilliger Komik überlagert wird.
- Die Reduktion des Komischen in der sentimentalen Komödie und die Domestizierung des Tragischen in der Tragödie führen zu einer zunehmenden Annäherung der beiden Genres und zur Herausbildung von Mischformen wie des ‚moralisch-empfindsamen Dramas' *(drama of sensibility)*.
- Daneben findet sich ein breites Spektrum anderer dramatischer Genres, das von Burlesken, Farcen und anderen Formen des Metadramas über Satiren und historische Dramen bis zum gotischen Drama und Melodrama reicht.

Auflagen für Theater

Wichtig für ein Verständnis der Entwicklung des Dramas in dieser Epoche sind einige theatergeschichtliche Rahmenbedingungen.[5] Das Auslaufen des *Licensing Act* (vgl. Kap. 1.2) wirkte sich deshalb kaum auf Theateraufführungen aus, weil diese anderen Restriktionen unterlagen. Für Theater waren schon seit dem 16. Jh. der *Master of the Revels* und der *Lord Chamberlain* verantwortlich. Diese konnten das Gehalt von Schauspielern bestimmen, die Sitzordnung im Theater regulieren und die Aufführung von Stücken durch die Schließung von Theatern verhindern. Die wichtigste Funktion dieser Würdenträger lag in der Vorzensur: Sie ließen sich die Stücke vor der ersten Aufführung vorlegen und konnten Passagen, die sie aus religiösen, moralischen oder politischen Gründen für anstößig hielten, ändern oder streichen. Im schlimmsten Fall verboten die Zensoren, die immer eine hohe Gebühr für ihre Tätigkeit verlangten, die Aufführung eines Stücks.

Lockerung der Kontrolle

Diese Kontrollen wurden allerdings nicht regelmäßig durchgeführt; Theatermanager versuchten sie zu umgehen, wo immer es möglich erschien. Seit 1725 war die Vorzensur nur noch bei solchen Stücken wirksam, die dem *Master of the Revels* freiwillig zugesandt wurden. Außerdem eröffneten einige wagemutige Individuen seit den 1720er Jahren weitere Theater in London, denen es gelang, eine Zeit lang ohne die Zustimmung des Königs zu operieren. Dies war deshalb möglich, weil sich die Durchsetzung von Gesetzen zur Bestrafung der Schauspieler als schwierig erwies.

Theatre Licensing Act

Die Verschärfung der Zensur durch den *Theatre Licensing Act* von 1737, der weitreichende Folgen für die Entwicklung des englischen Dramas hatte, war das Ergebnis des Zusammenwirkens von verschiedenen politischen, sozialen, ökonomischen, rechtlichen und theatergeschichtlichen Faktoren. Die Lockerung der Kontrolle über die Theater wurde von vielen Einwohnern Londons sehr beklagt, die diese möglichst an den Rand der Stadt verdrängen wollten, denn in der Nachbarschaft von Theatern hatte es immer viele zwielichtige Tavernen und Bordelle gegeben. Außerdem war die Regierung erzürnt über die kaum verhüllte Kritik an ihren politischen Maßnahmen, die viele Stücke der 1720er und 1730er Jahre auszeichnete. Der *Theatre Licensing Act* bestand aus zwei Maßnahmen. Erstens wurde eine Bestimmung über Vagabunden durchgesetzt, die ohne Zustimmung des Königs spielende Schauspieler einschloss. Theater brauchten nun eine Lizenz vom *Lord Chamberlain* oder einen *letter patent* vom Monarchen und durften grundsätzlich nur in Westminster errichtet werden. Zweitens wurden die Befugnisse des *Lord Chamberlain* bekräftigt: Die Vorzensur war nun nicht mehr zu umgehen, und Vorführungen konnten zu jeder Zeit untersagt werden. Dieses einflussreiche Gesetz, das keine Schlupflöcher mehr ließ, blieb bis 1843 in Kraft.[6]

Auswirkungen auf Theater

Obgleich die Neueröffnungen der Theater in den 1720er Jahren gezeigt hatten, dass ein großes Interesse an Aufführungen bestand, wurde die Zahl der Londoner Theater nun wieder auf zwei begrenzt. Aufgrund der Nachfrage vergrößerten die Manager die Größe der Theater: Covent Garden wurde 1782 von 1335 auf 3000 Plätze erweitert; das Drury Lane Theatre, das im späten 17. Jh. nur 1000 Besucher einlassen konnte, bot 1795 Platz für 3600 Zuschauer. Aufgrund des großen Interesses an Theateraufführungen bildete sich eine Subkultur heraus, die sich durch populäre, *music-hall*-artige Vorstellungen auszeichnete. Diese grundsätzlich illegalen Aufführungen wurden als Musikdarbietungen angepriesen, da diese nicht unter den *Theatre Licensing Act* fielen. In Städten wie Bath, Norwich und Edinburgh etablierten sich ebenfalls Theater, die von den lokalen Eliten unterstützt und nur selten verfolgt wurden. Im Jahre 1788 wurden diese Theater außerhalb Londons durch den *Enabling Act* legalisiert; die Vorzensur blieb aber bestehen.[7]

---

5 Zu den theatergeschichtlichen Rahmenbedingungen vgl. Hume, *The London Theatre World...* und *The Rakish Stage...* sowie Nicoll, *A History...* und *The Garrick Stage...*, Scouten, Stone und Van Lennep.

6 Zu den Inhalten des und Begründungen für den *Theatre Licensing Act* vgl. die ausführliche Darstellung von Liesenfeld; zur Bedeutung der Theaterzensur im 18. Jh. vgl. auch Conolly und die Beiträge in Liesenfeld/Backscheider.

7 Zu den Auswirkungen des Gesetzes auf die Theater und das Verhalten von Schauspielern und Publikum vgl. Brewer, S. 325–423.

Auswirkungen auf Aufführungen

Auf die Inhalte der Dramen wirkte sich der *Theatre Licensing Act* insofern aus, als nunmehr politisch oder moralisch anstößige Passagen aus dem Text der Spielvorlagen getilgt wurden; in die Aufführungen der Stücke schlich sich hingegen dennoch so manche politische Anspielung ein. Außerdem wurden nur wenige neue Dramen geprobt, denn die Theater waren auf ein großes Publikum angelegt, und der Erfolg neuer Stücke war sehr ungewiss. Daher griffen Manager häufig auf alte und beliebte Stücke zurück. Der große Gewinner des *Theatre Licensing Act* war SHAKESPEARE, dessen Dramen nun deutlich häufiger gespielt wurden. In der Saison von 1740/1 bestand sogar ein Viertel aller Londoner Aufführungen aus Stücken SHAKESPEARES, die allerdings sehr freigiebig gekürzt und abgeändert wurden.

Inhalte eines Theaterabends

Ein Theaterbesuch dauerte in der Regel drei bis vier Stunden. Zuerst wurde eine vom Orchester gespielte Ouvertüre geboten, dann ein Hauptstück (Drama, Musical oder Oper), dem ein meist aus Musik oder Tanz bestehendes *interlude* folgte, und zum Abschluss gab es ein kurzes *afterpiece*. Die beiden kurzen Stücke waren meist komisch oder farcenhaft und machten reichlich Gebrauch von Bühnentricks und Spezialeffekten. Die Ränge füllten sich häufig erst nach dem Hauptstück, da dann nur noch der halbe Preis entrichtet werden musste. Charakteristisch für viele Aufführungen war die große Zahl unterhaltsamer Einlagen: Fast alle Theaterstücke beinhalteten Musik, Pantomime, Zirkuseinlagen und akrobatische Kunststücke aller Art.

Domestizierung des Publikums

Die Zuschauer schenkten dem Geschehen auf der Bühne bis ins späte 18. Jh. hinein relativ geringe Aufmerksamkeit. Man unterhielt sich mit Bekannten, kommentierte die Ereignisse in möglichst lauter und witziger Weise, steuerte persönliche oder politische Anspielungen bei, forderte Wiederholungen von besonders gelungenen Darbietungen, kaufte Obst – das bei Bedarf als Wurfmaterial diente – und buhte nicht genehme Darstellungen aus. Im Extremfall kam es sogar zur Demolierung des Mobiliars. Dies wurde nicht nur von kontinental-europäischen Besuchern mit großem Erstaunen zur Kenntnis genommen, sondern missfiel auch vielen Schauspielern. Der berühmte Theatermanager und Schauspieler DAVID GARRICK (1717–1779) führte daher Änderungen ein, von denen er sich einen positiven Effekt auf das Verhalten des Publikums erhoffte. Im Jahre 1762 verbannte er die Zuschauer von der Bühne und verdunkelte den Zuschauerraum, so weit dies mit damaligen Mitteln möglich war, um die Aufmerksamkeit auf die heller erleuchtete Bühne zu lenken. Außerdem bemühte er sich um eine Hebung des Ansehens von Schauspielern.

Ansehen von Schauspielern

Bis ins späte 18. Jh. herrschten große Vorurteile gegenüber Schauspielern, die als unmoralisch, unreligiös und verrucht verschrieen waren. Eine Reihe von Schauspielern waren tatsächlich schillernde Persönlichkeiten, die ein unbürgerliches Leben führten und ein lockeres Verhältnis zu Ehe und Treue hatten. Männliche Schauspieler traten teilweise auch durch Gewalttätigkeiten hervor. Das besonders in der Presse vermittelte Bild von Schauspielerinnen war das von sexuell freizügigen Frauen, deren Dienste käuflich waren. Dieses schlechte Image änderte sich im Verlauf des 18. Jh.s durch zwei sehr geschätzte Schauspieler, die keinen Zweifel an ihrer Integrität und ihren hehren Intentionen ließen: DAVID GARRICK, der auch versuchte, den Kult um SHAKESPEARE zu fördern und mit seiner Person zu verbinden, und SARAH SIDDONS (1755–1831), die von GEORG III. unterstützt wurde und peinlichst genau darauf achtete, sich in allen Kontexten als überaus moralische Person zu präsentieren.

Auffassungen über Schauspielkunst

Im Laufe des 18. Jh.s wandelten sich auch die Auffassungen über Schauspielkunst. Während sich der ältere Stil auf Technik und Deklamation konzentriert hatte, betonte der neuere Stil, der v. a. mit DAVID GARRICK verbunden wird, die Kommunikation von Gefühlen. Zu diesem Wandel trug auch die in vielen Rhetorikbüchern verbreitete Ansicht bei, dass jedem Bewusstseinszustand ein spezifischer Ausdruck entspreche. Solche Auffassungen über die Körpersprache wurden von Autoren wie AARON HILL (1685–1750) in seinem *Essay on the Art of Acting* (1746) auf die Schauspielkunst angewandt. In der zweiten Hälfte des 18. Jh.s etablierte sich daher die Vorstellung, dass Gefühle im Theater durch Gestik und Mimik ausgedrückt werden sollten.

Dramatikerinnen

Außerdem traten Frauen im 18. Jh. verstärkt als Dramatikerinnen hervor. Obgleich der Beitrag von Frauen zum englischen Drama und Theater des 18. Jh.s noch nicht hinreichend erforscht ist, sind einige Dramatikerinnen im Zuge der feministischen Kanonrevision wiederentdeckt worden.[8] Dazu zählen etwa SUSANNA CENTLIVRE (1667–1723), HANNAH COWLEY (1743–1809) und ELIZABETH INCHBALD (1753–1821).

8 Zur Bedeutung von Autorinnen im englischen Drama des 17. und 18. Jh.s vgl. Pearson und die Beiträge in Schofield/Macheski, *Curtain Calls …*; vgl. auch die Anthologie *The Meridian Anthology of Restoration and Eighteenth-Century Plays by Women*. Hg.: Katherine M. Rogers. Harmondsworth: Penguin 1994.

2 Tendenzen und Genres an der Schwelle zum 18. Jahrhundert: Jeremy Collier, Colley Cibber, George Farquhar, Susanna Centlivre, Joseph Addison und Nicholas Rowe

Periodisierung

Obgleich im Jahre 1700 mit *The Way of the World* von WILLIAM CONGREVE (1670–1729) die vermeintlich beste Restaurationskomödie uraufgeführt wurde, markiert dieses Datum in der Entwicklung des englischen Dramas keine Epochenschwelle. Ähnlich wie in der Lyrik und in der Prosa besteht zwischen dem ausgehenden 17. und dem frühen 18. Jh. vielmehr eine deutliche Kontinuität. Dennoch verändern sich im 18. Jh. allmählich die dramatischen Bauformen und die in den Stücken zum Ausdruck kommenden Werte und Normen.

Jeremy Collier

Nachhaltig beeinflusst wurden dieser grundlegende Werte- und Geschmackswandel sowie die Reform der Komödie durch die von dem Geistlichen JEREMY COLLIER (1650–1726) verfasste Streitschrift *A Short View of the Immorality and Profaneness of the English Stage* (1698), die eine bis weit in das 18. Jh. reichende Kontroverse auslöste.[9] Wie bereits der Titel erkennen lässt, handelt es sich um einen breit angelegten Angriff auf die moralischen Normen und Konventionen der damaligen Bühne. COLLIER kritisierte nicht nur die vermeintliche Profanität, Immoralität und Frivolität der meisten Dramen, sondern warf den führenden Komödienautoren der Zeit auch vor, mit ihren Stücken unmoralisches Verhalten und sexuelle Zügellosigkeit zu begünstigen. Ausgehend von seiner im Vorwort dargelegten Überzeugung, dass nichts und niemand die Verkommenheit des Zeitalters mehr gefördert habe als die Dramatiker und das Theater, holte COLLIER zu einem moralischen Rundumschlag gegen die Sittenwidrigkeit der Restaurationskomödie aus. In den sechs Kapiteln seines polemischen Kreuzzuges gegen die ‚Unanständigkeit', ‚Gottlosigkeit' und ‚Unsittlichkeit' der Bühne wetterte er beherzt gegen die obszöne Sprache und sexuelle Freizügigkeit der Dramen, die Verunglimpfung des Klerus, die Verrohung der Sitten und die Gefahren des Theaters.

Moralisch-didaktische Wirkungstheorie

Die moralisch-didaktische Wirkungstheorie, die COLLIERS scharfer Kritik an der Belohnung der meist lasterhaften Hauptfiguren in Restaurationskomödien zugrunde liegt, ist denkbar schlicht. Sie beruht auf seiner Behauptung, Dramen seien ein didaktisches Medium zur Förderung der Moral: „*The business of* Plays *is to recommend Virtue, and discountenance Vice.*" COLLIERS Ansicht nach können Dramen diese Aufgabe nur durch eine moralisch gerechte Verteilung von Lohn und Strafe am Dramenende erfüllen. Da Restaurationskomödien jedoch gegen dieses Gebot verstießen,

hielt Collier sie für eine große Gefahr für die sittliche Moral und Tugend der Zuschauer, die dadurch zu ähnlich zügellosem Verhalten verführt werden könnten.

Reduktion des Komischen

Bereits seit den 1690er Jahren lässt sich eine Tendenz zur Reduktion des Komischen und zur Aufwertung von Moral im englischen Drama beobachten. Dies mag der folgende zugespitzte Kontrast zwischen der Restaurationskomödie und der *sentimental comedy* des 18. Jh.s verdeutlichen. Die Komik und der *wit* der Restaurationskomödie sind im moralisch-empfindsamen Drama allgemeiner Ernsthaftigkeit, Wohltätigkeit und großem Leidensdruck gewichen. An Stelle von sprachlicher Doppeldeutigkeit und schlagfertiger verbal-erotischer Auseinandersetzung sind Eindeutigkeit und moralisierende Selbstdarstellung getreten. Wo einst gelacht wurde, fließen nun Tränen – und zwar in Strömen.

Colley Cibber

Beispielhaft zeigt sich diese Entwicklung in den Dramen von Colley Cibber (1671–1757), der auch ein sehr erfolgreicher Schauspieler und Theaterdirektor war. Als erste sentimentale Komödie gilt Cibbers Stück *Love's Last Shift* (1696), das allerdings ebenso wie seine späteren Werke (*Love Makes a Man*, 1700; *She Wou'd and She Wou'd Not; or, The Kind Impostor*, 1702; *The Lady's Last Stake*, 1707; *The Double Gallant*, 1707; *The Refusal*, 1721) noch zahlreiche Bauelemente der Restaurationskomödie aufweist. Besonders deutlich ist dieses Nebeneinander unterschiedlicher Konventionen in Cibbers sehr erfolgreicher Komödie *The Careless Husband* (1704). Darin entspricht der treulose Titelheld, Sir Charles Easy, noch dem für viele Restaurationskomödien typischen Ideal des rücksichtslosen Lebemanns, während seine treue, liebevolle, geduldige und pflichtbewusste Ehefrau die aufkommenden Moralvorstellungen der Mittelschicht verkörpert.

George Farquhar

Von einer Veränderung der Komödienkonventionen zeugen auch die Dramen des irischen Dramatikers George Farquhar (?1677–1707). Bereits seine frühen Stücke, *The Constant Couple, or A Trip to the Jubilee* (1699), *The Inconstant* (1702) und *The Twin Rivals* (1703), entsprechen keineswegs dem von Collier angeprangerten Schema der ‚unmoralischen' Restaurationskomödie. Einerseits führen Farquhars beste und erfolgreichste Komödien, *The Recruiting Officer* (1706) und *The Beaux' Stratagem* (1707), im Hinblick auf die realistische Figurendarstellung, pointenreiche Dialoggestaltung und abwechslungsreiche Handlungsführung viele Konventionen der Restaurationskomödie fort. Andererseits zeichnen sich seine Stücke durch ernstere Themen (Kritik an den damals üblichen skrupellosen Rekrutierungsmethoden bzw. Disharmonie in der

---

9 Vgl. Müllenbrock/Späth, S. 70 ff. zu Colliers Schrift und der Reform der Komödie.

Ehe) und durch einen weitgehenden Verzicht auf lasterhafte Figuren und sexuelle Doppeldeutigkeiten aus.

Susanna Centlivre

Weitere Beispiele für die Kontinuität der Komödienproduktion sind die Dramen von SUSANNA CENTLIVRE (1667–1723). CENTLIVRES unterhaltsame Komödien *The Busy Body* (1709) und *The Wonder: A Woman Keeps a Secret* (1714) sind Stücke, die den traditionellen Konventionen der Gattung ‚Komödie' entsprechen. CENTLIVRES Stücke sind auch insofern typisch für vorherrschende Tendenzen in den ersten drei Dekaden des 18. Jh.s., als sie als Medium patriotischer Identitätskonstruktion fungieren.[10] So wird etwa in CENTLIVRES *The Busy Body* der Gegensatz zwischen englischer Freiheit und spanischer Tyrannei thematisiert. CENTLIVRES Komödie *A Bold Stroke for a Wife* (1718) zeigt beispielhaft, wie die Darstellung von nationalen Selbst- und Fremdbildern nicht nur als Anlass für Komik fungiert, sondern auch als Medium kultureller und patriotischer Selbstvergewisserung.

Addisons neoklassizistische Tragödie *Cato*

Die neoklassizistische Tragödie verdeutlicht, dass die Kontinuität im Bereich der Tragödie noch stärker ist als im Bereich der Komödie. Das berühmteste Beispiel dafür ist *Cato* (1713) von JOSEPH ADDISON (1672–1719). Diese vom klassischen französischen Drama beeinflusste Tragödie wurde nicht zuletzt deshalb zu einem großen Erfolg, weil die historische Persönlichkeit des CATO im 18. Jh. als ein Symbol für eine vorbildliche patriotische Haltung galt und weil CATOS beherzte Verteidigung der Freiheit großen Anklang beim zeitgenössischen Publikum fand. Dass in der Folgezeit andere Gattungsausprägungen dem neoklassizistischen Typus der Tragödie in der Publikumsgunst den Rang abliefen, verweist auf einen weitreichenden Geschmacks- und Wertewandel, der in engem Zusammenhang mit dem Aufstieg der mittleren Schichten steht.

Bedeutung von Nicholas Rowes *she-tragedies*

Diese Entwicklung deutet sich bereits in den erfolgreichen *she-tragedies* NICHOLAS ROWES (1674–1718) an. Mit seinen ersten beiden Stücken, *The Ambitious Stepmother* (1700) und *Tamerlane* (1702) knüpfte ROWE noch an die Tradition des heroischen Dramas an. Ein noch größerer Erfolg gelang ihm mit der Tragödie *The Fair Penitent* (1703), die ebenso wie seine späteren Stücke, die historischen Dramen *The Tragedy of Jane Shore* (1714) und *The Tragedy of Lady Jane Grey* (1715), aufgrund des Geschlechts der Protagonistinnen als *she-tragedies* bezeichnet werden. ROWES im Blankvers abgefasste Tragödie *The Fair Penitent* kann als ein *„Meilenstein der englischen Dramengeschichte bezeichnet werden; denn es ist das erste Werk, das die wesentlichen Merkmale des bürgerlichen Trauerspiels aufweist"*.[11] ROWE verlagert den Akzent in seinen Stücken von großen Staatsaktionen auf die private Sphäre. Im Mittelpunkt von *The*

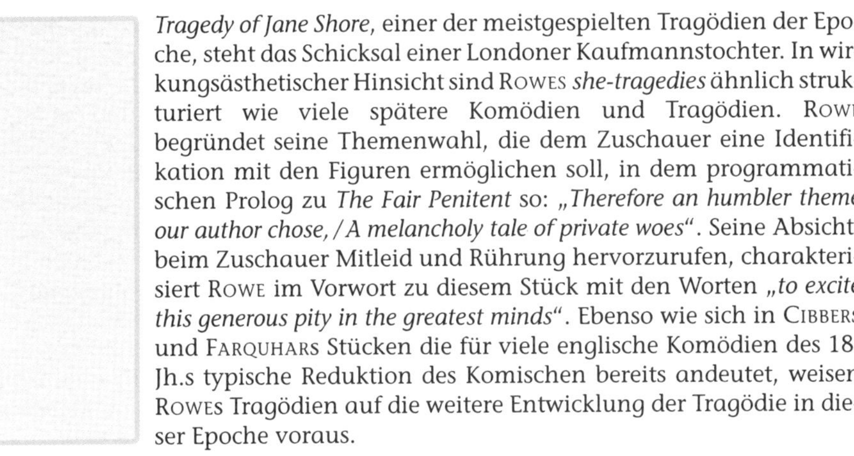

Tragedy of Jane Shore, einer der meistgespielten Tragödien der Epoche, steht das Schicksal einer Londoner Kaufmannstochter. In wirkungsästhetischer Hinsicht sind Rowes *she-tragedies* ähnlich strukturiert wie viele spätere Komödien und Tragödien. Rowe begründet seine Themenwahl, die dem Zuschauer eine Identifikation mit den Figuren ermöglichen soll, in dem programmatischen Prolog zu *The Fair Penitent* so: „*Therefore an humbler theme our author chose, / A melancholy tale of private woes*". Seine Absicht, beim Zuschauer Mitleid und Rührung hervorzurufen, charakterisiert Rowe im Vorwort zu diesem Stück mit den Worten „*to excite this generous pity in the greatest minds*". Ebenso wie sich in Cibbers und Farquhars Stücken die für viele englische Komödien des 18. Jh.s typische Reduktion des Komischen bereits andeutet, weisen Rowes Tragödien auf die weitere Entwicklung der Tragödie in dieser Epoche voraus.

3 Burleske, Metadrama, komische Oper: John Gay und Henry Fielding

Burlesken und Farcen

Neben den epochenspezifischen Ausprägungen der Komödie und der Tragödie findet sich im 18. Jh. noch ein breites Spektrum anderer Erscheinungsformen, die sich aufgrund ihres hybriden Charakters einer klaren Einordnung unter gattungstheoretische Begriffe entziehen. In diesem Bereich sind zunächst zahlreiche Burlesken und Farcen zu nennen, die sich v. a. in der ersten Hälfte des Jh.s großer Beliebtheit erfreuten. Dazu zählen etwa das skurrile Stück *Three Hours After Marriage* (1717), das John Gay (1685–1732) und Alexander Pope (1688–1744) gemeinsam mit dem Arzt John Arbuthnot (1667–1735) verfassten, und Henry Careys (?–1743) nicht minder kuriose Stücke *Chrononhotonthologos* (1734) und *The Dragon of Wantley* (1737). Ein besonders typisches Beispiel für ein Stück, das herkömmliche Gattungseinteilungen durchkreuzt, ist die Burleske *The What D'Ye Call It* (1715) von Gay. Bereits der Titel und Untertitel des Stücks – *A Tragi-Comi-Pastoral-Farce* – spielen auf die unklare Gattungszuordnung an, mit der sich auch das parodistische Vorwort auseinandersetzt.

---

10 Zu weiteren Beispielen für diese patriotischen Tendenzen vgl. Müllenbrock/Späth, S. 77 f. sowie A. Nünning, „Das englische Drama ...", S. 125 ff.; sehr aufschlussreich im Hinblick auf nationale Selbst- und Fremdbilder sind historische Dramen, in denen die Geschichtsdarstellung oft in den Dienst nationaler Identitätskonstruktion gestellt wird.

11 Müllenbrock/Späth, S. 78f.; vgl. zu Rowes Werken Boas, S. 1–31.

Metadrama: Dramen über das Theater

Daneben finden sich im gesamten 18. Jh. viele Stücke, die sich in selbstreflexiver und oftmals parodistischer Weise mit den vorherrschenden Konventionen des zeitgenössischen Theaters auseinandersetzen.[12] Solche Dramen über das Theater und die Konventionen des Dramas werden als ‚Metadramen' bezeichnet. Das Spektrum verschiedener Spielarten des Metadramas, die sich in selbstreflexiver Weise mit den Konventionen des zeitgenössischen Theaters und Dramas auseinandersetzen, ist im 18. Jh. sehr breit. Es reicht von *rehearsal plays* über verschiedene Formen von Burlesken bis zu literarisch anspruchsvollen Parodien. Stellvertretend für viele andere solcher Stücke, die in der vom DUKE OF BUCKINGHAM (1628–1687) mit *The Rehearsal* (1671) begründeten Tradition stehen, seien HENRY FIELDINGS burleske Tragödienparodien und *The Dramatist; or Stop Him Who Can* (1789) von FREDERICK REYNOLDS (1764–1841) genannt.

The Beggar's Opera

Eine innovative Mischung unterschiedlicher Gattungskonventionen ist auch JOHN GAYS *The Beggar's Opera* (1728), die als berühmteste Parodie der Theatergeschichte gilt. Dieses einzigartige Stück avancierte zum meistgespielten Drama des 18. Jh.s; zweihundert Jahre nach der Erstaufführung lieferte es die Vorlage für BERTOLT BRECHTS *Dreigroschenoper* (1928). Als Rahmenhandlung dient die Hochzeit von zwei Balladensängern, anlässlich derer ein Bettler eine Oper aufführt, die um Figuren aus dem Verbrechermilieu kreist. Der von zwei Frauen geliebte Kriminelle Macheath wird nach seiner Flucht aus Newgate von einer Hure verraten und aufgrund von Aussagen eines Bandenmitglieds zum Tode verurteilt. Das tragische Ende wird jedoch durch völlig unglaubwürdige Ereignisse abgewendet, die der *Player* mit einem Hinweis auf die Gattungskonventionen verteidigt: *„an opera must end happily"* (III, xvi).

Intertextualität, Satire und Politik

Die *Beggar's Opera* bildet eine Mischung aus vielen populären Versatzstücken aus zeitgenössischen Tragödien, sentimentalen Komödien, Opern, Balladen und Verbrecherbiografien; die mit über 60 Musikeinlagen angereicherte Szenenfolge wird nur lose durch die Handlung zusammengehalten. Schon von Zeitgenossen wurde das Drama gedeutet als Burleske auf heroische Dramen und sentimentale Komödien, als Parodie auf italienische Opernaufführungen sowie als Satire auf aristokratische Ideale und auf die Krämermentalität, die den *thief-taker* und den Gefängniswärter auszeichnet. Im Mittelpunkt stand die politische Interpretation, derzufolge das Verhalten der Verbrecher eine Satire auf die Gewohnheiten bekannter Whig-Politiker bildete. Das Spiel mit Andeutungen war Zeitgenossen auch deshalb verständlich, weil es sich auf bekannte Texte bezog, auf Dramen, patriotische Kritiken an der Oper, satirische Zeichnungen von Politikern und Ver-

brecherbiografien. Allein die Lebensgeschichte des berühmten Verbrechers JONATHAN WILD, die der Peachums ähnelte, kam 1725 in sechs unterschiedlichen Versionen auf dem Markt, und populäre Balladen und Zeitungsartikel hatten schon vorher die Beziehungen zwischen den Sitten von Politikern und Verbrechern wie WILD aufgezeigt.

Politische Satire und Zeitkritik

Darüber hinaus trug HENRY FIELDING (1707–1754) maßgeblich dazu bei, dass das Drama zu einem Medium der politischen Satire und Zeitkritik avancierte. Dies zeigt sich beispielhaft in FIELDINGS zweiteiliger Bühnensatire *Pasquin. A Dramatic Satire on the Times. Being the Rehearsal of two Plays; A Comedy Called The Election and a Tragedy Called The Life and Death of Common Sense* (1736) und in *The Historical Register for the Year 1736* (1737). In *Pasquin* nutzte FIELDING die Konventionen des *rehearsal plays* (d. h. einer fiktiven Theaterprobe innerhalb eines Stücks), um Kritik an den korrupten Praktiken (z. B. Bestechungen und Manipulationen bei Wahlen) der Regierung SIR ROBERT WALPOLES zu üben. Für FIELDING kam der daraufhin erlassene *Theatre Licensing Act* einem Berufsverbot als Dramatiker gleich, und er wandte sich in der Folgezeit gezwungenermaßen anderen Gattungen zu (vgl. Kap. 5.4).

Tragödienparodien

Neben relativ konventionellen Komödien (z. B. *The Miser*, 1733) und Burlesken schrieb HENRY FIELDING auch einige Tragödienparodien. In *Tragedy of Tragedies; or, The Life and Death of Tom Thumb The Great* (1731) und *The Covent-Garden Tragedy* (1732) verspottete er die zu Klischees erstarrten Konventionen heroischer Tragödien. In *Tom Thumb* sind nicht nur die Figuren, ihre grandiosen Taten sowie weitere Darstellungsverfahren und Regeln des heroischen Dramas Zielscheibe von FIELDINGS Spott und Kritik, sondern auch die damals verbreiteten poetologischen Vorworte und die übertriebene Gelehrsamkeit. In seinen experimentellen Bühnenstücken nahm FIELDING außerdem einige der illusionsdurchbrechenden Kommunikationstechniken des epischen Theaters vorweg.

4 Die Reduktion des Komischen in der *Sentimental Comedy*: Richard Steele

Moral, Rührung und Belehrung

Die weitreichende Bedeutung von SIR RICHARD STEELE (1672–1729) für die Entwicklung des englischen Dramas gründet in seinem Beitrag zur Entwicklung der *sentimental comedy*, die sich grundlegend von den für die Restaurationsepoche charakteristischen Gattungsausprägungen der Komödie, der *comedy of manners* und *comedy of*

12 Zum Metadrama vgl. Smith/Lawhon.

wit, unterscheidet. STEELE nutzte seine *prefaces*, Prologe und Epiloge dazu, um geradezu programmatisch einen neuen Typus der Komödie zu fordern. Dass STEELE in seinen unkomischen Komödien den Akzent von Kunst, Komik und Unterhaltung auf Moral, Rührung und Belehrung verlagert, wird in der Widmung zu *The Lying Lover* (1703) deutlich: *„The design of it is to banish out of conversation all entertainment which does not proceed from simplicity of mind, good-nature, friendship, and honour"*.

Neuer Komödientypus

Sein Ehrgeiz sei es, so STEELE im *preface* zu *The Lying Lover*, sich an einem neuen Komödientypus zu versuchen: *„to attempt a Comedy which might be no improper entertainment in a Christian commonwealth"*. Wenn STEELE in demselben Vorwort bemerkt, einige Szenen dieses Stücks seien *„perhaps, an injury to the rules of comedy, but I am sure they are a justice to those of morality"*, dann lässt er keinen Zweifel daran, dass er die Komödie in den Dienst von Didaktik, bürgerlicher Moral und Religion stellt.

A Joy too exquisite for Laughter

Besonders deutlich kommt STEELES neue Komödienauffassung in dem Vorwort, Prolog und Epilog seines Erfolgsstücks *The Conscious Lovers* (1722) zum Ausdruck, das als Paradigma der *sentimental comedy* gilt.[13] Bereits in dem poetologischen Vorwort, in dem viele der Schlüsselbegriffe der damaligen Poetik und Literaturkritik zu finden sind, werden die Grundgedanken der ganz und gar unkomischen Komödienkonzeption und die Prämissen der Wirkungsästhetik prägnant zusammengefasst. Das Drama zielt demzufolge darauf ab, die Zuschauer durch *exempla*, durch beispielhafte Tugend (*„the Effect of Example and Precept"*), zu belehren. Daraus leitet STEELE auch die Begründung für seine Themenwahl ab: *„any thing that has its Foundation in Happiness and Success, must be allow'd to be the Object of Comedy, and sure it must be an Improvement of it, to introduce a Joy too exquisite for Laughter, that can have no Spring but in Delight, which is the Case of this young Lady."*

Sensibilität, Moral und Humanität

Darüber hinaus werden in STEELES programmatischem Vorwort zu *The Conscious Lovers* noch zwei weitere Merkmale der neuen Komödienform genannt. In den Schlüsselbegriffen *„Good Sense"*, *„Softness of the Heart"* und *„Humanity"* kommt jene Hochschätzung von Sensibilität, Emotionalität und Humanität zum Ausdruck, die zu den grundlegenden Werten der Kultur der Empfindsamkeit zählt.[14] Zudem weisen die mehrfache Nennung von Tränen, die in *sentimental comedies* in der Regel reichlich fließen, voraus auf die sehr expressive Körpersprache. Die Grundlagen von STEELES moralischer Wirkungsintention bilden ein für das Zeitalter der Aufklärung kennzeichnender Erziehungsoptimismus, eine relativ naive mechanistische Wirkungsästhetik sowie bürgerlich geprägte Moralauffassungen.

Geschmacks- und Wertewandel

In STEELES Absicht, die Gattung der Komödie dadurch zu verbessern, dass er *„a Joy too exquisite for Laughter"* als neuen und legitimen Gegenstand einführt, manifestiert sich ein grundlegender Geschmacks- und Wertewandel. Bei seiner Zurückweisung des profanen Lachens und seinem Streben nach feineren Ausdrucksformen von Freude dienten STEELE die Stücke des römischen Dichters TERENZ als Modell, wie folgende Bemerkung über dessen Komödie *Der Selbstquäler* (163 v. Chr.) in der 502. Nummer des *Spectator* (6. 10. 1712) zeigt: *„I did not observe in the whole one passage that could raise a laugh. How well disposed must that people be, who could be entertained with satisfaction by so sober and polite mirth!"* Formeln wie *„sober and polite mirth"* oder *„chose with pity to chastise delight"* und *„generous pity of a painted woe"* (Epilog zu *The Lying Lover*) verheißen nichts Gutes, und in der Tat gab es in der Folgezeit in den meisten Komödien für die Zuschauer wenig zu lachen, dafür um so mehr Anlass, in Mitleid und Freudentränen auszubrechen.

Bühne als moralische Erziehungsanstalt

STEELES Stücke zielen somit darauf ab, den ungezügelten *wit* der Restaurationskomödie zu verbannen, die Sitten zu verfeinern, und bürgerliche Tugenden zu verbreiten, kurzum: die Ehre der Komödie zu retten, indem sie die Bühne zu einer moralischen Erziehungsanstalt machen. In dem patriotischen Appell, den STEELE im Prolog zu *The Conscious Lovers* an alle *„Britons"* richtet, heißt es: *„'Tis yours, with Breeding to refine the Age,/ To Chasten Wit, and Moralize the Stage"*.

The Conscious Lovers

In der Figurendarstellung und Handlung seiner Stücke lässt STEELE seinen großen Worten wahrhaft tugendhafte Taten folgen. Der Handlungsverlauf von *The Conscious Lovers* entspricht zwar noch rudimentär der traditionellen Plotstruktur der Komödie, die NORTHROP FRYE auf die einprägsame Formel *„Boy meets girl; Boy wants girl; Blocks occur; Blocks are removed (comic peripeteia); Boy gets girl"*[15] gebracht hat, aber die *‚blocks'* sind in diesem Fall v. a. psychologischer und moralischer Natur. Der für *sentimental comedies* typische Konflikt zwischen Pflicht und Neigung, der oft aus übersteigerter Rücksichtnahme auf den Vater resultiert, wird in das Bewusstsein der Figur verlegt. Der Akzent verlagert sich in STEELES Komödien so stark von der äußeren Handlung auf seelische und moralische Konflikte, dass es im Drama zu einer ähnlichen Psychologisierung der Figurendarstellung kommt wie in vielen Brief-

---

13 Zur Einführung in Steeles Werke vgl. Boas, S. 65–85; zu *The Conscious Lovers* vgl. Schulz.

14 Zur Kultur der Empfindsamkeit vgl. Barker-Benfield, Todd, *Sensibility*... sowie V. Nünning, „Die Kultur der Empfindsamkeit...". Zur Entstehung der Empfindsamkeit und empfindsamen Komödie in England vgl. Bernbaum, Sherbo und Barkhausen.

15 Vgl. F. H. Ellis, S. 10.

romanen und Romanen der Empfindsamkeit (vgl. Kap. 5.3 und 5.7). Handlung und Figurendarstellung sind ganz STEELES Ziel untergeordnet, das Drama in den Dienst einer moralischen Reform zu stellen und die Prinzipien der christlichen Ethik und einen klar definierten Moralkodex zu veranschaulichen.

Wieder-erkennungs-szenen

Besonders deutlich wird die auf die Erweckung von Mitleid und Rührung abzielende Wirkungsintention in den für dieses Genre typischen Wiedererkennungsszenen. Bei dem Wiedersehen von Vater und Tochter sollen nicht nur die Beteiligten Tränen vergießen, sondern auch die zu Tränen gerührten Zuschauer, die die Emotionen der Figuren nachempfinden und deren *„Joy too exquisite for Laughter"* genüsslich auskosten. Auch die Szene des verhinderten Duells zwischen zwei Freunden in *The Conscious Lovers* (IV, i) verdeutlicht ein typisches Merkmal der *sentimental comedy*; sie beweist, dass in diesem Genre zentrale Szenen *„nicht als funktionale Bestandteile"* des Plot erscheinen, sondern *„ihre Erfüllung in sich bzw. in der Demonstration einer moralischen Lektion"*[16] finden. Anstatt ihre Auseinandersetzung mit Waffen oder Worten auszutragen, bepriestern sich die Kontrahenten mit frommen und erbaulichen Sprüchen, bis einer der beiden einsieht, dass seine Eifersucht unbegründet war, und sein Verhalten wortreich bereut.

Sentenzen-reiche Sprache

Unterstrichen wird die moralische Wirkungsintention durch die sentenzenreiche Sprache. Diese verweist auf die ursprüngliche Bedeutung der Wörter *sentiments* und *sentimental*, die zunächst ‚Sentenzen', ‚pointiert zusammengefasste Lehren' bzw. ‚reich an Sentenzen' lautet.[17] Die die Aufzüge beschließenden Sentenzen und die leitmotivische Wiederholung von Schlüsselbegriffen wie ‚*Honour*', ‚*Innocence*', ‚*generous Mind*', ‚*tender Obligation*' und ‚*faithful Friendship*' benennen in *The Conscious Lovers* die zentralen Wertvorstellungen und verdeutlichen den Rezipienten, welche moralische Lehre aus dem vorbildlichen Geschehen zu ziehen ist. STEELE setzt seine Poetik des sentimentalen Dramas in seiner Komödienpraxis somit konsequent um, indem er die Figurendarstellung, Handlung, Informationsvergabe und Sprache in den Dienst der moralischen Erneuerung stellt.

5 Die Domestizierung des Tragischen in der *Domestic Tragedy*: George Lillo

Bedeutung von *The London Merchant*

Eines der bedeutendsten Dramen des 18. Jh.s ist die bürgerliche Tragödie *The London Merchant, or the History of George Barnwell* (1731) von GEORGE LILLO (1693–1739).[18] Es handelt sich dabei um ein gattungsgeschichtlich bedeutsames Drama, weil das Stück mit seiner Domestizierung des Tragischen ein neues Genre begrün-

Gattungsmerkmale des *domestic drama*

dete, in dem zentrale Wertvorstellungen der Zeit artikuliert werden. In *The London Merchant* finden sich geradezu beispielhaft die wichtigsten Bauformen eines neuen, von der klassizistischen Theorie des Dramas abweichenden Tragödientypus, der als *domestic drama* bzw. *domestic tragedy* bezeichnet wird und dessen Merkmale in der folgenden Matrix zusammengefasst sind.[19]

Merkmalsmatrix des *domestic drama*	
Ort und Zeit	enger Wirklichkeitsbezug zu zeitgenössischen britischen Verhältnissen
Personal	durchschnittliche Figuren nichtaristokratischer Herkunft
Figurendarstellung	Individualisierung und Psychologisierung, Betonung von subjektivem Erleben, Gefühlen und Leiden, Idealisierung bzw. Dämonisierung
Figurenkonstellation	klare Strukturierung des Personals nach ethisch-moralischen Werten
Handlungsverlauf	ernste, tragisch endende Handlung, geschlossenes Ende
Schlussgebung	Zufälligkeit der Katastrophe, tragisches Ende
Fokus der Darstellung	privater, häuslicher, familiärer Bereich
Form und Sprache	Prosa, stilisierte und formelhafte Diktion, sentenzenhaft
Informationsvergabe	Tendenz zur Monologisierung des Dialogs
Werte und Normen	Propagierung bürgerlicher Tugenden
Wirkungspotential	hohes Identifikationspotential für das Publikum
Wirkungsintention	Rührung und Mitleid, moralisch-ethische Zielsetzung, Propagierung häuslicher Tugenden

16 Schulz, S. 78; vgl. auch ebd., S. 83 f. zur Verlagerung von Konflikten in das Bewusstsein von Figuren.

17 Vgl. Zaic, „Die Zeit des Klassizismus", S. 336.

18 Zur Einführung in Lillo vgl. Boas, S. 239–254; zu *The London Merchant* vgl. Würzbach, „George Lillo …" und Feldmann, „Peace …".

19 Zu den in der Matrix zusammengefassten Gattungsmerkmalen vgl. Feldmann, *Gattungsprobleme …*, S. 12 f. und 103–152.

Prolog von *The London Merchant*

Einige dieser Gattungsmerkmale lassen sich bereits anhand des Prologs von *The London Merchant* ablesen. So grenzt LILLO seine Themenwahl programmatisch von der Theorie und Praxis des klassizistischen Dramas ab, indem er dessen Konzentration auf Staatsaktionen und große Helden mit seinem bürgerlichen Sujet kontrastiert. Zudem appelliert er an den Geschmack des Publikums und betont den moralischen Gehalt seines Stückes. Nicht um die stilisierte Darstellung von *„Princes distressed, and scenes of royal woe"* gehe es in diesem Stück, sondern um eine wirklichkeitsnahe *„tale of private woe"*, eine moralische Geschichte, die schon Tausende von Augen mit Tränen gefüllt habe.

Domestizierung des Tragischen

In diesem Prolog kommt jene Tendenz zur Domestizierung und Privatisierung des Tragischen zum Ausdruck, die im 18. Jh. zum Markenzeichen einer Vielzahl von Stücken wurde. In vielen Prologen wird hervorgehoben, dass das Geschehen im häuslichen Milieu angesiedelt ist und sich thematisch mit privatem Leid beschäftigt. Wenn LILLO mit der Betonung von *„private woe"* und *„tears"* Schlüsselbegriffe aufgreift, die sich auch in den Prologen und Epilogen von STEELES Komödien finden, so ist dies bezeichnend für die Affinität zwischen dem *domestic drama* und der *sentimental comedy*.

Didaktische Zielsetzung

Auch in wirkungsästhetischer Hinsicht ist *The London Merchant* mit seiner eindeutigen didaktischen Zielsetzung typisch für zentrale Tendenzen des Dramas des 18. Jh.s. Gleich zu Anfang formuliert LILLO seine moralische Wirkungsintention und sein reformerisches Anliegen *(„thoughtless youth to warn, and shame the age/ From vice destructive")*. Dieser penetranten didaktischen Absicht entspricht der große Nachdruck, mit dem tugendhaftes Verhalten in *The London Merchant* propagiert und durch den Handlungsverlauf und die Schlussgebung implizit angepriesen wird.

Dramatische Bauformen

Die didaktische Wirkungsintention schlägt sich in den Bauformen vieler *domestic tragedies* nieder. Ähnlich wie im Genre der *sentimental comedy* dienen die Charakterisierung und Konstellation der Figuren, die Struktur der Handlung und die Schlussgebung primär zur Illustration moralischer Gerechtigkeit, derzufolge die Guten gebührend belohnt und die Bösen bestraft werden. Dieses ebenso schlichte wie mechanistische Verfahren zielt darauf ab, die Jugend zu warnen, ihre Unschuld zu sichern oder Sündige durch Reflexion zu heilen.

Doktrin der gerechten Sympathieverteilung

Die beiden zentralen Prinzipien, aus denen sich die Konventionen der Figurendarstellung und Handlungsführung in der *sentimental comedy* und *domestic tragedy* ableiten lassen, sind somit die der gerechten Sympathieverteilung und der poetischen Gerechtigkeit.[20] Der Doktrin der gerechten Sympathieverteilung zufolge

war es die Aufgabe des Dramatikers, die Tugend so anziehend darzustellen, dass sie nachahmenswert erschien, während die abstoßende Zeichnung des Lasters den Rezipienten davon abhalten sollte, Bösewichtern nachzueifern.

Poetische Gerechtigkeit

Hingegen bezieht sich der Begriff der *poetic justice*, der von dem Literaturkritiker THOMAS RYMER (1641–1713) geprägt wurde, auf die moralisch gerechte Verteilung von Lohn und Strafe am Dramenende. Die daraus zu ziehende moralische Lehre wird im Untertitel von SAMUEL RICHARDSONS erstem Roman – *Pamela; or, Virtue Rewarded* (1740) – mit wünschenswerter Deutlichkeit auf den Punkt gebracht (vgl. Kap. 5.3). Es entspricht dem weithin akzeptierten moralisch-ästhetischen Postulat der *poetic justice*, dass in *The London Merchant* – ebenso wie in den meisten Dramen des 18. Jh.s – die tugendhaften Figuren belohnt werden, während diejenigen, die Schuld auf sich geladen hatten, bestraft werden. Diese automatische Koppelung von Tugend und Belohnung bzw. Schuld und Sühne verleiht dem Plot einen streng kausallogischen und zwangsläufigen Charakter, in dem sich der große Einfluss eines von einem mechanistischen Weltbild geprägten Denkens niederschlägt.[21]

Selbstbild der handeltreibenden Mittelschicht

Anhand von *The London Merchant* lassen sich das Selbstbild der Mittelschicht und der Stolz auf die Segnungen des Handels nach vollziehen. Dass LILLO ausgerechnet einem jungen Kaufmannsgehilfen *„die höchsten Weihen des höchsten Genres: seine Tragödienwürdigkeit"*[22] verleiht, ist aus kulturgeschichtlicher Sicht insofern sehr interessant, als sich darin das gestiegene Selbstwertbewusstsein der handeltreibenden Mittelschicht niederschlägt.[23] Bereits der generische Titel des Stücks – *The London Merchant, or the History of George Barnwell* – signalisiert, dass ein prototypischer Repräsentant der Londoner Kaufmannschaft im Zentrum steht, während der Untertitel dem ‚Fall' (im doppelten Sinne des Wortes) des George Barnwell den Charakter einer Fallstudie verleiht. Der gutherzige Kaufmann Thorowgood fungiert als Normrepräsentant, der nicht nur die bürgerlichen Wertvorstellungen und Ideale der Zivilisation verkörpert, sondern auch das idealisierte Selbstbild des Londoner Großhändlers: *„honest merchants"*, so belehrt er Trueman, *„may sometimes contribute to the safety of their country, as they do at all times to its happiness"* (I, i). Die Methoden des Handels dienen Thorowgood zufolge nicht primär oder gar allein als

---

20 Zur Differenzierung zwischen der Doktrin der gerechten Sympathieverteilung und der poetischen Gerechtigkeit vgl. die umfassende Studie von Zach, *Poetic Justice ...*, S. 32 f. und passim.

21 Vgl. Zaic, „Die Zeit des Klassizismus", S. 317 ff.

22 Fietz, „Genese ...", S. 101.

23 Vgl. zum folgenden die ausgezeichnete Interpretation von Feldmann, „Peace ...", die erstmals die kulturgeschichtliche Bedeutung dieser Tragödie erschließt.

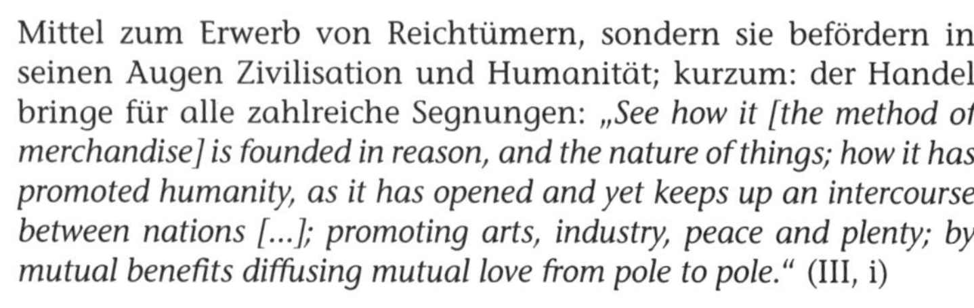

Mittel zum Erwerb von Reichtümern, sondern sie befördern in seinen Augen Zivilisation und Humanität; kurzum: der Handel bringe für alle zahlreiche Segnungen: „*See how it [the method of merchandise] is founded in reason, and the nature of things; how it has promoted humanity, as it has opened and yet keeps up an intercourse between nations [...]; promoting arts, industry, peace and plenty; by mutual benefits diffusing mutual love from pole to pole.*" (III, i)

Tugend- und Moralvorstellungen

Außerdem gewährt diese *domestic tragedy* Einblick in die Moralvorstellungen der Mittelschicht. Die ausgeprägte Einigkeit zwischen Vater und Tochter sowie deren Bemühen um Konfliktvermeidung sowie die Betonung der Autorität des vorbildlichen Vaters und der Gehorsamspflicht der Tochter verdeutlichen die für die *domestic tragedy* typische hohe Wertschätzung familiärer Beziehungen und Harmonie. Ebenso wie in vielen anderen Stücken dieser Epoche werden die Tugendvorstellungen der aufstrebenden Mittelschicht propagiert: „*vernünftiges und strebsames Handeln, Fleiß, Sparsamkeit und Hochschätzung familiärer Bindungen, vor allem Gehorsam gegenüber dem Familienoberhaupt und strikte eheliche Treue*".[24] Insgesamt fungiert die Betonung von Werten und Verhaltensweisen wie „*Zärtlichkeit, Großzügigkeit, Dankbarkeit, Offenheit, Geduld und die Bereitschaft zur Vergebung*" in diesem Genre als ein „*Instrument bürgerlicher Selbstinterpretation*".[25] Wie in vielen Dramen dieser Epoche geht die idealisierte Darstellung der Mittelschicht und des britischen Selbstbildes einher mit der Abgrenzung von negativ gezeichneten anderen gesellschaftlichen Schichten und fremden Nationen.[26]

6 Bauformen des moralisch-empfindsamen Dramas: Hugh Kelly und Richard Cumberland

Darstellungstendenzen

STEELES Komödien und LILLOS *The London Merchant* enthalten viele der dramatischen Bauformen, durch die sich sowohl das Genre der *domestic tragedy* als auch viele *sentimental comedies* auszeichnen. Diese Erscheinungsformen der Tragödie und Komödie stellen beide Ausprägungen eines für diese Epoche charakteristischen Dramentyps dar, des *drama of sensibility*.[27] Versucht man die Merkmale zusammenzufassen, durch die sich die *sentimental comedy* von der *comedy of manners* bzw. der in der zweiten Hälfte des 18. Jh.s wieder populäreren *laughing comedy* (vgl. Kap. 4.7) unterscheidet und die für den weit verbreiteten Typus des moralisch-empfindsamen Dramas kennzeichnend sind, so lassen sich einige übergreifende Tendenzen festhalten. In den folgenden Merkmalsmatrizes werden jeweils die Kennzeichen der *comedy of manners* der Restaurationszeit und des moralisch-empfindsamen Dramas schematisch gegenübergestellt und stichwortartig zusammengefasst.[28]

Sprache, Dialog, Monolog

In der Kategorie ‚Sprache, Dialog, Monolog' ist der Kontrast zwischen den unterschiedlichen Redestilen sehr markant. Der schlagfertigen Replik und dem geistreichen Redegefecht in der *comedy of manners* stehen im *drama of sensibility* die langatmigen und harmonischen Monologe gegenüber, die oft den Charakter von Moralpredigten haben und die der moralischen Wirkungsintention der Dramatiker verpflichtet sind. Im empfindsamen Drama tritt *wit*, der schnelle Austausch intelligenter und geistreicher Ansichten, zugunsten von ernsthaften Äußerungen zurück, in denen die Figuren ihre wohlwollende Disposition langatmig kundtun. Während der schnelle Replikenwechsel in der *comedy of manners* der Tatsache entspringt, dass es um einen oft aggressiv geführten Wettbewerb geht, entsprechen die niedrige Unterbrechungsfrequenz und Monologhaftigkeit in der *sentimental comedy* der für das Genre typischen Versöhnlichkeit und Harmonie.

(1) Sprache, Dialog, Monolog *comedy of manners*	 *drama of sensibility*
zeitgenössischer Konversationston	stilisierte Diktion und Gefühlsrhetorik
Ambiguität, Andeutungen, sprachliche Implikationen	Eindeutigkeit, explizite Verbalisierung, Verdeutlichung durch Emphase und Wiederholung
ausgefeilte, originelle Bildersprache	konventionalisierte Metaphorik und sentenzenreiche Sprache
hohe Unterbrechungsfrequenz	niedrige Unterbrechungsfrequenz
rascher Replikenwechsel und kurze Repliken	längere Reden

24 Müllenbrock/Späth, S. 81.

25 Feldmann, *Gattungsprobleme ...*, S. 139 bzw. 28.

26 Im Gegensatz zu Thorowgood verkörpert die kaltschnäuzige und berechnende Kurtisane Millwood, deren Verführungskünsten der tragische Titelheld erliegt, gleich in mehrfacher Hinsicht das fremde ‚Andere', das die Ordnung und Tugend der britischen Mittelschicht bedroht und das durch Millwoods Hinrichtung am Ende beseitigt wird.

27 Vgl. Bernbaum, S. 10.

28 Vorweggeschickt sei, dass es sich natürlich um eine stark vereinfachte und idealisierte Darstellung handelt, die die jeweiligen Kennzeichen der beiden Komödientypen in Form von binären Oppositionen darstellt, obgleich sie in der dramatischen Praxis in der Regel in variablen Dominanzverhältnissen in Erscheinung treten und obwohl sich oft auch Ausnahmen finden lassen. Zu den Merkmalen der *comedy of manners* vgl. Hirst; zur *sentimental comedy* vgl. F. H. Ellis; zur *domestic tragedy* vgl. Feldmann, *Gattungsprobleme ...*

Meinungsdivergenz	Meinungskonvergenz/-kongruenz
dominant dialogisches Sprechen	Monologisierung des Dialogs
Konversation und Schlagabtausch	Reflexion und Belehrung
schlagfertige Auseinandersetzung	moralisierende Selbstdarstellung
geistreiche Aperçus, Konflikte und Aggressivität	Versöhnlichkeit und moralische Unterweisung

Informationsvergabe und Perspektivenstruktur

Im Hinblick auf die sprachliche Informationsvergabe zeichnet sich das *drama of sensibility* dadurch aus, dass alles möglichst explizit verbalisiert wird. Dies betrifft nicht nur sämtliche Gefühlsregungen, sondern auch die moralischen Lehren, die aus dem Geschehen zu ziehen sind.

(2) Informationsvergabe, Informationsstand, Perspektivenstruktur	
comedy of manners	*drama of sensibility*
dominant szenisch-aktionale Vermittlung des Geschehens	dominant narrativ-verbale Vermittlung des Geschehens
dominant dialogische Vermittlung expositorischer Informationen	monologische bzw. monologartige Vermittlung expositorischer Informationen
realistisch motivierte Informationsvergabe	unmotivierte Informationsvergabe
große Informationsdiskrepanz zwischen den Figuren	geringe Informationsdiskrepanz zwischen den Figuren
dramatische Ironie als Mittel der Komik	dramatische Ironie als Mittel der Tragik
Körpersprache als Mittel zur Darstellung von Erotik	Körpersprache als Ausdruck moralischer Empfindsamkeit
offene Perspektivenstruktur	geschlossene Perspektivenstruktur
offenes Dramenende	geschlossenes Dramenende

Figurendarstellung

Das aristokratische Personal und die typischen Akteure der Restaurationskomödie (*wits* und *witwouds* sowie das zentrale *gay couple*) sind im moralisch-empfindsamen Drama durch Repräsentanten der dem Handel und Gewerbe verpflichteten Mittelschicht ersetzt. So gehören ‚gute Kaufleute‘ und ‚gute Töchter‘, deren empfindsame Eigenschaften im Handlungsverlauf auf die

Probe gestellt werden, zu den *stock figures* zeitgenössischer Dramen. Die Figuren im *drama of sensibility* sind als Individuen erkennbar, obgleich sie meist typisch für bestimmte Gruppen sind. Die Hauptfiguren fungieren in empfindsamen Dramen häufig als Normrepräsentanten und haben eine Vorbildfunktion, da man davon ausging, dass das Nachempfinden von Gefühlen dann eine besonders kultivierende Wirkung hat, wenn gute Emotionen und Handlungen betrachtet werden. Nicht Witz und Erfolg sind für die Einordnung der Figuren entscheidend, sondern einzig und allein deren moralische Qualitäten und Tugend.

(3) Personal und Figurendarstellung	
comedy of manners	*drama of sensibility*
höfische Gesellschaft	mittlere Schichten
Strukturierung des Personals gemäß den Kriterien *wit* *(truewit, witwould, falsewit)*	Strukturierung des Personals gemäß den Kriterien *sentiment* und Tugend *(virtuous hero/heroine* vs. *villains)*
aristokratische *rakes* als Hauptfiguren	*middle-class heroes/heroines* als Hauptfiguren
komplexe Techniken der Figurencharakterisierung	Vorherrschen expliziter Selbstcharakterisierung
Diskrepanz zwischen Selbst- und Fremdcharakterisierung	Kongruenz von Selbst- und Fremcharakterisierung
dominant komische Figurencharakterisierung	‚sentimentale' Figurencharakterisierung
Tendenz zur Typisierung der Figuren	stärkere Individualisierung und Psychologisierung der Figuren
Frauenfiguren zwischen Sexualobjekt und Selbstständigkeit	Frau als Ehefrau, Opfer oder Objekt von Schwärmerei
männliche Hauptfiguren als skrupellose Verführer	Männer als verantwortungsbewusste Beschützer
‚ungerechte' Sympathieverteilung	‚gerechte' Sympathieverteilung

Plot, Handlungsführung und Schlussgebung

Ebenso wie die Konzeption und Darstellung der Figuren unterliegen auch die Gestaltung des Handlungsverlaufs und die Schlussgebung völlig dem Prinzip der poetischen Gerechtigkeit, das jedes Moment der Spannung gleichsam vom Ansatz her ausschließt. Am Ende steht stets die gerechte Belohnung bzw. Bestrafung der Handelnden. Echte Konflikte gibt es so gut wie nicht mehr. Typisch sind v.a. *demonstration scenes*, in denen Figuren, die auf die Probe gestellt worden sind, ihre Empfindsamkeit und Tugend unter Beweis stellen und sich als würdig für das *happy ending* erweisen müssen.

(4) Plot, Handlungsführung, Schlussgebung *comedy of manners*	 *drama of sensibility*
Akzent auf äußerer Handlung	Akzent auf innerer Handlung
Ereignishaftigkeit	Handlungsarmut
komplexer Intrigenplot	einfach strukturierte Handlung
hohes Konfliktpotential	niedriges Konfliktpotential
Konflikte resultieren aus konkurrierenden Interessen	Konflikte resultieren aus Missverständnissen
mehrdeutige Strategiespiele und *wit-combats*	eindeutige Demonstrationsszenen mit Tugend- und Reuebeweisen
hohe kausallogische Verknüpfung und realistische Motiviertheit der Handlungsstruktur	niedrige kausallogische Verknüpfung und realistische Motiviertheit der Handlungsstruktur
Erfolg/Misserfolg	Belohnung/Bestrafung
happy ending durch Handeln der Figuren	glückliches bzw. tragisches Ende durch außengelenkte poetische Gerechtigkeit
Plot als struktureller Träger von Komik	handlungsarmes Geschehen zur Illustration von *sentiment*

Werte und Normen

Im Hinblick auf das Werte- und Normensystem weicht das negative Menschenbild der Restaurationskomödie, die satirisch angelegt ist, einem positiven Menschenbild, das von *benevolence*, *sentiment* und *sympathy* geprägt ist. Das *drama of sensibility* zielt darauf ab, Werte wie Tugend und Empfindsamkeit zu fördern. Zu den grundlegenden Werten der Kultur der Empfindsamkeit zählen Mitgefühl, Mitmenschlichkeit, Empathie, Sympathie und Wohltätigkeit.[29] Durch die Hochschätzung der altruistischen Tugenden des *„man of feeling"* – *„Selbstverleugnung, Sympathie, Mitleid und Caritas"*,[30] erfuhren Qualitäten, die traditionell als ‚weiblich' galten, eine enorme Aufwertung.[31]

(5) Werte und Normen *comedy of manners*	*drama of sensibility*
ungezügelte Leidenschaften *(passions)*	Verstand *(reason)*, Tugend *(virtue)*, moralische Empfindsamkeit
negatives Menschenbild (HOBBES) als anthropologische Basis der Figurenkonzeption	positives Menschenbild (SHAFTESBURY) als anthropologische Basis der Figurenkonzeption
Skeptizismus/Zynismus	Erziehungsoptimismus
Egoismus und Hedonismus	Altruismus und Opferbereitschaft
erotische Selbstbestätigung	moralische Selbstbestätigung
vertragliche Regelung gesellschaftlichen Zusammenlebens	moralisch-sittliche Regelung gesellschaftlichen Zusammenlebens
Rivalität und Konkurrenz	Freundschaft und Hilfsbereitschaft
Heuchelei und Verstellung	Ehrlichkeit und Aufrichtigkeit
sexueller und materieller Erfolg	Tugend, Gehorsam, Wohltätigkeit *(benevolence)*, Gutherzigkeit *(good-nature)*, Menschlichkeit
wit als dominante Norm	*sentiment* als dominante Norm
negative und zynische Darstellung von Ehe	positive und idealisierende Darstellung von Ehe

Wirkungsintention

In ihrer Kombination haben diese Tendenzen zur Folge, dass sich das moralisch-empfindsame Drama durch einen bisweilen penetranten Didaktizismus auszeichnet. Die ‚Moral von der Geschicht' wird meist explizit thematisiert. Außerdem wird sie durch die Bestrafung der Schurken und die Belohnung der Guten unterstrichen.

29 Vgl. dazu im einzelnen F. H. Ellis, Fietz, „Genese ..." und V. Nünning, „Die Kultur der Empfindsamkeit ...".

30 Fietz, „Genese ...", S. 108.

31 Im Zuge dieses Einstellungswandels kam es daher zu einer veränderten Konstruktion von Weiblichkeit und zu einer ‚Feminisierung der Kultur', die für beide Geschlechter und deren Verhältnis zueinander weitreichende Folgen hatte. Vgl. dazu Todd, *Sensibility* ..., S. 43 und V. Nünning, „Feminisierung der Kultur ..."; zur Konstruktion von Weiblichkeit im England des 18. Jh.s vgl. V. Nünning, „‚The slaves of our pleasures' ...".

(6) Wirkungsintention *comedy of manners*	*drama of sensibility*
ambivalente Moral	eindeutige Moral
bösartiges Lachen	verständnisvoller Humor
satirische Abschreckungs-komik	moralische Rührung und Mit-leid
widersprüchliche Darstellung von Tugend und Laster	anziehende Zeichnung der Tugend und abstoßende Zeichnung des Lasters
negative Identifikation durch Komik und Satire	positive Identifikation durch Mitleiden und Rührung
Verletzung der Doktrin der poetischen Gerechtigkeit	Erfüllung der Doktrin der poetischen Gerechtigkeit
mehrdeutige Satire	eindeutige moralisch-didakti-sche Wirkungsintention
Komik und zweckfreie Unter-haltung	Moral und nutzbringende Belehrung

Sentimentalisierung von Komödie und Tragödie

Insgesamt kommt es aufgrund dieser stichwortartig dargestellten Tendenzen in der ersten Hälfte des 18. Jh.s zu einer zunehmenden Annäherung der Bauformen und Konventionen von Komödie und Tragödie. Es ist daher kein Zufall, dass sich in vielen Stücken oftmals parodistische Hinweise auf die Unklarheit in bezug auf die Gattungszuordnung finden; die Verspottung dieser Ähnlichkeit der beiden Genres war *„the century's most common theatrical joke"*.[32] Sowohl die Komödie als auch die Tragödie weisen in der ersten Hälfte des 18. Jh.s eine Tendenz zu einer zunehmenden Sentimentalisierung auf,[33] die die ‚Kultur der Empfindsamkeit' auszeichnet.

Emotionale Wirkungen

Ebenso wie die *sentimental comedy* sind auch die *domestic tragedy* und das Melodrama primär daraufhin angelegt, bestimmte emotionale Wirkungen beim Zuschauer zu erzeugen. Die *sentimental comedy* soll im Rezipienten *„sentimental reactions"* hervorrufen; dabei handelt es sich um ein Spektrum von Einstellungen, das von Mitleid mit nicht-existierenden Objekten bis zu Mitleid mit der ganzen Menschheit reicht.

Hugh Kelly

Diese Fähigkeit zum Mitleiden am Schicksal anderer und das positive neue Bild des Menschen als ein gutes, vernünftiges und vervollkommnungsfähiges Wesen wurden auch vom Drama propagiert. Besonders deutlich werden diese Tendenzen in HUGH KELLYS (1739–1777) Komödie *False Delicacy* (1768), die zu einem großen Bühnenerfolg wurde. Im Zentrum dieses Stücks, das sämtliche

Bauformen des moralisch-empfindsamen Dramas aufweist, stehen die Auswirkungen, die falsch verstandenes und übertriebenes Scham- und Ehrgefühl haben kann. Obgleich KELLYS *The School for Wives* (1773) nicht ganz so rührselig und sentenzenreich ist, zielt es ebenfalls auf Mitleid, Rührung und Förderung der Moral ab.

Richard Cumberland

Die Dramen von RICHARD CUMBERLAND (1732–1811) liefern anschauliche Beispiele dafür, wie sich die Kultur der Empfindsamkeit in der Themenwahl und den dramatischen Bauformen manifestierte. In noch stärkerem Maße als seine späteren Dramen *The Jew* (1794), *First Love* (1795) und *The Wheel of Fortune* (1795) sind seine erfolgreichsten Stücke, *The Brothers* (1769) und *The West Indian* (1771), geradezu Musterbeispiele für das Genre des moralisch-empfindsamen Dramas.[34] In der Figurendarstellung und im Handlungsverlauf seiner *sentimental comedies* finden sich oft unverdientes Leid und ein Übermaß an Tugend, wobei der Altruismus der Figuren bis zur Selbstaufopferung geht. Informationsvergabe und Dialoggestaltung zeichnen sich in CUMBERLANDS Dramen durch zartfühlige und melancholische Gespräche sowie durch explizites Moralisieren aus. Darüber hinaus zählen v. a. die Sprache und die Körpersprache zu den Verfahren, durch die die Werte und Einstellungen der Empfindsamkeit literarisch vermittelt werden. Das *drama of sensibility* leistete einen eigenständigen Beitrag zum Aufstieg der Kultur der Empfindsamkeit, indem es veränderte Einstellungen gegenüber Kindern, Frauen, Schuldnern und Sklaven darstellte, die neuen Werte propagierte und damit veränderte Denk- und Empfindungsweisen zu etablieren half.

7 Von der *Sentimental Comedy* zur *Laughing Comedy*: George Colman, Samuel Foote, Arthur Murphy, Oliver Goldsmith und Richard Brinsley Sheridan

Entwicklung der Komödie

Überblickt man die Entwicklung der englischen Komödie im gesamten 18. Jh., so wird deutlich, dass sowohl die These vom Rückgang der Komik in der ersten Hälfte des Jh.s als auch die von

32 Donaldson, S. 162; es ist daher kein Zufall, dass fast alle primären und sekundären Gattungsmerkmale, die F. H. Ellis, S. 19 in seiner wirkungsästhetischen Definition der *sentimental comedy* anführt, auch auf die *domestic tragedy* zutreffen.

33 Vgl. das kurze Kapitel „Die Sentimentalisierung von Komödie und Tragödie" in Schmidt, *Satire ...*, S. 213–216.

34 Vgl. zum folgenden F. H. Ellis, S. 20, der diese vier sekundären Merkmale „‚A sprinkling of tender melancholy conversation'", „Reckless, self-sacrificing virtue", „Undeserved distress" und „Overt moralizing" nennt. Zu The West Indian vgl. Zach, „Cumberland ...".

der *„Reduktion des Sentimentalen“*[35] in der zweiten Jh.hälfte eine gewisse Berechtigung haben. Dennoch handelt es sich nicht um eine Ablösung eines Komödientypus durch einen anderen, sondern um eine Verschiebung der Dominanzverhältnisse. Im Hinblick auf die Entwicklungstendenzen der englischen Komödie im 18. Jh. lassen sich grob drei Phasen unterscheiden, die jeweils ein bestimmtes Profil aufweisen.

1. Phase: Reduktion des Komischen

Eine erste Phase, die etwa von den 1690er Jahren bis in die 1730er Jahre reicht, zeichnet sich durch die Abkehr der Mehrzahl der Dramatiker von den Bauformen der *comedy of manners* und den hedonistischen Werten der Restaurationskomödie sowie durch eine Reduktion des Komischen aus. Dabei tritt der Typus der satirischen Komödie, der in der Restaurationszeit vorherrschend war, zugunsten einer neuen Erscheinungsform von ‚exemplarischer‘ Komödie in den Hintergrund. Dabei kommt es zu einem Wechsel des Komödienparadigmas, einer Ablösung der *rewarded rake*-Formel der Restaurationskomödien durch die Belohnung der Tugend *(virtue rewarded)* in der *sentimental comedy*.[36] Typische Beispiele für die damit umrissenen Tendenzen sind die Stücke von COLLEY CIBBER und SIR RICHARD STEELE. Hingegen beweisen die Stücke von SUSANNA CENTLIVRE und HENRY FIELDING (vgl. Kap. 4.2 und 4.3), dass auch ‚echte‘ Komödien weiterhin populär waren.

2. Phase: Nebeneinander unterschiedlicher Komödientypen

Eine zweite Phase innerhalb der Entwicklung der Komödie, die vom Ende der 1730er bis zum Anfang der 1770er Jahre reicht, zeichnet sich durch ein Nebeneinander unterschiedlicher Komödientypen aus. Auf der einen Seite zeugen Stücke wie *The Foundling* (1748) von EDWARD MOORE (1712–1757), HUGH KELLYS *False Delicacy* und RICHARD CUMBERLANDS *The West Indian* (vgl. Kap. 4.6) von einer Kontinuität innerhalb der Entwicklung der *sentimental comedy*. Diese verkommt allerdings zunehmend zum sentimentalen Rührstück und weist auf die Strukturen des Melodramas voraus. Zu den Stücken, in denen sich sowohl empfindsame als auch komische Elemente finden, zählen etwa BENJAMIN HOADLYS (1706– 1757) Komödie *The Suspicious Husband* (1749), DAVID GARRICKS (1717–1779) Stücke *Miss in Her Teens* (1747) und *The Country Girl* (1766) sowie die von GARRICK und GEORGE COLMAN in Gemeinschaftsarbeit geschriebene Komödie *The Clandestine Marriage* (1766). Auf der anderen Seite gibt es in demselben Zeitraum zahlreiche Komödien, die sich erheblich vom Paradigma der *sentimental comedy* unterscheiden.

George Colman der Ältere

Beispielhaft für die Kontinuität ‚echter‘ Komödien sind die Dramen von GEORGE COLMAN dem Älteren (1732–1794), der nicht nur über dreißig Stücke schrieb bzw. überarbeitete, sondern als Direktor verschiedener Londoner Theater und Freund von GARRICK auch

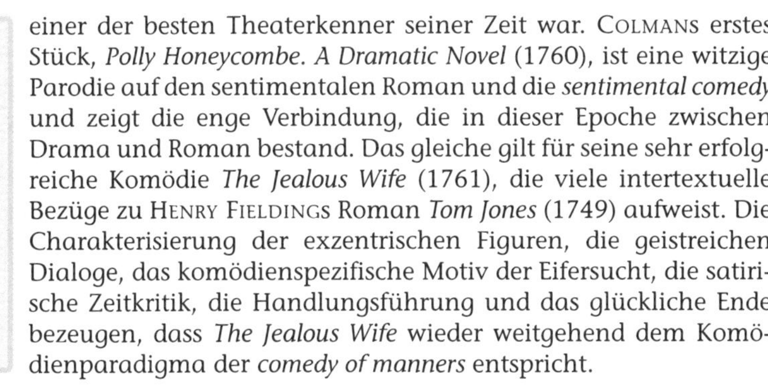
einer der besten Theaterkenner seiner Zeit war. COLMANS erstes Stück, *Polly Honeycombe. A Dramatic Novel* (1760), ist eine witzige Parodie auf den sentimentalen Roman und die *sentimental comedy* und zeigt die enge Verbindung, die in dieser Epoche zwischen Drama und Roman bestand. Das gleiche gilt für seine sehr erfolgreiche Komödie *The Jealous Wife* (1761), die viele intertextuelle Bezüge zu HENRY FIELDINGS Roman *Tom Jones* (1749) aufweist. Die Charakterisierung der exzentrischen Figuren, die geistreichen Dialoge, das komödienspezifische Motiv der Eifersucht, die satirische Zeitkritik, die Handlungsführung und das glückliche Ende bezeugen, dass *The Jealous Wife* wieder weitgehend dem Komödienparadigma der *comedy of manners* entspricht.

Samuel Foote

Von der Kontinuität ‚echter' Komödien zeugen auch viele der Stücke von SAMUEL FOOTE (1720–1777), der sich nicht nur als Verfasser von bissigen Farcen, Possen und Komödien einen Namen machte, sondern auch als Schauspieler hervortrat. Zu den typischen Komödienelementen zählen etwa in *The Minor* (1760) die komödiengerechte Charakterisierung und Konstellation der Figuren, die von Intrigen und Verkleidungen vorangetriebene Handlung, die Entlarvung von Heuchelei, die satirische Zeitkritik sowie viele burleske Elemente. FOOTES Komödien *The Englishman in Paris* (1753), *The Englishman Return'd from Paris* (1756) und *A Trip to Calais* (1778), in denen es auf der Figurenebene zu einer Konfrontation von Angehörigen verschiedener Nationen kommt, sind drei typische Beispiele für Stücke, in denen die Darstellung von nationalen Eigenarten im Zentrum steht. Im Gegensatz zu CENTLIVRE und anderen Autoren seiner Zeit benutzt FOOTE die Gegenüberstellung von Figuren unterschiedlicher Nationalität nicht bloß in xenophobischer Manier, sondern bei ihm fungiert der Nationenvergleich auch als Gestaltungsmittel, um Kritik an englischen Unsitten und Missständen zu üben und vorurteilshafte Einstellungen satirisch zu entlarven.

Arthur Murphy

Ähnlich wie COLMANS und FOOTES Komödien liefern auch die des anglo-irischen Dramatikers ARTHUR MURPHY (1727–1805), der auch einige Farcen und Tragödien schrieb, einen Beweis für eine fortdauernde Vitalität einer Komödienform, in der das Komische nicht völlig von Rührung und moralischer Empfindsamkeit überlagert wird. Obgleich MURPHYS *The Way to Keep Him* (1760), *All in the Wrong* (1761), *Three Weeks after Marriage* (1776) und *Know Your Own Mind* (1777) nicht ganz frei von sentimentaler Moral und Didaktik sind, finden sich in ihnen viele Beispiele für bühnen-

35 Vgl. Haslag.

36 Vgl. zu diesem Paradigmenwechel Zach, *Poetic Justice* ...

wirksame Komik, dramatische Ironie und andere komödienspezifische Elemente. MURPHYS Ablehnung der *sentimental comedy* und seine Anknüpfung an die Konventionen der satirischen *comedy of manners* kommen nicht nur im Prolog von *The Way to Keep Him* zum Ausdruck (*„our bard to-night/Disdains a false compassion to excite" bzw. „To catch the foibles, that misguide the fair"*), sondern schlagen sich auch in der Figurencharakterisierung, Handlungsführung und Dialoggestaltung nieder. Dies zeigt sich bereits an der Namensgebung, denn Figurennamen wie Lovemore, Sir Brilliant Fashion und The Widow Bellmour (aus *The Way to Keep Him*) oder Millamour, Dashwould, Malvil und Sir Harry Lovewit (aus *Know Your Own Mind*) könnten ebensogut aus einer Restaurationskomödie stammen.

3. Phase: Renaissance der *laughing comedy*

In der dritten Phase kommt es in den 1770er Jahren endgültig zu einer Renaissance der *comedy of manners* bzw. der *laughing comedy*.[37] Letztere zeichnet sich dadurch aus, dass sie die in Rührseligkeit erstarrte *sentimental comedy* und ihre Konventionen parodiert. Einige Dramatiker machten es sich regelrecht zur Aufgabe, das Lachen wieder in die Komödie einzuführen. Der Erfolg ihrer Stücke beweist, dass die *laughing comedy* die *sentimental comedy* in den 1770er Jahren in der Publikumsgunst verdrängte.

Goldsmith und Sheridan

Maßgeblichen Anteil an der Renaissance der *comedy of manners* bzw. der *laughing comedy* hatten die irischen Dramatiker OLIVER GOLDSMITH (1728–1774) und RICHARD BRINSLEY SHERIDAN (1751–1816), die zu den schärfsten Kritikern des moralisch-empfindsamen Dramas gehörten. Obgleich GOLDSMITH und SHERIDAN den schnellen Replikenwechsel und komische Verwechslungssituationen wieder etablierten und exzessive Empfindsamkeit karikierten, stellten auch sie feinere Emotionen, Güte und Wohlwollen in ihren Dramen sehr positiv dar. Die Werte der Empfindsamkeit prägten daher auch ihre Dramen. Dass sich GOLDSMITH lediglich gegen die Übertreibung empfindsamer Werte wehrte, zeigt sich in seiner ersten Komödie, *The Good-Natured Man* (1768). Wie bereits der Titel signalisiert, handelt es sich bei dem Protagonisten, dem jungen Honeywood, um einen herzensguten und tugendhaften Menschen, dem seine Naivität und Hilfsbereitschaft fast zum Verhängnis werden.

She Stoops to Conquer

In GOLDSMITHS zweiter und letzter Komödie, *She Stoops to Conquer; or, The Mistakes of a Night* (1773), sind die Reduktion sentimentaler Elemente und die Aufwertung komödienspezifischer Züge wie Verwechslungen, Verkleidungen und Irreführungen sehr viel markanter. Die Verballhornung der *sentimental comedy* und die Wiederentdeckung einer Form von Komik, die diesen Namen tatsächlich verdient, werden bereits in dem von DAVID GARRICK verfassten

Prolog deutlich.[38] Der ganz in Schwarz gekleidete Prologsprecher hält sich ein Taschentuch vor die Augen, um seiner Trauer über die komische Muse, die aufgrund einer Überdosis an Sentimentalismus nach langer Krankheit nunmehr im Sterben liegt, stilgerecht Ausdruck zu verleihen. Nachdem sein Versuch, sich – ganz im Stil der *sentimental comedy* – sentenzenhaft und moralisch zu artikulieren, kläglich fehlschlägt, gibt er zunächst resigniert auf. Der anschließende Hinweis, das Publikum allenfalls durch eine Tragödie noch zum Lachen bringen zu können, stellt einen Seitenhieb auf die bereits konstatierte Annäherung der Konventionen dieser beiden Genres dar. Obgleich *She Stoops to Conquer* im Bereich der Figurendarstellung, Handlungsführung und Dialoggestaltung so viel Charakter- und Situationskomik enthält, dass das Stück zu Recht als *laughing comedy* gilt, ist das Erbe der Empfindsamkeit auch hier unübersehbar: Die Figuren sind im Grunde gutherzig, sie bereuen ihre Fehler, und GOLDSMITH gibt den Helden in *demonstration scenes* die Chance, ihre Tugend zu beweisen.

The Rivals

Noch deutlicher sind die genuin komischen Elemente in den berühmten Komödien RICHARD BRINSLEY SHERIDANS. So weist sein erfolgreiches erstes Stück, die Liebeskomödie *The Rivals* (1775), im Hinblick auf die sprachliche Informationsvergabe, Dialoggestaltung, Figurendarstellung und Handlungsführung fast sämtliche Merkmale auf, die in den Merkmalsmatrizes in Kap. 4.6 der *comedy of manners* zugeordnet sind.[39] In der Figur der reichen Erbin Lydia Languish, deren Namen bereits andeutet, dass sie am liebsten wie eine Romanzenheldin dahinschmachtet, werden Konventionen empfindsamer Romane und sentimentaler Komödien verspottet. Ein Großteil der Komik beruht auf dem kunstvollen Einsatz der Sprache, insbesondere auf den sprachlichen Fehlleistungen von Lydias Tante Mrs. Malaprop, die eine ausgeprägte Vorliebe für schwierige Fremdwörter hat, diese aber stets verwechselt oder unabsichtlich entstellt. Dank der komischen Wortverwechslungen der Mrs. Malaprop wird der falsche Gebrauch schwieriger Wörter *(hard words)* noch heute als ‚Malapropismus' *(malapropism)* bezeichnet.

---

37 Vgl. zu diesen Tendenzen – stellvertretend für viele andere Studien – Haslag, Hume, „Goldsmith and Sheridan …", Booth/Southern, Loftis, Sheridan … und Bevis, *The Laughing Tradition…*

38 Zur kultur- und theatergeschichtlichen Bedeutung dieses Prologs und zu den strukturellen Auswirkungen der sentiment-Vorstellung im Drama des 18. Jh.s vgl. Hönnighausen, S. 439 ff.; zur Einführung in Goldsmiths Komödien vgl. Boas, S. 335–345.

39 Zur Einführung in Sheridan vgl. Boas, S. 345–357 und Loftis, *Sheridan …*; zu *The Rivals* vgl. Würzbach, „Sheridan …", zur Reduktion des Sentimentalen in *The School for Scandal* vgl. Haslag.

The School for Scandal

Obgleich SHERIDANS bekannteste Komödie, *The School for Scandal* (1777), als Paradigma für die Reduktion des Sentimentalen gilt, ist auch in diesem Stück die Verbindung von komischen und empfindsamen Elementen unübersehbar. Einerseits knüpft SHERIDAN mit der Strukturierung des Personals, der Handlungsführung, der satirischen Entlarvung von menschlichen Schwächen und gesellschaftlichen Unsitten sowie der geistreichen Dialoggestaltung an die Tradition der *comedy of manners* an. Was *The School for Scandal*, ebenso wie *The Rivals*, andererseits von den typischen Restaurationskomödien unterscheidet, ist die dem Gebot der *poetic justice* folgende Schlussgebung und das in SHERIDANS Stücken zum Ausdruck kommende Werte- und Normensystem, das ganz im Zeichen des für das 18. Jh. charakteristischen positiven Menschenbildes und des Erziehungsoptimismus der Aufklärung steht.

Mischung aus Komik und Empfindsamkeit

Obgleich SHERIDAN seine Hauptfiguren weniger sentimental zeichnet als GOLDSMITH, unterstreicht auch er deren Tugendhaftigkeit, indem er sie auf die Probe stellt und dabei ihren wahren Charakter zeigt. Diese neue Mischung aus komödienspezifischen Bauformen und empfindsamen Werten zeigt, dass es sich bei GOLDSMITHS und SHERIDANS Stücken keineswegs um eine bloße Anknüpfung an die Konventionen der Restaurationskomödie handelt, sondern um deren thematische und formale Weiterentwicklung in einer stark veränderten Epoche, die sich durch kultiviertere Umgangsformen und ein grundlegend gewandeltes Menschenbild auszeichnete.

Sheridans Farce *The Critic*

SHERIDAN verfasste auch eines der literarisch anspruchsvollsten Metadramen, die Farce *The Critic* (1779). Darin parodiert er eine Vielzahl der genannten Bauformen und Genres, die für das englische Drama des 18. Jh.s charakteristisch sind.[40] Auf die epochenspezifische Ununterscheidbarkeit von Komödien und Tragödien wird gleich in der ersten Szene im Figurendialog mehrfach angespielt. Als Dangle in einem Stück die Bühnenanweisung „,*Bursts into tears, and exit.*'" liest, fragt er sich: „*What, is this a tragedy!*" (I, i, 114) Sneer belehrt ihn jedoch eines Besseren: „*No, that's a genteel comedy, not a translation – only* taken from the French*; it is written in a stile which they have lately tried to run down; the true sentimental, and nothing ridiculous in it from beginning to the end.*" (I, i, 115–118) Wenn schließlich Sir Fretful Plagiary, eine köstliche Karikatur des erfolgreichen Dramatikers RICHARD CUMBERLAND, bemerkt „*A dext'rous plagiarist may do any thing. – Why, Sir, for ought I know, he might take put some of the best things in my tragedy, and put them into his own comedy*" (I, i, 224–226), dann wird die Austauschbarkeit der dramatischen Bauformen durch die parodistische Verspottung vollends deutlich.

8 Diachroner Ausblick: Romantische Tragödie, *Gothic Drama* und Melodrama

Entwicklungstendenzen der Tragödie

Obgleich die Entwicklung der englischen Tragödie im 18. Jh. nicht linear verläuft, werden aus der Rückschau einige Tendenzen erkennbar, die jeweils für bestimmte Phasen charakteristisch sind. Allerdings zeichnet sich die Tragödie im Vergleich zur Komödie durch ein höheres Maß an Homogenität und Kontinuität aus. Dies ist z. T. darauf zurückzuführen, dass die verschiedenen Ausprägungen der Tragödie in stärkerem Maße als die Genres der Komödie von der klassizistischen Dichtungstheorie geprägt waren.[41] Mit der klassizistischen Verstragödie gibt es einen Tragödientypus, der das gesamte Jh. durchzieht. In diachroner Hinsicht reicht das Spektrum der Verstragödien von JOSEPH ADDISONS neoklassizistischem *Cato* (1713) über *Sophonisba* (1730) von JAMES THOMSON (1700–1748) bis weit in das 19. Jh. hinein.

1. Phase: Niedergang der heroischen Tragödie

Dennoch weist auch die englische Tragödie des 18. Jh.s in diachroner Hinsicht drei Entwicklungstendenzen auf, die eine Einteilung der Tragödiendichtung in drei Phasen nahelegen. Diese lassen sich mit den Stichworten ‚Niedergang der *heroic tragedy*', ‚Dominanz der *domestic tragedy*' und ‚vom Klassizismus zur Vorromantik' umreißen. Die erste Phase, die vom Ende des 17. Jh.s bis zum Anfang der 1730er Jahre reicht, steht im Zeichen des Niedergangs des heroischen Dramas, das in den ersten Dekaden des 18. Jh.s von der neoklassizistischen Tragödie verdrängt wird.

2. Phase: Dominanz der *domestic tragedy*

Die kulturgeschichtlich bedeutendste dieser Entwicklungstendenzen ist der Siegeszug der *domestic tragedy*, die sich ab den 1730er Jahren zwei Jahrzehnte lang großer Beliebtheit erfreute und die zweite Phase prägte. Neben LILLOS *The London Merchant* und *Fatal Curiosity* ist z. B. EDWARD MOORES (1712–1757) bürgerliche Tragödie *The Gamester* (1753) zu nennen. Ein Stück wie *The Stranger* (1798) von BENJAMIN THOMPSON (?1776–1816) beweist, dass sich dieses Genre bis zum Ende des Jh.s behaupten konnte und ebenso wie die *sentimental comedy* auf Strukturen des Melodramas vorausweist.

3. Phase: Hinwendung zum Romantischen

Eine weitere innovative Entwicklung im Bereich der Tragödie, die v. a. die dritte Phase ab der Mitte des Jh.s prägt, ist die allmähliche Abwendung vom Klassizismus und die Hinwendung zum Romantischen. Diese Tendenz zeigt sich bereits in JAMES THOMSONS Tragödien *Edward and Eleonora* (1739) und *Tancred and Sigismunda*

40 Die beste Interpretation dieses Stücks bietet Feldmann, „The Modern ‚Art of Puffing' …".

41 Eine konzise Darstellung der Axiome der klassizistischen Dichtungstheorie liefert Zaic, „Die Zeit des Klassizismus", S. 319 ff.; zu klassizistischen Tendenzen in der englischen Tragödie des 18. Jh.s vgl. Brunkhorst und Zaic, *Die Verstragödie* …

(1745), die im Bereich der Handlungsstruktur und der Figurendarstellung nicht mehr völlig den Idealen der klassizistischen Dramentheorie entsprechen. Gleichwohl sind diese romantischen Ansätze in THOMSONS Tragödien weniger stark ausgeprägt als in seiner Lyrik, so dass sich, *„bei ihm das Phänomen einer* Phasenverschiebung *zwischen dramatischer und nichtdramatischer Dichtung"* zeigt.[42] Dass THOMSON in dieser Hinsicht kein Einzelfall ist, beweist im übrigen etwa THOMAS GRAYS Dramenfragment *Aggripina* (1742–1746), das im Vergleich zu seinen Gedichten aus den 1740er Jahren (vgl. Kap. 3.6) noch sehr klassizistisch ist.

John Home

Sehr viel stärker treten vorromantische Elemente in englischen Tragödien nach 1750 hervor. Deutlich wird diese Entwicklung etwa in den Verstragödien des schottischen Dramatikers JOHN HOME (1722–1808). Mit seinen Stücken *Douglas* (1756) und *The Fatal Discovery* (1769) erschloss HOME dem Drama neue Ausdrucksformen. V. a. das hohe Maß an Natur- und Landschaftsschilderungen, das enge korrelative Verhältnis zwischen Natur und den dramatischen Figuren, die Einbeziehung des Irrationalen sowie die Emotionalisierung der Darstellung weisen in HOMES Tragödien auf die Romantik voraus.

***Gothic drama* und Melodrama**

Darüber hinaus sind mit dem *Gothic drama* und dem Melodrama zwei Genres zu nennen, die v. a. für die letzten beiden Dekaden des 18. Jh.s kennzeichnend sind.[43] Gerade diese beiden Genres weisen auf die Romantik und die Entwicklung des englischen Dramas im 19. Jh. voraus. Allerdings reichen die Wurzeln des Melodramas, das aus der *sentimental comedy* und der *domestic tragedy* hervorgegangen ist, weiter zurück als die des *Gothic drama*.

Vom Drama zum Roman

Die Bedeutung des englischen Dramas des 18. Jh.s gründet nicht zuletzt auch darin, dass diese Gattung paradoxerweise viel zum sogenannten Aufstieg des Romans beigetragen hat. Dies zeigt sich darin, dass sich in den Werken vieler Romanciers dramatische Darstellungsverfahren finden. Besonders deutlich ist dies im Falle FIELDINGS, der sein Erbe als Dramatiker nie verleugnen konnte oder wollte, aber auch in den Romanen von SAMUEL RICHARDSON, TOBIAS SMOLLETT, LAURENCE STERNE und FRANCES BURNEY, die sich auch als Dramatikerin versuchte,[44] sind dramatische Bauformen und theatralische Konventionen unübersehbar. Der enge Zusammenhang der beiden Gattungen führt zur Frage nach dem Aufstieg des Romans, der als die wichtigste Gattung des 18. Jh.s gilt.

---

42 Zaic, „Die Zeit des Klassizismus", S. 324; zur Entwicklung der Tragödie vom Klassizismus zur Vorromantik in der Tragödie vgl. ebd., S. 326–334, auf den wir uns hier stützen.

43 Zum Melodrama bzw. *Gothic Drama* vgl. Fietz, „Genese ..." bzw. Ranger.

44 Von Burneys acht Stücken (z. B. *The Witlings*, 1779; *Which Is the Man*, 1782; *The Town Before You*, 1795) gelangte nur eines zur Aufführung, *Edwy and Elgiva* (1795).

Der englische Roman des 18. Jahrhunderts

1 „The Rise of the Novel": Vorläufer und Vorformen

The Rise of the Novel

Das traditionelle Bild vom Aufstieg des englischen Romans im 18. Jh. geht zurück auf IAN WATTS einflussreiche Studie *The Rise of the Novel* (1957).[1] Wie schon aus dem Untertitel dieses Buches – *Studies in Defoe, Richardson, and Fielding* – hervorgeht, konzentriert sich dessen Darstellung auf einige Klassiker. WATT führt den Siegeszug der neuen Gattung des Romans v. a. auf zwei Faktoren zurück: Zum einen misst er sozialgeschichtlichen Veränderungen wie der Entstehung eines neuen Lesepublikums große Bedeutung zu. Zum anderen grenzt WATT den Roman dadurch von früheren Erzählgenres ab, dass er dessen realistische Wirklichkeitsdarstellung betont. Der Roman zeichnet sich demzufolge durch seinen sehr ausgeprägten Wirklichkeitsbezug und den Eindruck von Lebensechtheit aus.

Formal realism

Für WATT ist der kleinste gemeinsame Nenner der Gattung des Romans ein Ensemble von Darstellungsverfahren, die er mit dem Begriff *formal realism* zusammenfasst: „*The narrative method whereby the novel embodies this circumstantial view of life may be called its formal realism; formal, because the term realism does not here refer to any specific literary doctrine or purpose, but only to a set of narrative procedures which are so commonly found together in the novel, and so rarely in other literary genres, that they may be regarded as typical of the form itself.*"[2] Dieser gattungsspezifische *formal realism* werde durch jene Häufung von spezifischen Realitätsreferenzen und realistischen Details in der Beschreibung des Schauplatzes, des Milieus und der Figuren erzeugt, die WATT als *circumstantial details* bezeichnet und die die Authentizität des Erzählten unterstreichen sollen.

Neue Ansätze

Obgleich WATTS Geschichte vom Aufstieg des englischen Romans eine kaum zu überschätzende Bedeutung hat, ist das von ihm entworfene Bild in den letzten Jahren einer eingehenden Kritik unterzogen worden. Zum einen hat eine Reihe neuerer Studien zu den Ursprüngen und Vorläufern des englischen Romans nachgewiesen, dass WATTS Darstellung weder der Komplexität seiner Entste-

1 Vgl. Watt. Als Einführung in den englischen Roman des 18. Jh.s sind die Studien von Iser, *Der implizite Leser* ..., S. 13–131, Mehl, Probyn, Reinhold, Richetti, *The Cambridge Companion* ..., Thomsen und Wolff, Der englische Roman ... zu empfehlen.

2 Watt, S. 34–35.

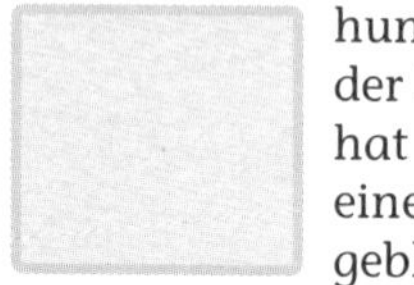

hungsgeschichte noch der diachronen und synchronen Vielfalt der Prosagattungen vor dem 18. Jh. gerecht wird.[3] Zum anderen hat die feministische Literaturgeschichtsschreibung gezeigt, dass eine große Zahl von lange vernachlässigten Autorinnen maßgeblichen Anteil am Aufstieg des Romans hatte.[4]

McKeons *The Origins of the English Novel*

Aus der Vielzahl revisionistischer Arbeiten zur Vorgeschichte des englischen Romans ist MICHAEL MCKEONS einflussreiche Studie *The Origins of the English Novel 1600–1740* (1987) hervorzuheben. MCKEON deutet den Aufstieg des Romans als literarische Reaktion auf tiefgreifende mentalitäts- und kulturgeschichtliche Veränderungen. Diese betreffen epistemologische und moralische Fragen *(questions of truth bzw. questions of virtue)* und manifestieren sich in gewandelten Einstellungen gegenüber ‚Wahrheit' und ‚Tugend'. Für MCKEON fungiert der Roman als ein kulturelles Medium, das mit literarischen Mitteln auf diese Veränderungen reagiert. Zum einen habe der Roman maßgeblich dazu beigetragen, herkömmliche Vorstellungen von zeitlos gültiger Wahrheit durch solche zu ersetzen, die Authentizität von empirischen Beweisen abhängig machen. Zum anderen propagiere der Roman in moralischer Hinsicht nicht mehr länger aristokratische Ideale von Ehre (*honour*), sondern bürgerliche Tugendvorstellungen (*virtue*). MCKEON führt den Siegeszug dieser neuen mehrstimmigen Gattung auf *„its unrivaled power both to formulate, and to explain, a set of problems that are central to early modern experience"* zurück und erörtert auf breiter kulturgeschichtlicher Materialbasis *„the new genre's triumph as an explanatory and problem-solving mode, its powerful adaptability in mediating questions of truth and virtue from opposed points of view"*.[5]

Damaliges Gattungsverständnis

Wichtig für eine Neueinschätzung der Entstehung des Romans sind außerdem einige gattungsgeschichtliche und erzähltheoretische Untersuchungen.[6] Wie bereits der scheinbar paradoxe Titel von LENNARD J. DAVIS' Buch *Factual Fictions: The Origins of the English Novel* (1983) signalisiert, waren die Übergänge zwischen faktischen und fiktionalen Formen der Berichterstattung im 17. und 18. Jh. noch sehr fließend. Dass faktische und fiktionale Reportagen ein Kontinuum bildeten, das DAVIS treffend als *„news/novels discourse"* bezeichnet, zeigt sich etwa in vielen Werken DANIEL DEFOES, dessen Tätigkeit als Journalist sich in seinen Romanen in der ebenso detaillierten wie realistischen Wirklichkeitsdarstellung niederschlägt. In seiner begriffsgeschichtlichen Untersuchung *From Fiction to the Novel* (1987) rekonstruiert GEOFFREY DAY das damalige Gattungsverständnis und zeigt anhand des tatsächlichen Gebrauchs von Gattungsbegriffen, dass Autoren in der ersten Hälfte des 18. Jh.s nicht *novel* als Bezeichnung ihrer Werke verwendeten, sondern Begriffe wie *history, life* oder *journal,* die den Wahrheitsanspruch betonen. Dementsprechend fließend

waren auch die Übergänge zwischen Roman und Historiografie, wie Studien wie WILLIAM RAYS *Story and History* (1991) und EVERETT ZIMMERMANS *The Boundaries of Fiction: History and the Eighteenth-Century British Novel* (1996) nachgewiesen haben. Viele Romane haben im Titel oder Untertitel das Wort *history* als Gattungsbezeichnung und betonen in Form von Herausgeberfiktionen oder anderen Authentisierungsstrategien ihren vermeintlich dokumentarischen Charakter.

Nicht- bzw. bzw. semi-fiktionale Vorformen

Durch diese Untersuchungen sind viele nichtfiktionale und fiktionale Genres in das Blickfeld gerückt, die für ein Verständnis der Herausbildung des Romans von großer Bedeutung sind. Viele der Prosagattungen, die im 2. Kap. näher charakterisiert wurden, haben die Entwicklung des Romans in unterschiedlicher Weise geprägt. So wurden Tagebücher und Briefe als Bauformen in die Romane integriert.[7] Die enge Verwandschaft zwischen Roman und Prosasatire ist schon daran ersichtlich, dass sich viele Werke – allen voran JONATHAN SWIFTS utopisch-satirischer Reiseroman *Gulliver's Travels* (1726) – einer eindeutigen Zuordnung zu einer bestimmten Gattung entziehen. Hingegen erwiesen sich Reiseberichte, Autobiografien, Biografien und Geschichtsschreibung primär als strukturbildend für den Roman. Besonders deutlich ist dieser Einfluß im Falle der Abenteuerromane DANIEL DEFOES, die maßgeblich von der Struktur der Reiseberichte, Verbrecherbiografien, Bekehrungsliteratur und Seelentagebücher (*spiritual autobiographies*) geprägt sind. Die Bedeutung von religiösen Schriften, Essays, moralischen Wochenschriften, Ratgebern, Erziehungsschriften und feministischen Schriften ist hingegen darin zu sehen, dass sie in einer eminent dialogischen Beziehung zum Roman standen: In diesen Genres wurden genau die gleichen sozialen und moralischen Fragen debattiert, die im Medium der Fiktion literarisch inszeniert wurden.

---

3 Einen informativen Überblick über diese neueren Forschungen gibt Fludernik, „Vorläufer ...". Besonders relevant sind die Studien von Hunter, McKeon und Ray.

4 Als Einführungen in die feministische Kanonrevision sind die Studien von Armstrong, Spencer, Suhr und Todd, *The Sign of Angellica ...* zu empfehlen.

5 McKeon, S. 20, 21; zu Veränderungen im Bereich des Lesepublikums und der Erzählkonventionen vgl. Hunter.

6 Zu erzähltheoretischen Aspekten der Entstehung des Romans vgl. zusammenfassend Fludernik, „Vorläufer ..." sowie Kap. 3 und 4 in Fluderniks bahnbrechender Studie *Towards ...*; zu den Vorläufern des Romans vgl. Richetti, *Popular Fiction ...*, Davis, Day und Hunter.

7 Auch die Liebesbriefe von Dorothy Osborne an den bedeutenden englischen Diplomaten Sir William Temple (entstanden 1652–54, erstmals erschienen 1888) sind zu Recht als Vorläufer des Briefromans gewürdigt worden. Sowohl der unterhaltsame, persönliche und kolloquiale Stil der Briefe als auch die lebhaften Charakterporträts weisen auf die Romane von Frances Burney und Jane Austen voraus.

Romanzen und Anti-Romanzen

Darüber hinaus sind einige europäische Vorläufer des Romans zu nennen.[8] Für die Herausbildung des modernen Romans waren verschiedene Romanzengenres (z. B. mittelenglische Romanzen, Ritterromane, Schäfer- und Hirtenromane, heroische Romane) von großer Bedeutung. Mindestens ebenso wichtig waren Anti-Romanzen, die im Gegensatz zur Romanzentradition stehen und bereits viele Bauformen des realistischen Erzählens aufweisen. Für die Entwicklung des englischen Romans spielte der spanische Autor Miguel de Cervantes Saavedra (1547–1616) eine bedeutende Rolle, dessen Einfluss sich etwa in den Romanen von Henry Fielding und Tobias Smollett zeigt (vgl. Kap. 5.4 und 5.6). Cervantes' *Don Quijote*, der in zwei Teilen (1605, 1615) erschien, ist nicht nur die berühmteste Parodie der Ritterromane und vieler Romanzenkonventionen, sondern steht auch am Anfang der beiden großen Traditionslinien des illusionsbildenden und illusionsstörenden Erzählens.[9]

Schelmenromane

Unter den Vorläufern des Romans ist außerdem der spanische Schelmenroman bzw. pikareske Roman hervorzuheben, an dessen Konventionen viele englische Romanautoren anknüpften. Typisch für die Konventionen dieser Gattung sind etwa *Lazarillo de Tormes*, der 1554 anonym erschien und als erster europäischer Schelmenroman gilt, und Mateo Alemáns *Guzmán de Alfarache* (1599). Wegen der großen Bedeutung dieses Genres für den englischen Roman sind die wichtigsten Gattungsmerkmale in der folgenden Matrix stichwortartig zusammengefasst.

Merkmalsmatrix des pikaresken Romans	
Form	fiktive Autobiografie
Erzählweise	Ich-Erzählsituation, aus der Perspektive des Protagonisten
Hauptfigur	Pikaro, Antiheld aus niederer sozialer Schicht, fahrender Schelm, der sich mit List und Tücke durchs Leben schlägt
Personal	breites Spektrum komisch gezeichneter und typisierter Figuren
Handlungsstruktur	episodisch, additive Reihung von in sich abgeschlossenen und nur lose verknüpften Szenen und Abenteuern
Zeitstruktur	dominant chronologisch, Alternieren zwischen zeitraffendem Erzählerbericht, szenischem Erzählen und Aussparungen
Raumdarstellung	Vielzahl von Schauplätzen
Gesellschaftsdarstellung	detailreiche Milieuschilderungen, die sich zu einem breiten Gesellschaftspanorama und satirischen Sittenbild zusammenfügen

Struktur- und Kohärenzprinzipien	lockeres Kompositionsprinzip, Struktur des Reise- und Abenteuerromans, Muster von Wiederholung und Variation, Verknüpfung der Episoden durch die durchgängige Anwesenheit des Pikaro
Wirkungspotential	komisch, satirisch, gesellschaftskritisch: Verspottung individueller Laster und gesellschaftlicher Missstände

Elisabethanische Prosaerzählungen

In England finden sich Vorformen des Romans in Prosaerzählungen der elisabethanischen Epoche (1558–1603).[10] Dazu zählen Schäferromane wie THOMAS LODGES *Rosalynde* (1590) oder ROBERT GREENES *Pandosto* (1588), Prosaromanzen wie SIR PHILIP SIDNEYS *The Countess of Pembroke's Arcadia* (1590 als Fragment, 1593), ROBERT GREENES Bekehrungsgeschichte *A Groatsworth of Wit Bought with a Million of Repentance* (1592), THOMAS NASHES pikaresker Roman *The Unfortunate Traveller, or the Life of Jack Wilton* (1594) sowie THOMAS DELONEYS Kurzromane *Jack of Newberie* (1597) und *Thomas of Reading* (1600). GREENES, NASHES und DELONEYS Bedeutung für die Entwicklung des Romans gründet in der realistischen Themenwahl, der Konzentration auf das Alltagsmilieu, der episodischen Struktur, der schmucklosen, volkstümlichen Erzählweise sowie der Betonung des moralischen und erbaulichen Zwecks der Erzählungen.

Prosaerzählungen des 17. Jh.s

Auch im 17. Jh. erschien eine große Zahl von Prosaerzählungen (etwa 450), von denen einige im Kontext der Vorgeschichte des Romans Erwähnung verdienen.[11] Dazu zählen etwa MARY WROTHS Romanze *The Countess of Montgomerie's Urania* (1621) und THOMAS DANGERFIELDS pikareske Erzählung *Don Tomazo* (1680), die in der Tradition der Verbrecherbiografien steht. Eine auf DANIEL DEFOES *Robinson Crusoe* (1719) vorausweisende Kuriosität ist HENRY NEVILLES kurze Reiseerzählung *The Isle of Pines, or: A Late Discovery of a fourth Island near Terra Australis, Incognita* (1668), die die große Faszination bezeugt, die damals von der Schilderung exotischer Sitten und von spannenden Abenteuern in Übersee ausging.

John Bunyan

Von den Verfassern von Prosaerzählungen des 17. Jh.s sind zwei hervorzuheben. Der erste davon ist JOHN BUNYAN (1628–1688), der als Laienprediger tätig war und eine große Anzahl religiöser Schriften verfasste. Das bekannteste und einflussreichste seiner

8 Für einen kurzen Überblick vgl. Fludernik, „Vorläufer ..." sowie Mengel, S. 12–21.

9 Vgl. Wolf, *Ästhetische Illusion ...*, S. 486–508.

10 Einen knappen, aber sehr guten Überblick über einige elisabethanische Vorläufer des Romans gibt Mehl, *Der englische Roman ...*, S. 17–41.

11 Vgl. dazu die mit einer informativen Einleitung versehene Anthologie von Paul Salzman (Hg.): *An Anthology of Seventeenth-Century Fiction*. Oxford, New York: Oxford UP 1991.

Werke ist die allegorische Erzählung *The Pilgrim's Progress from this World to That which is to Come: Delivered under the Similitude of a Dream*, die in zwei Teilen 1678 bzw. 1684 erschien und mit ihrer Struktur der *spiritual autobiography* auf DEFOE vorausweist. In Form einer Traumvision wird der beispielhafte Werdegang der Jedermann-Figur Christian geschildert, der ihn von seiner Heimatstadt über viele gefährliche Stationen, die ebenfalls allegorisch dargestellt sind (z. B. *the slough of despond* oder *vanity fair*), zum ewigen Heil führt. BUNYANS *The Life and Death of Mr Badman* (1680) stellt gleichsam das negative Gegenstück zu Christians Reise in den Himmel dar.

Aphra Behn

Außerdem verdient APHRA BEHN (1640?–1689) besondere Erwähnung, denn sie war die erste englische Frau, die ihren Lebensunterhalt mit ihrem Schreiben verdiente und die sich mit Nachdruck für das Recht der Frauen auf freie Meinungsäußerung einsetzte. Sie war nicht nur die meistgespielte Dramatikerin im Zeitalter der Restauration (1660–1700), sondern sie ist auch zu den Wegbereiterinnen für den Aufstieg des Romans zu zählen.[12] BEHNS vielseitiges Œuvre umfasst neben 17 Dramen, zahlreichen Gedichtsammlungen und Übersetzungen etwa ein Dutzend Prosaerzählungen, von denen *Oroonoko, or The Royal Slave. A True History* (1688) die mit Abstand bekannteste ist. Mit der Verwendung von Erzählerinnen leistete BEHN einen wichtigen Beitrag für die Entwicklung der weiblichen Erzählkunst. Zudem gilt sie aufgrund ihres Fortsetzungsromans *Loveletters Between a Nobleman and His Sister* (1684–1687), dem ersten umfangreichen und multiperspektivischen Briefroman der englischen Literatur, als Mitbegründerin der Gattung des Briefromans.

Abgrenzung von der Romanze

Von großer Bedeutung für ein Verständnis der Herausbildung des Romans (*novel*) ist dessen Abgrenzung von der Romanze bzw. *romance*.[13] Was damals als romanzenhaft bzw. als typisch für die bereits durch die Gattungsbezeichnung als ‚neu' gekennzeichnete Gattung der *novel* galt, geht aus der berühmten Gegenüberstellung der beiden Genres im Vorwort zu WILLIAM CONGREVES *Incognita or, Love and Duty Reconcil'd. A Novel* (1692) hervor:

> *Romances are generally composed of the Constant Loves and invincible Courages of Hero's, Heroins, Kings and Queens, Mortals of the first Rank, and so forth; where lofty Language, miraculous Contingencies and impossible Performances, elevate and surprize the Reader into a giddy Delight [...] Novels are of a more familiar nature; Come near us, and represent to us Intrigues in practice, delight us with Accidents and odd Events, but not such as are wholly unusual or unpresidented, such which not being so distant from our Belief bring also the pleasure nearer us. Romances give more of Wonder, Novels more Delight.*

Romance vs. novel

Obwohl CONGREVES Kontrastierung von *romance* und *novel* mehr über das damalige Gattungsverständnis aussagt als über die Merkmale konkreter Werke, wird in dieser pointierten Gegenüberstellung das vermeintlich ‚Neue' der ‚neuen' Gattung der *novel* sehr deutlich. Es liegt in deren stärker ausgeprägtem Bezug zur vertrauten Lebenswirklichkeit, der im Gegensatz steht zur fantastischen Welt der Romanze. Die Merkmale, die der *romance* bzw. *novel* in dieser klassischen Abgrenzung zugeschrieben werden, lassen sich schematisch so gegenüberstellen:

Kriterium	Merkmale der romance	Merkmale der novel
Personal	Aristokratie	Bürgertum
Figurendarstellung	idealisierte Helden	durchschnittliche Gestalten, *mixed characters*
Handlung	wundersame, unmögliche Zufälle; heroische Taten und Staatsaktionen	lebensechte, wahrscheinliche Ereignisse aus dem täglichen Leben
Wirklichkeitsbezug	gering aufgrund der Unwahrscheinlichkeit und Fantastik des Plot	ausgeprägte Lebensnähe durch realistische Darstellung
Stil	stilisierte Sprache	Alltagssprache
Wirkung auf den Leser	schwindelerregendes Entzücken, das den Blick für die Wirklichkeit verstellt	Vergnügen an der Darstellung einer vertrauten Welt

Problematik der Abgrenzung von der Romanze

Obgleich sich im Verlaufe des 18. Jh.s viele solcher scheinbar klaren Abgrenzungen der *novel* von der Romanze finden, tragen die meisten Romane des 18. Jh.s noch viele romanzenhafte Züge. Diese sind nicht nur in *Incognita* und in APHRA BEHNS Erzählungen unübersehbar, sondern auch in den Romanen von SAMUEL RICHARDSON, HENRY FIELDING und von vielen Autorinnen überlagern sich ‚romanzenhafte' und ‚romanhafte' Bauformen und Motive. Darüber hinaus zeigt sich der enge Bezug des Romans des 18. Jh.s zur Romanze darin, dass deren Darstellungskonventionen in einigen Romanen parodiert werden. Außerdem knüpft der Schauerroman in den letzten drei Dekaden des Jh.s wieder an die Tradition der Romanze an.

Einfluss des Dramas

Sowohl bei CONGREVE und BEHN als auch bei einigen Romanautoren des 18. Jh.s ist die enge Wechselwirkung unübersehbar, die in dieser Epoche zwischen dramatischen und narrativen Gattungen

12 Zur erzähl- und romangeschichtlichen Bedeutung Behns vgl. Fludernik, *Towards ...*, S. 131–159.

13 Zur Definitionsproblematik von *romance* und *novel* vgl. Göller, *Romance und Novel ...*, Beasley und Day; vgl. auch Deppe zur Abgrenzung von *history* und *romance*.

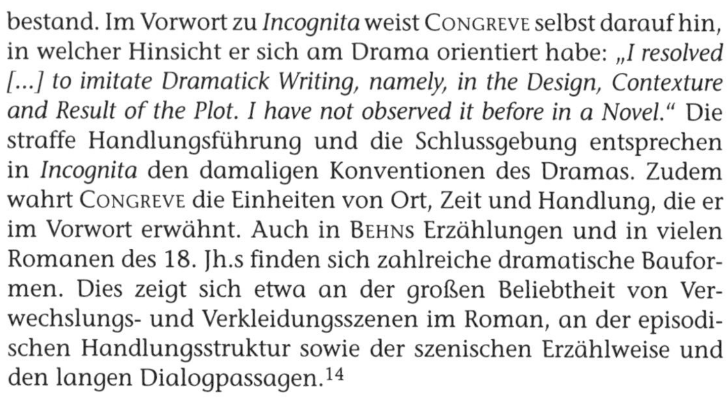

bestand. Im Vorwort zu *Incognita* weist CONGREVE selbst darauf hin, in welcher Hinsicht er sich am Drama orientiert habe: „*I resolved [...] to imitate Dramatick Writing, namely, in the Design, Contexture and Result of the Plot. I have not observed it before in a Novel.*" Die straffe Handlungsführung und die Schlussgebung entsprechen in *Incognita* den damaligen Konventionen des Dramas. Zudem wahrt CONGREVE die Einheiten von Ort, Zeit und Handlung, die er im Vorwort erwähnt. Auch in BEHNS Erzählungen und in vielen Romanen des 18. Jh.s finden sich zahlreiche dramatische Bauformen. Dies zeigt sich etwa an der großen Beliebtheit von Verwechslungs- und Verkleidungsszenen im Roman, an der episodischen Handlungsstruktur sowie der szenischen Erzählweise und den langen Dialogpassagen.[14]

Kontinuität der Prosagattungen

Der englische Roman des 18. Jh.s entstand somit weder aus dem Nichts noch begann er plötzlich mit DANIEL DEFOE. Betrachtet man die Entwicklung der Prosaerzählungen nicht aus einer teleologischen Perspektive, die sich an den Normen des ‚realistischen' Romans orientiert, sondern im damaligen gattungsgeschichtlichen Kontext, so wird zweierlei deutlich: dass es eine Vielzahl von Vorläufern und Vorformen gibt, die thematisch oder strukturell die Entwicklung des Romans geprägt haben, und dass zwischen den Prosagattungen des 16. und 17. Jh.s und den ersten Romanen im 18. Jh. eine deutliche Kontinuität besteht. Das eigentlich ‚Neue' dieser sich allmählich herausbildenden Gattung liegt somit nicht in bestimmten Einzelelementen, sondern in der Kombination verschiedener formaler und inhaltlicher Konventionen, die aus unterschiedlichen Genres und Erzähltraditionen stammen. Die Interferenzen zwischen *romance* und *novel* sowie zwischen Drama und Roman bestätigen im übrigen die Einsicht der modernen Gattungstheorie, dass gattungsbildende Prozesse das gesamte Gattungssystem einer Epoche tangieren.

2 Individualismus und die Authentizität des Selbsterlebten: Daniel Defoes Abenteuerromane

Leben und Werk

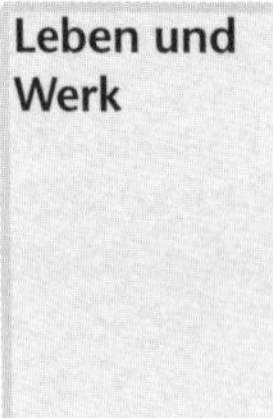

Als einer der wichtigsten Wegbereiter des realistischen Romans gilt der Journalist und Prosaschriftsteller DANIEL DEFOE (1660–1731).[15] In seinen satirischen Streitschriften bezog DEFOE engagiert zu den politischen, sozialen und religiösen Fragen der Zeit Stellung. Er machte sich nicht nur als Verfasser von Biografien (von Schurken und berühmten Männern), Pamphleten, Reisebeschreibungen, Erziehungsbüchern und journalistischen Schriften einen Namen, sondern war auch als Herausgeber verschiedener Zeitschriften, Kaufmann und Geheimagent tätig. Wichtig für ein Verständnis von DEFOES Romanen ist außerdem seine puritanische Herkunft, die das in seinen Werken zum Ausdruck kommende Werte- und Normensystem bestimmt.

Bedeutung von nicht-fiktionalen Textsorten

Bei DEFOE zeigt sich beispielhaft die große Bedeutung von nichtfiktionalen Textsorten für die Entstehung des englischen Romans. Viele seiner zahlreichen dokumentarischen Werke, die damals äußerst populär waren und nachhaltig auf das im 18. Jh. entstehende Lesepublikum wirkten, sind im Grenzbereich zwischen Fakten und Fiktionen angesiedelt. Zwischen seinen fiktionalen Werken und seinen übrigen Prosaschriften bestehen im Hinblick auf Themenselektion und Darstellungsverfahren zahlreiche Gemeinsamkeiten.

A Journal of the Plague Year

Bereits der Titel von DEFOES *A Journal of the Plague Year* (1722) lässt erkennen, dass dieser dokumentarisch wirkende, aber gleichwohl fiktive Augenzeugenbericht in der Tradition der Frühformen journalistischer Medien sowie der puritanischen Seelentagebücher steht: *A Journal of the Plague Year: Being Observations or Memorials, Of the most Remarkable Occurrences, As well Publick as Private, Which happened in London During the last Great Visitation In 1665.* Die genauen Orts- und Zeitangaben sind nur zwei der vielen spezifischen Realitätsreferenzen, die DEFOES Roman nicht nur als Erbe journalistischer Textsorten ausweisen, sondern auch als Vorläufer der dokumentarischen *nonfiction novel* und des historischen Romans.

Authentisierungsstrategien

Darüber hinaus finden sich in *A Journal of the Plague Year* bereits viele jener Erzählverfahren und Authentisierungsstrategien, die den Eindruck von großer Wirklichkeitsnähe erzeugen. Dazu zählen der schon auf der Titelseite erhobene Anspruch, es handele sich um einen Augenzeugenbericht („*Written by a Citizen who continued all the while in* London"), die minutiöse Dokumentation der Ausbreitung der Pest sowie die sehr ausführliche Beschreibung alltäglicher Details. Damit begründete DEFOE die von WATT als *formal realism* bezeichnete Darstellungsmethode, die in der Folgezeit zu einem Markenzeichen des realistischen Romans wurde. Diese

---

14 Vgl. Fludernik, „Vorläufer ...", S. 72.

15 Auf Charakterisierungen der Figuren der in den folgenden Kapiteln vorgestellten Romane und auf umfangreiche Handlungszusammenfassungen, die schon aus Platzgründen nicht möglich sind, kann insofern verzichtet werden, als sie sich in den beiden Bänden von Johnson, die den aussagekräftigen Titel *Plots and Characters in the Fiction of Eighteenth-Century English Authors* tragen, in Band 1 des von Thies herausgegebenen Nachschlagewerks *Hauptwerke der englischen Literatur* und in der Einführung von Mengel finden. Eine Analyse der Funktionen des Plot bietet Spacks. Kurzcharakterisierungen von Leben und Werk der ‚Klassiker' bietet der 2. Bd. von Fabian.

Hinwendung zum Alltäglichen zeigt sich in der Themenselektion, in der detaillierten Beschreibung von scheinbar nebensächlichen Dingen des täglichen Lebens sowie in der Integration von Statistiken und nichtfiktionalen Textsorten.

Weltanschauliches Spannungsverhältnis

Wichtig für ein Verständnis von DEFOES Romanen ist *A Journal of the Plague Year* außerdem deshalb, weil sich schon in diesem Werk jenes unaufgelöste Spannungsverhältnis zwischen zwei konkurrierenden Erklärungsmodellen findet, das für das frühe 18. Jh. typisch ist. Auf der einen Seite bezeugt *A Journal*, wie stark der Glaube an die göttliche Vorsehung *(Providence)* bzw. providentielle Ordnung bei DEFOE noch war. Dies wird etwa daran deutlich, dass der Erzähler die Pest immer wieder als Heimsuchung und Strafe Gottes *(„visitation")* für den Bürgerkrieg deutet und nach Signalen für die göttliche Vorsehung Ausschau hält *(„particular providences", „the direction or permission of Divine Power", „intimation from Heaven")*. Auf der anderen Seite sind der Einfluss der empirischen Tradition und die Bedeutung der rationalen Ideale der Aufklärung unverkennbar. Dieser Einfluss zeigt sich darin, dass die sinnliche Wahrnehmung als wichtigster Garant für die Wahrheit des Erzählten fungiert; auch die detaillierte Dokumentation von Fakten sowie die ausgeprägte Skepsis des Erzählers (z. B. gegenüber Gerüchten und Aberglauben) sind Indizien dafür, dass *Providence* die Rolle als allein gültiges Deutungsschema eingebüßt hat. Die Versuche des Erzählers, die Ursachen der Katastrophe zu ergründen und dem Geschehen Sinn abzugewinnen, alternieren immer wieder zwischen metaphysischen bzw. religiösen Deutungen und rationalen bzw. natürlichen Erklärungen.

Robinson Crusoe

Beispielhaft manifestiert sich dieses kulturgeschichtlich aufschlussreiche Spannungsverhältnis zwischen konkurrierenden Wirklichkeits- und Erklärungsmodellen in DEFOES berühmtestem Werk, dem Roman *The Life and Strange Surprizing Adventures of Robinson Crusoe* (1719). Einerseits steht DEFOES Erzählweise in der Tradition puritanischer Seelentagebücher und ist dem Glauben an *Providence*, die göttliche Vorsehung, verpflichtet. Andererseits wird in *Robinson Crusoe* geradezu paradigmatisch der Aufstieg der empirischen Tradition in der Aufklärung deutlich, in der der sinnlichen Wahrnehmung und Erfahrung absolute Priorität eingeräumt wird. Das unaufgelöste Spannungsverhältnis zwischen beiden Traditionslinien zeigt sich darin, dass Robinson die als ‚Introspektion' bezeichnete Analyse seelischer Vorgänge mit einer genauen Bestandsaufnahme alltäglicher Ereignisse verbindet.

Kulturelle Umbruchsituation

DEFOES Romane sind somit als Ausdruck einer zunehmenden Säkularisierung und einer kulturellen Umbruchsituation aufzufassen: *„Considered chronologically, Defoe's novels portray a world*

in transition from the theocentric authority of Puritanism to the historical authority of culture, a world where divine order by itself no longer suffices to constrain the individual, but where ‚culture' and ‚history' have not yet attained sufficient conceptual clarity to take its place as the acknowledged frame of human destiny."[16]

Retrospektive Sinnstiftung

In DEFOES Romanen versuchen die Erzählinstanzen, aus der Rückschau ihrem ereignisreichen Leben Sinn zu verleihen. Der Handlungs- und Ereignisreichtum von DEFOES Abenteuerromanen darf nicht darüber hinwegtäuschen, dass nicht das Geschehen selbst, sondern dessen nachträgliche Deutung im Prozess des Erzählens im Vordergrund steht. Ebenso wie in DEFOES anderen Romanen liegt der Akzent in *Robinson Crusoe* auf dem Akt der retrospektiven Sinnstiftung, wobei die Ebene der früheren Erlebnisse und Fakten oft durch Robinsons Deutungen überlagert wird. DEFOES Ich-Erzähler suchen nach Ursachen, prägenden Mustern und vermeintlichen Wendepunkten in ihrem Leben, um dadurch die eigenen Erfahrungen sinnhaft zu ordnen und aus der Retrospektive Bilanz zu ziehen. So ist Robinsons subjektiv gefärbte Darstellung der Ereignisse von dem Bemühen geprägt, die eigenen Bedürfnisse und Interessen sowohl mit den gesellschaftlichen Normen als auch mit dem göttlichen Willen bzw. der Vorsehung in Einklang zu bringen.

Robinsonade

Robinson Crusoe gilt nicht nur als erster realistischer Roman der Weltliteratur, sondern begründete auch das bis heute beliebte Genre der Robinsonade. Zu deren Merkmalen zählen neben der Ich-Erzählsituation die chronologische Abfolge der durch das Reisemotiv vorgegebenen Handlungsschritte sowie der Sieg der (wieder-)aufgebauten Zivilisation. Nach dem gattungsbildenden Muster von *Robinson Crusoe* entstand in der Folgezeit eine Vielzahl von Robinsonaden und Anti-Robinsonaden, von denen WILLIAM GOLDINGS *Lord of the Flies* (1954) die wohl bekannteste ist.

Defoes Bedeutung für die Entwicklung des Romans

Doch auch DEFOES andere Werke haben mit ihrer Hinwendung zum Alltäglichen in der Themenselektion und im Stil maßgeblich zur Entwicklung des Romans im 18. Jh. beigetragen. Zu den einflussreichen gattungsbildenden Darstellungsverfahren, die sich bereits in DEFOES pikaresken Abenteuerromanen finden, zählen die ausgeprägte Wirklichkeitsnähe, die Verwendung verschiedener Authentisierungsstrategien, die didaktische Wirkungsintention, die Gestaltung der Ich-Erzählsituation, der einfache Prosastil und die episodische Handlungsstruktur.

16 Ray, S. 74.

Fiktionsverständnis und Herausgeberfiktion

Repräsentativ sind DEFOES Romane auch im Hinblick auf das damalige Fiktions- und Gattungsverständnis. Ebenso wie in vielen *prefaces* werden im Vorwort zu *Robinson Crusoe* zentrale poetologische Vorstellungen der Zeit in gebündelter Form zusammengefasst. So wird der Anspruch auf Authentizität, der durch Erzählverfahren implizit unterstrichen wird, durch verschiedene Authentisierungsstrategien explizit erhoben. Eine der wichtigsten ist die als ‚Herausgeberfiktion' bezeichnete Konvention, gemäß der ein (fiktiver) Herausgeber die (vermeintliche) Faktizität des Erzählten betont *(„The editor believes the thing to be a just history of fact; neither is there any appearance of fiction in it")*. DEFOES Betonung des Wahrheitsanspruchs des Erzählten verweist auf die damalige Skepsis gegenüber bloß Erfundenem, die puritanische Fiktionsfeindlichkeit und das Verlangen nach nützlichen Informationen.

Didaktische Wirkungsintention

Aufschlussreich ist das Vorwort zu *Robinson Crusoe* auch im Hinblick auf die Funktionen, die der neuen Gattung des Romans zugewiesen wurden. Obgleich der fiktive Herausgeber keine adäquate Gattungsbezeichnung für das Werk zu haben scheint *(„the thing")*, hebt es dessen nützliche Wirkung hervor. Der Nutzen, den der Leser neben Unterhaltung aus der Lektüre ziehen soll („*the improvement*", „*the diversion*" und „*the instruction of the reader*" werden als Wirkungsintention genannt), ist primär religiöser Natur. So heißt es im *preface* zu *Robinson Crusoe*: „*The story is told with modesty, with seriousness, and with a religious application of events to the uses to which wise men always apply them, viz. to the instruction of others by this example, and to justify and honour the wisdom of Providence in all the variety of our circumstances, let them happen how they will.*"

Fiktive Autobiografie als Authentisierungsstrategie

V. a. die Ich-Erzählsituation fungiert als ein Mittel, die Authentizität des Selbsterlebten zu verbürgen. Formal schildern DEFOES Erzähler und Erzählerinnen ihre abwechslungsreichen Lebensgeschichten im Stile einer (freilich fiktiven) Autobiografie. Ein typisches Beispiel für diese Erzählweise findet sich etwa in DEFOES Roman *The Fortunes and Misfortunes of the Famous Moll Flanders* (1722), in dem die Titelheldin, deren Vorname sie bereits als weibliche Kriminelle identifiziert, ihre Lebenserinnerungen schildert.

Erzählendes und erlebendes Ich

Dabei ist zu unterscheiden zwischen Moll als Erzählerin, die aus der Rückschau über zentrale Episoden ihres Lebens berichtet, und Moll als handelnder und erlebender Figur, die an dem zurückliegenden Geschehen beteiligt war. Daraus ergibt sich der für die Ich-Erzählsituation charakteristische Unterschied zwischen dem erzählenden Ich und dem erlebenden Ich. Beide sind zwar ein und dieselbe Person, aber die ältere, reifere Moll ist von der jungen Moll nicht nur durch zeitliche Distanz getrennt, sondern auch durch eine moralische Distanz, die aus ihrer (vermeintlichen) sittlichen Läuterung und ihrem Reifungsprozess resultiert.

Merkmale der Ich-Erzählsituation

Ähnlich wie *Moll Flanders* weisen auch Defoes weitere Romane bereits alle wichtigen Merkmale der Ich-Erzählsituation auf.[17] Abgesehen von *A Journal of the Plague Year*, in dem der Erzähler die Ereignisse als neutraler Beobachter, Zeuge oder Chronist verfolgt, sind die Ich-Erzähler in Defoes Romanen identisch mit dem Protagonisten. Aus der Zugehörigkeit der Ich-Erzähler zur Welt der Figuren ergibt sich, dass diese nicht über übermenschliche Fähigkeiten verfügen, sondern den physikalischen und erkenntnistheoretischen Grenzen realer Menschen unterliegen. So ist die Bewusstseinsdarstellung auf die Gedanken und Gefühle des Ichs beschränkt, denn Ich-Erzähler haben keinen Einblick in das Bewusstsein anderer Figuren, sondern können darüber allenfalls Mutmaßungen anstellen. Über das Geschehen an anderen Orten wissen sie nur insofern Bescheid, als sie durch andere Figuren darüber informiert sind.

Authentizität des Selbsterlebten

Die konsequente Beschränkung auf Selbsterlebtes fungiert in Defoes Romanen zugleich als wichtige Authentisierungsstrategie. Nicht umsonst werden die Erzähler bzw. Erzählerinnen nicht müde, sich für die Authentizität des selbsterlebten Geschehens zu verbürgen; folgerichtig berichten sie von Ereignissen, an denen sie selbst nicht beteiligt waren, in der Regel nur dann, wenn sie darlegen können, aus welchen Quellen sie die entsprechenden Informationen bezogen haben. Insgesamt ist die Informationsvergabe in Defoes Romanen an den Wissensstand, die Erinnerungen und die Bewusstseinsperspektive der Erzählinstanzen gebunden. Diese berichten nur über jene Ereignisse, an die sie sich selbst erinnern können oder über die sie durch Gewährsleute unterrichtet worden sind.

Episodenhafte Handlungsstruktur

Auch die Handlungsstruktur und die Themenselektion von Defoes Romanen lassen Rückschlüsse auf deren Werte- und Normensystem zu. Hauptkennzeichen des stets sehr abenteuerlichen und abwechslungsreichen Handlungsverlaufs sind dessen Episodenhaftigkeit sowie die Verwendung von Wiederholung und Variation als dominantem Strukturprinzip. In *Moll Flanders* fasst der synoptische Untertitel, der seine Wirkung auf das sensationslüsterne Publikum kaum verfehlt haben dürfte, das überaus ereignisreiche Leben der in Newgate geborenen Ex-Hure, Ex-Polygamistin und Ex-Diebin, die am Ende geläutert ist und sich für ein bürgerliches Leben entscheidet, zusammen: „*The Fortunes and Mis-*

17 Zu den Kennzeichen der Ich-Erzählsituation vgl. Stanzel, *Theorie ...*, S. 110–164 und 258–294 sowie A. Nünning, *Uni-Training ...*, S. 160–167.

fortunes of the Famous Moll Flanders, &c. Who was Born in Newgate, and during a Life of continu'd Variety for Threescore Years, besides her Childhood, was Twelve Year a Whore, *five times a* Wife *(whereof once to her own Brother) Twelve Year a* Thief, *Eight Year a Transported* Felon *in* Virginia, *at last grew* Rich, *liv'd* Honest, *and died a* Penitent." Gleich zu Beginn des Romans stellt sich die Titelheldin selbst vor, indem sie spannungsfördernde Andeutungen über ihre Kindheit und ihr Leben als Kriminelle macht. In *Moll Flanders* sind persönliche Beziehungen und selbst die Ehen bzw. Liebesaffären der Protagonistin von untergeordneter Bedeutung und werden meist in wenigen Sätzen abgehandelt. Hingegen werden praktische und ökonomische Details ausführlich geschildert. Dies verweist auf den hohen Stellenwert materieller Belange in der in dem Roman dargestellten Gesellschaft.

Tradition der Verbrecherbiografie

Neben *Moll Flanders* stehen noch weitere von Defoes Romanen in der Tradition der Verbrecherbiografien bzw. *Newgate novels* (vgl. Kap. 2.10 und 5.1). Darin steht oft das soziale Milieu des Gefängnisses von Newgate im Zentrum, in dem sich viele von Defoes Protagonisten bewegen und das ihm selbst durch seine journalistische Tätigkeit und aus eigener Erfahrung bestens vertraut war. Zu den Romanen, die an die Verbrecherbiografie anknüpfen, gehören etwa Defoes handlungsreiche Abenteuerromane *The Life, Adventures and Piracies of the Famous Captain Singleton* (1720) und *The History and Remarkable Life of the Truly Honourable Colonel Jacque* (1722).

The Fortunate Mistress

Einem ähnlichen Erzähl- und Strukturprinzip wie *Moll Flanders* folgt auch Defoes letzter großer Roman, die fiktive Autobiografie *The Fortunate Mistress* (1724), bekannter unter dem Titel *Roxana*. Wie ereignisreich der Handlungsverlauf ist, geht bereits aus dem synoptischen Untertitel hervor, der einige der Stationen im abwechslungsreichen Leben der ebenso schamlosen wie wandlungsfähigen Protagonistin zusammenfasst: *A History of the Life and Vast Variety of Fortunes of* Mademoiselle de Beleau, *afterwards call'd the Countess de* Wintselsheim, *in Germany. Being the Person known by the Name of the Lady Roxana in the Time of King* Charles *II.* Unverblümt und direkt schildert die Ich-Erzählerin, die als Mutter von fünf Kindern von ihrem Mann verlassen wurde, aus der Rückschau ihre höchst wechselvolle Lebensgeschichte und amourösen Abenteuer als Mätresse.

Selbstbild der Mittelschicht

Kulturgeschichtlich aufschlussreich sind Defoes Romane auch deshalb, weil in ihnen das neue Selbstverständnis der aufstrebenden Mittelschicht deutlich hervortritt. Wenn Robinson am Anfang von der Art und Weise berichtet, wie sein Vater die Mittelschicht abgrenzt von „*the upper and lower part of mankind*" und deren mannigfache Vorzüge anpreist, so kommt darin beispielhaft jenes im 18. Jh. aufkommende Selbstbewusstsein dieser Schicht zum Ausdruck, das von einem moralischen Überlegenheitsgefühl geprägt war:

He bid me observe [...] that the middle station had the fewest disasters, and was not exposed to so many vicissitudes as the higher or lower part of mankind; nay they were not subjected to so many distempers and uneasinesses, either of body or mind, as those were who, by vicious living, luxury, and extravagancies on one hand, or by hard labour, want of necessaries, and mean or insufficient diet on the other hand, bring distempers upon themselves by the natural consequences of their way of living; that the middle station of life was calculated for all kinds of vertues and all kinds of enjoyments; that peace and plenty were the hand-maids of a middle fortune; that temperance, moderation, quietness, health, society, all agreeable diversions, and all desirable pleasures, were the blessings attending the middle station of life.

Besitzindividualismus und Rationalität

In gebündelter Form werden in diesem Lobgesang auf die von der Vorsehung begünstigte Mittelschicht deren Tugenden, Ideale und Werte zusammengefasst. Das darin zum Ausdruck kommende neue Selbstbild der Mittelschicht liegt nicht nur DEFOES Romanen zugrunde, sondern auch denen von SAMUEL RICHARDSON und vielen anderen Autoren. Mit ihrer Betonung von Besitzindividualismus und ökonomischer Rationalität gelten DEFOES Romane – allen voran *Robinson Crusoe* – nicht umsonst seit WATTS einflussreicher Deutung als Paradigma für zentrale Tendenzen der modernen Zivilisation, insbesondere für *„absolute economic, social and intellectual freedom for the individual“*.[18]

3 Bürgerliche Tugend vs. aristokratische Zügellosigkeit: Samuel Richardsons Briefromane

Richardsons psychologischer Realismus

Obgleich der gelernte Drucker und *bookseller* SAMUEL RICHARDSON (1689–1761) mit seinen Romanen ebenfalls moralische Unterweisung bot, könnten die Romane dieser beiden Autoren kaum unterschiedlicher sein. Ebenso wie DEFOE entstammte RICHARDSON einer nonkonformistischen Familie; als Druckereibesitzer gehörte er aber später zur handwerklichen Mittelschicht. RICHARDSONS handlungsarme Briefromane unterscheiden sich in thematischer und formaler Hinsicht sehr deutlich von DEFOES pikaresken Abenteuer- und Reiseromanen. Im Gegensatz zu DEFOE verlagert RICHARDSON in seinen Werken den Akzent weitgehend von der äußeren Handlung auf die nuancierte Wiedergabe des subjekti-

18 Watt, S. 96.

ven Erlebens der Figuren, die als Briefschreiber zugleich eine ähnliche Rolle wie Ich-Erzähler übernehmen. RICHARDSON gilt daher als Begründer eines psychologischen Realismus, der auf die Bewusstseinskunst des Modernismus vorausweist.

Gattungstraditionen

Neben den offensichtlichen Unterschieden zwischen den spannenden Abenteuerromanen DEFOES und den rührseligen Briefromanen RICHARDSONS gibt es auch eine Reihe von Gemeinsamkeiten, die sich aus den dem Roman damals zugeschriebenen Funktionen ergeben. Auch bei RICHARDSONS Briefromanen ist unübersehbar, wie eng die neue Gattung des Romans mit nichtfiktionalen Textsorten verwoben war: So geht die Entstehung seines ersten Romans darauf zurück, dass er zunächst einen Briefsteller für junge Damen verfassen wollte, den er später zu einer fortlaufenden Handlung ausweitete. Außerdem lehnte sich RICHARDSON eng an die Tradition der puritanischen Seelentagebücher und *conduct books* an (vgl. Kap. 2.3). Dies zeigt sich nicht nur an der Themenselektion und der Form seiner Romane, sondern auch an der meist klar formulierten Wirkungsintention.

Moralische Wirkungsintention

Die moralische Wirkungsintention, die RICHARDSONS Werken zugrunde liegt, wird schon im Titel seines ersten Romans – *Pamela; or, Virtue Rewarded* (1740) – prägnant zusammengefasst. Unterstrichen wird sie durch das poetologische Vorwort, in dem viele der Schlüsselbegriffe der damaligen Poetik und Literaturkritik zu finden sind. Bereits der paratextuelle Zusatz auf der Titelseite – *„Published in Order to Cultivate the Principles of Virtue and Religion in the Minds of the Youth of Both Sexes"* – verdeutlicht, worum es dem Autor geht. Auch die recht hochtrabenden Erziehungsziele, die RICHARDSON hinter der Maske eines Herausgebers in dem selbstgefälligen Vorwort für sein Werk beansprucht, lassen keinen Zweifel daran, dass Fiktion von ihm in den Dienst von Moral und Religion gestellt wird.

Instruction and entertainment

In Anknüpfung an das *prodesse aut delectare* bzw. *utile dulci*-Gebot des HORAZ und in Übereinstimmung mit den meisten seiner Zeitgenossen bestand für RICHARDSON die Hauptfunktion des Romans darin, Leser zu belehren und zugleich zu unterhalten: *„to* divert *and* entertain*, and at the same time to* instruct *and* improve *the minds"*. Der Gebrauch von Authentisierungsstrategien wie der Herausgeberfiktion und die Betonung der Wahrhaftigkeit des Erzählten (*„the following Letters, which have their foundation both in* Truth *and* Nature") dienten ebenfalls dem Zweck, den Nutzen von Romanen herauszustellen. Als lehrreich und moralisch erbaulich galt im Zeitalter der Aufklärung nur das, was wahr oder zumindest wahrscheinlich *(„probable")* oder natürlich *(„natural")* war.

Poetic justice in Pamela

Ausdruck des rationalistisch-utilitaristischen Denkens der Aufklärung sind auch die Forderungen nach poetischer Gerechtigkeit *(poetic justice)* bzw. gerechter Sympathieverteilung, die bereits anhand vieler Dramen eingehend erörtert wurden (vgl. Kap. 4.5 und 4.6.). Bezeichnenderweise kündigt RICHARDSON im Vorwort von *Pamela* „practical *examples, worthy to be followed*" an; der ‚Herausgeber' verschweigt im übrigen nicht, wer sich an den nachahmenswerten und tugendhaften Figuren, die am Ende belohnt werden, ein Beispiel nehmen soll: „*the* virgin, *the* bride, *and the* wife".

Primat der Didaktik in Clarissa

Auch im *preface* und *postscript* von *Clarissa; or, The History of a Young Lady* (1747/48) betont RICHARDSON, dass die Geschichte und die Unterhaltung des Lesers insofern der moralischen Unterweisung funktional untergeordnet seien, als sie lediglich als Mittel für die Erbauung und Belehrung des Lesers fungieren: „story *or* amusement *should be considered as little more than the vehicle to the more necessary* instruction" *(preface* zu *Clarissa)*. Dem gesamten Roman, so RICHARDSON, liege ein religiöser Plan zugrunde, und er ziele auf nichts anderes ab, als „*the great doctrines of Christianity*" *(postscript* zu *Clarissa)* zu verbreiten. Wenn RICHARDSON im *postscript* zu *Clarissa* in bezug auf die fiktionalen Bösewichter die rhetorische Frage stellt, „*are they not all likewise exemplarily punished?*", so lässt er keinen Zweifel daran, dass es ihm primär darum geht, im Medium der Fiktion ein moralisches Exempel zu statuieren.

Figurencharakterisierung

Es entspricht diesem kompakten poetologischen Erziehungsprogramm, das sich primär an junge Frauen richtete, dass in beiden Romanen sowohl die auf Polarisierung basierende Figurenkonstellation als auch der Handlungsverlauf und die Schlussgebung der Doktrin der gerechten Sympathieverteilung entsprechen. In beiden Fällen stehen die Eigenschaften der um ihre Tugend (lies: Keuschheit) besorgten Titelheldinnen in scharfem Kontrast zu denen ihrer durchtriebenen Gegenspieler, die es einzig und allein darauf abgesehen haben, den tugendhaften Protagonistinnen ihre Unschuld zu rauben.

Handlungsverlauf

Dementsprechend schlicht ist der auf Wiederholung und Variation einiger Grundkonstellationen beruhende Handlungsverlauf der beiden Romane. Nachdem Pamela den penetranten Angriffen des ebenso lüsternen wie dummen Wüstlings Mr. B., der mit dem gewissenlosen aristokratischen Verführer Lovelace aus *Clarissa* lediglich das Handlungsziel gemeinsam hat, wacker widerstanden hat, wird sie für ihre Tugendhaftigkeit dadurch belohnt, dass der geläuterte B. sie am Ende heiratet. Im Gegensatz zur Belohnung weiblicher Tugend in *Pamela* wird die im Untertitel von *Clarissa* explizierte moralische Wirkungsintention *(And particularly*

Showing the Distresses that May Attend the Misconduct Both of Parents and Children in Relation to Marriage) durch den tragischen Handlungsverlauf und die Schlussgebung verwirklicht.

Destabilisierung sozialer Kategorien

In *Pamela* zeigen sich die von McKeon konstatierte Destabilisierung sozialer Kategorien und die große Bedeutung von Fragen der Tugend in dem – aus konservativer Sicht äußerst problematischen – gesellschaftlichen Aufstieg Pamelas. Die darin implizierte Bedrohung der sozialen Hierarchie kommt in der damals geradezu revolutionären Überzeugung der Titelheldin zum Ausdruck, persönliche Tugend zähle weitaus mehr als Abstammung, Stand und Besitz: „*VIRTUE* is the only nobility. *[...] I cannot forbear smiling at the absurdity of persons even of the first quality, who value themselves upon their* ancestors *merits, rather than* their own" (*Pamela*, 23. Brief).

Writing to the moment

Richardsons Bedeutung für die Entwicklung des englischen Romans gründet v. a. darin, dass er mit seinen multiperspektivischen Briefromanen das Potential der Briefform enorm ausweitete.[19] Aufgrund der als ‚*writing to the moment*' bezeichneten Konvention, derzufolge das persönliche Erleben der Figuren zeitlich fast mit dem schriftlichen Fixieren des Erlebten zusammenfällt, erwecken seine Romane den Eindruck, den jeweils augenblicklichen Bewusstseins- und Gefühlszustand der Briefschreiber unmittelbar zu vergegenwärtigen. Besonders deutlich kommt dies im *preface* zu *Clarissa* zum Ausdruck: „*the letters on both sides are written while the hearts of the writers must be supposed to be wholly engaged in their subjects: the events at the time generally dubious – so that they abound not only with critical situations, but with what may be called* instantaneous *descriptions and reflections*". Dieser dramatische Effekt, der aus der geringen zeitlichen Distanz zwischen den Erlebnissen und ihrer Niederschrift resultiert, geht allerdings bisweilen mit einem Verlust an Wahrscheinlichkeit oder Glaubwürdigkeit einher, etwa wenn Pamela nach gerade vereiteltem Vergewaltigungsversuch und überstandener Ohnmacht sogleich wieder zur Feder greift.

Perspektivenvielfalt

In dem mehrstimmigen und im Vergleich zu *Pamela* sehr viel komplexeren Briefroman *Clarissa* verdeutlicht die Streubreite der Perspektiven, dass Richardsons Romane ein breites Spektrum zeitgenössischer Mentalitäten entfalten. Dieses reicht von den engstirnigen Moralvorstellungen und Normen der Mittelschicht bis zu den entgegengesetzten Werten und Einstellungen der Aristokratie. So stehen das merkantile Denken und die Moral der bürgerlichen Harlowes in *Clarissa* in scharfem Kontrast zur aristokratischen Zügellosigkeit des Libertins Lovelace.

Multiperspektivität und moralische Ambivalenz

RICHARDSON entwickelte das Genre des Briefromans dadurch weiter, dass er die noch in *Pamela* verwendete dominant monologische Form der Briefsammlung einer Schreiberin in *Clarissa* durch Briefwechsel zwischen mehreren Korrespondenten erweiterte. Die aus der multiperspektivischen Darstellungsweise und dem dauernden Perspektivenwechsel resultierende Dialogizität führt nicht nur zu einer perspektivischen Auffächerung des Geschehens, sondern hat auch eine moralische Ambivalenz zur Folge. Daher bleibt es trotz der aufdringlichen didaktischen Wirkungsintention letztlich den Rezipienten überlassen, die unterschiedlichen Versionen gegeneinander abzuwägen, die Glaubwürdigkeit der einzelnen Verfasser abzuschätzen und sich selbst ein Bild vom ‚tatsächlichen' Geschehen zu machen. Schenkt man den Reaktionen jener Zeitgenossen Glauben, die die Moral der Geschichte im Falle von *Clarissa* keineswegs so eindeutig fanden, so war RICHARDSONS Bemühen, der Destabilisierung sozialer und moralischer Kategorien mit seinen Romanen entgegenzuwirken, kein eindeutiger Erfolg beschieden. Dies ist v. a. darauf zurückzuführen, dass die in der Multiperspektivität gründende moralische Ambivalenz den Prozess der Destabilisierung offenbar unfreiwillig forcierte.

Subjektives Erleben und persönliche Kommunikationssituation

Wegweisend waren RICHARDSONS Romane auch deshalb, weil sie das subjektive Erleben der Figuren durch die Briefform sowie durch ein großes Repertoire von expressiven Signalen (z. B. spontane Ausrufe) literarisch inszenieren und weil sie deren Gefühle psychologisch nuanciert darstellen. Obgleich die Briefschreiber Ich-Erzähler sind, dürfen sie nicht ohne weiteres mit den Konventionen der Ich-Erzählsituation gleichgesetzt werden.[20] Die Eigentümlichkeit liegt vielmehr darin, dass die besondere Kommunikationssituation der Korrespondenz auf einer persönlichen Beziehung zwischen den Briefschreibern und den jeweiligen Adressaten beruht und dass die Briefe in RICHARDSONS Romanen aufgrund dieser Wechselbeziehung einen starken Adressatenbezug aufweisen.

Aufwertung von Subjektivität und Individualität

Die Form des Briefromans begünstigt somit die Aufwertung der subjektiven inneren Erfahrungen des Individuums. Die Vermittlung der fiktionalen Welt ist in dieser Gattung untrennbar verbunden mit dem Erleben der jeweiligen Figur. Daher unterstreicht die Briefform die Einzigartigkeit individuellen Erlebens und die Prozesshaftigkeit von Bewusstseinsvorgängen. Die von der Briefform vorgegebene Konzentration auf die Perspektive der Figuren verweist zugleich auf die im 18. Jh. aufkommende Anerkennung

19 Zum Briefroman vgl. Würzbach, *Struktur* ... und *Novel* ...

20 Vgl. Wolpers, S. 180 ff., der diesen wichtigen Unterschied zu Recht betont. Zur neueren Richardson-Forschung vgl. die Beiträge in Doody/Sabor.

der Komplexität, Veränderbarkeit und Autonomie des Individuums,[21] dessen Gedanken und Gefühle in RICHARDSONS Romanen nuanciert wie nie zuvor dargestellt werden.

Epistemologischer Skeptizismus

Außerdem kann die Kontrastierung unterschiedlicher Perspektiven als Ausdruck eines epistemologischen Skeptizismus gedeutet werden.[22] Sowohl in RICHARDSONS Romanen als auch in anderen Briefromanen – etwa TOBIAS SMOLLETTS *The Expedition of Humphry Clinker* (1771) und FRANCES BURNEYS *Evelina* (1778) – wird das Subjekt nicht mehr als verlässlicher Spiegel einer objektiv erkennbaren Wirklichkeit dargestellt, sondern als eine subjektive, dynamische und stimmungsabhängige Instanz, die die Umwelt nach Maßgabe ihrer individuellen Voraussetzungen und ihrer je gegenwärtigen Verfassung perspektivisch gebrochen wahrnimmt. Durch die Kontraste zwischen den Versionen der verschiedenen Figuren wird formal hervorgehoben, wie stark subjektives Erleben und ‚objektive' Situation auseinanderklaffen. Die Diskrepanzen zwischen den kontrastierenden Perspektiven in *Clarissa* lassen erkennen, dass es nicht *eine* Wahrheit oder *eine* verbindliche Interpretation des Geschehens gibt, sondern eine Vielfalt von Sehweisen, die in der sozialen Stellung des Einzelnen und in der Subjektivität von Wirklichkeitserfahrung gründen.

Orchestrierung von Themen

Darüber hinaus gibt die Analyse der Perspektivenstruktur von RICHARDSONS mehrstimmigen Briefromanen Aufschluss über die kulturellen Funktionen des Romans, der im 18. Jh. zu einem wichtigen Medium der Reflexion über soziale, psychologische und moralische Probleme wurde. In multiperspektivischen Briefromanen werden alle Themen und Figuren ‚orchestriert', indem das jeweilige Geschehen durch unvermittelt nebeneinander gestellte Sehweisen perspektivisch gebrochen wiedergegeben wird. Jede Perspektive kann zwar eine subjektive Gültigkeit beanspruchen, doch da sich die verschiedenen Perspektiven nicht mehr synthetisieren lassen, wird insgesamt die Vorstellung von objektiver Wahrheit in Zweifel gezogen.

Fehlen einer übergeordneten Erzählinstanz

Dieser Effekt wird dadurch noch verstärkt, dass es an einer den Figuren übergeordneten Erzählinstanz fehlt, die die unverbunden und gleichberechtigt nebeneinanderstehenden Figurenperspektiven integriert oder hierarchisiert. Die Streubreite individueller und kollektiver Perspektiven in diesen Romanen zeugt von einer Aufwertung von Individualität und Subjektivität. Zudem schlägt sich in dem unvermittelten Nebeneinander verschiedener Perspektiven eine Fragmentarisierung der Wirklichkeitserfahrung in einer durch soziale Differenzierung geprägten Gesellschaft nieder.

Pluralität von Moralvorstellungen

Die dialogische Form des multiperspektivischen Briefromans eignet sich somit vorzüglich zur literarischen Gestaltung einer kulturellen Umbruchsituation, in der Fragen nach der Natur des Menschen, Einstellungen zur Ehe, Vorstellungen von tugendhaftem Verhalten und die Beziehung zwischen privatem Verhalten und gesellschaftlichem Wohl in verschiedenen Diskursen zum Gegenstand intensiver Debatten wurden. Die Diskrepanz zwischen den verschiedenen Perspektiven verdeutlicht, dass in der damaligen Gesellschaft unterschiedliche Vorstellungen von Tugend und Moral, richtigem Verhalten und sozialer Hierarchie existierten. Da sich die Perspektiven wechselseitig modifizieren und ironisch relativieren, enthüllt die Perspektivenstruktur die Vielfalt und Relativität von geschlechts- und schichtenspezifischer Wirklichkeitserfahrung. In RICHARDSONS Romanen vermittelt die dialogische Stimmenvielfalt insgesamt das Bild einer fragmentarisierten Welt, in der gleichberechtigte Figurenperspektiven mit völlig entgegengesetzten Werten und Normen ein breites Spektrum individueller und sozialer Wirklichkeitsvorstellungen verkörpern. In der folgenden Übersicht sind die wichtigsten Gattungsmerkmale des Briefromans nochmals zusammengefasst:

Merkmale des Briefromans

- besteht formal aus einer Folge von (fiktiven) Briefen
- Herausgeberfiktion: oft sind die Briefe eingerahmt durch ein Vorwort, eine Einleitung und ein Nachwort eines (ebenfalls fiktiven) Herausgebers
- *writing to the moment:* geringe zeitliche und emotionale Distanz zwischen dem Erleben der Figuren und dem schriftlichen Fixieren des Erlebten durch den Briefschreiber
- im Gegensatz zu retrospektiven Ich-Erzählern haben die Briefschreiber keinen Überblick über den weiteren Handlungsverlauf
- scheinbar unmittelbare Vergegenwärtigung des augenblicklichen Bewusstseins- und Gefühlszustands der Briefschreiber
- subjektiv gefärbte Figuren-, Raum- und Wirklichkeitsdarstellung
- Verlagerung des Akzents vom äußeren Geschehen auf psychologische Prozesse und differenzierte Figurendarstellung

---

21 Vgl. De Bolla, der die ‚Entdeckung' des Menschen als autonomes Subjekt auf zwei Diskurse zurückführt, *„the discourse on debt and the discourse on the sublime"* (S. 6); er fasst seine zentrale These so zusammen: *„the autonomous subject, a conceptualization of human subjectivity based on the self-determination of the subject and the perception of the uniqueness of every individual, is the product of a set of discourses present to the period 1756–63"* (ebd.).

22 Vgl. die These von Tavor, dass der Einfluss des skeptizistischen Denkens auf den englischen Roman des 18. Jh.s weitaus bedeutender ist, als bislang angenommen wurde; Tavor führt die Vielzahl unterschiedlicher Lesarten des moralischen ‚Gehalts' von *Clarissa* zurück auf *„Richardson's use of sceptical formal devices which undermine the unequivocal clarity of his dogmatic message and the human and social ideal embodied in the ‚converse of the pen'"* (S. 58).

- Kommunikationssituation ist geprägt durch die persönliche Beziehung zwischen den Briefschreibern
- starke Adressatenorientiertheit
- variable Anzahl von Korrespondenten und Perspektiven (zwischen den Polen mono- vs. multiperspektivischer Briefroman)
- Bevorzugung szenischer und dramatischer Erzählweisen
- geringe Distanz zwischen Figuren und Rezipienten und entsprechend großes Identifikationspotential
- Fehlen einer hierarchisch übergeordneten Erzählinstanz und eines moralischen Orientierungszentrums
- moralische Ambiguität trotz didaktischer Wirkungsintention
- Aufwertung von Individualität und Subjektivität
- hoher Grad an ästhetischer Illusionsbildung (besonders Figurenillusion)

4 Neoklassizistische Romantheorie und auktoriales Erzählen: Henry Fieldings Romane

Fieldings aristokratische Abstammung

Die Romane von HENRY FIELDING (1707–1754) unterscheiden sich in thematischer und formaler Hinsicht deutlich von RICHARDSONS psychologischem Realismus. Dass FIELDING im Gegensatz zu RICHARDSON dem Landadel entstammte, schlägt sich in seinen Romanen darin nieder, dass in diesen ein Werte- und Normensystem zum Ausdruck kommt, das sich erheblich von den Moralvorstellungen RICHARDSONS unterscheidet.

Zwischen Aufklärung und Empfindsamkeit

Obgleich die englische Literatur der zweiten Hälfte des 18. Jh.s in Literaturgeschichten oft als das *Age of Sentiment* bezeichnet wird, ist das Ausmaß des Einflusses der Empfindsamkeit auf den englischen Roman umstritten. Häufig wird ein Gegensatz zwischen RICHARDSON und FIELDING konstruiert, demzufolge FIELDINGS Werke zum Roman der Aufklärung zu zählen sind und RICHARDSONS den Beginn des empfindsamen Romans kennzeichnen. Zweifellos zeichnen sich FIELDINGS Romane durch eine wesentlich stärkere Konzentration auf die Handlung und ein geringeres Interesse an den Gefühlsregungen der Figuren aus. Auch sind FIELDINGS männliche Helden keinesfalls typische *men of feeling* (vgl. Kap. 5.7). Dennoch ging es auch FIELDING letztlich darum, Leser zur Tugend im Sinne von Wohlwollen bzw. *benevolence*, einem Schlüsselbegriff des Werte- und Normensystems seiner Romane, zu erziehen.

Dramatische Gestaltungsmittel

Die zahlreichen szenischen Elemente, die kunstvolle Dialoggestaltung, die Vorliebe für Verwechslungen und Intrigen, die klare Handlungsführung sowie die ausgeprägte Komik seiner Romane lassen erkennen, dass FIELDING seine schriftstellerische Karriere als Dramatiker begann (vgl. Kap. 4.3). Die Nähe von FIELDINGS Roma-

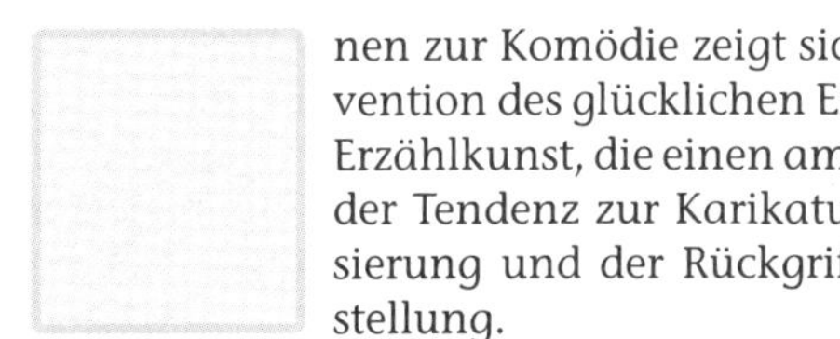

nen zur Komödie zeigt sich auch in der Orientierung an der Konvention des glücklichen Endes. Zu den weiteren Merkmalen seiner Erzählkunst, die einen am Alltagsleben orientierten Realismus mit der Tendenz zur Karikatur verbindet, zählen der Hang zur Typisierung und der Rückgriff auf das Groteske bei der Figurendarstellung.

Shamela* als Parodie auf *Pamela

Daneben bildet sein parodistisches und satirisches Talent die zweite wichtige Wurzel von FIELDINGS großem Erfolg als Romanschriftsteller. Dieses stellte er bereits mit dem unter einem Pseudonym veröffentlichten Werk *An Apology for the Life of Mrs. Shamela Andrews* (1741) unter Beweis, in dem er die Stilmittel von Richardsons *Pamela* parodierte und dessen moralische Wirkungsintention der Lächerlichkeit preisgab. Deuten schon der intertextuelle Titel und der ausführliche Untertitel an, dass das Werk eine bissige Satire auf RICHARDSONS Erfolgsroman ist, so entlarvt FIELDING durch eine amüsante Inversionstechnik Pamelas vermeintliche Tugend als berechnende Heuchelei. Der intertextuelle Bezug zu *Pamela* und der parodistische Charakter von *Shamela* beschränken sich nicht auf eine Verspottung des moralischen Gehalts von RICHARDSONS Werk, sondern erstrecken sich auch auf Verfahren wie die Herausgeberfiktion und den damit verbundenen Authentizitätsanspruch, wie schon der lange synoptische Titel erkennen läßt:

An Apology for the Life of Mrs. Shamela Andrews. In which, the many notorious Falshoods and Misrepresentations of a Book called PAMELA Are exposed and refuted; and all the matchless Arts of that young Politician, set in a true and just Light. [...] The whole being exact Copies of authentick Papers delivered to the Editor. Necessary to be had in all Families.

Jonathan Wild

Während FIELDING in *Shamela* RICHARDSONS hehre Tugendideale verspottete, setzte er seinen in den Komödien begonnenen Feldzug gegen die Regierung des Premierministers ROBERT WALPOLE zunächst auch im Medium des Romans fort. In dem satirischen Roman *History of the Life of the Late Mr. Jonathan Wild The Great* (1743) schildert FIELDING das Leben des damals berühmt-berüchtigten Verbrechers Jonathan Wild in der Art der Heldenbiografie. Die sarkastische Darstellung von historischer Größe, die sich primär gegen führende Politiker richtete, und die scharfe Gesellschaftskritik beruhen auf der Gleichsetzung von Heldentaten und Schurkerei sowie aus der daraus folgenden Umkehrung des Werte- und Normensystems.

Thematische und formale Merkmale

Sowohl in inhaltlichen Aspekten als auch in formaler Hinsicht finden sich in diesen Werken bereits viele der Elemente, durch die sich FIELDINGS komische Romane auszeichnen. In thematischer Hinsicht ist die Entlarvung von Doppelmoral und der Diskrepanz

zwischen Schein und Sein hervorzuheben. Zu den typischen Darstellungsverfahren zählen die episodenhafte Struktur, die auktoriale Erzählsituation, die Vorliebe für Ironie, die synoptischen Kapitelüberschriften, die klaren Kontrast- und Korrespondenzrelationen zwischen den Figuren sowie die Verwendung sprechender Namen.

Joseph Andrews

Auch der erste von FIELDINGS großen Romanen, *The History of the Adventures of Joseph Andrews and of his Friend Mr. Abraham Adams* (1742), war zunächst als eine Parodie auf *Pamela* angelegt. Allerdings entwickelte sich dieses Werk rasch zu einem innovativen literarischen Experiment und begründete eine neue Tradition in der noch jungen Geschichte des englischen Romans. Der parodistische Anfang des Romans stellt eine geschlechtsspezifische Umkehrung der Grundsituation von *Pamela* dar: Der keusche Dienstbote Joseph Andrews widersteht wacker den Verführungsversuchen seiner lüsternen Herrin Lady Booby und wird daraufhin prompt von ihr entlassen; im Gegensatz zu RICHARDSONS Roman lautet das implizite Motto somit ‚Virtue Not Rewarded'.

Comic Epic-Poem in Prose

Dass FIELDING es jedoch nicht bei einer weiteren Parodie auf *Pamela* belässt, deutet sich schon im Untertitel („*Written in Imitation of the Manner of Cervantes, Author of* Don Quixote") an, in dem er an den spanischen Schelmenroman anknüpft. Bereits im Vorwort erhob FIELDING den Anspruch, mit *Joseph Andrews* eine neue Form des Romans in der englischen Literatur zu begründen, die er als ‚komische Romanze' bezeichnete, von anderen Gattungen abgrenzte und wie folgt definierte: *„Now a comic Romance is a comic Epic-Poem in Prose" (preface* zu *Joseph Andrews).* Aus heutiger Sicht sind freilich weniger diese Definition oder die (terminologisch z. T. recht fragwürdigen) Gattungstypologien von Interesse als FIELDINGS Versuch, mit seinen literaturtheoretischen Reflexionen den Roman im neoklassizistischen Gattungssystem zu etablieren.

Fieldings neoklassizistische Romantheorie

In den poetologischen Einleitungskapiteln der achtzehn Bücher von *The History of Tom Jones, a Foundling* (1749), seinem wohl bekanntesten Roman, entwickelte FIELDING seine Theorie des Romans weiter.[23] Dabei wird sehr deutlich, dass er bemüht war, verbreitete Vorurteile gegen die noch junge Gattung abzubauen und sie u. a. von der Romanze und der Historiografie abzugrenzen. Im gattungstheoretisch orientierten Einleitungskapitel des zweiten Buches nimmt sich der Erzähler die Freiheit, selbst darüber zu entscheiden, was er erzähle und was nicht, und begründet dies mit dem berühmten Ausspruch: *„For as I am, in reality, the Founder of a new Province of Writing, so I am at liberty to make what Laws I please therein."* Diese Freiheit nutzt der Erzähler weidlich aus, indem er in den folgenden Einleitungskapiteln eine Vielzahl poe-

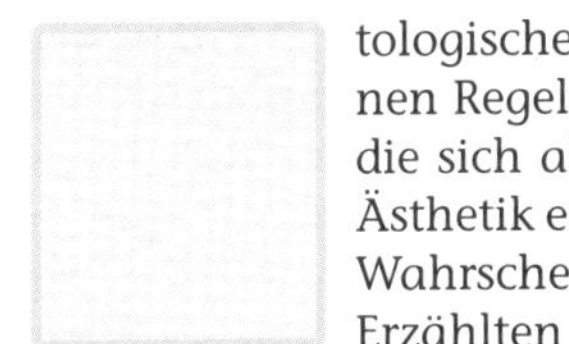

tologischer Fragen erörtert und durch die Festlegung seiner eigenen Regeln eine neoklassizistische Poetik des Romans entwickelt, die sich als gattungsbildend erweisen sollte. Der klassizistischen Ästhetik entsprechend (vgl. Kap. 3.2) sind stets die Natur sowie die Wahrscheinlichkeit und die psychologische Glaubwürdigkeit des Erzählten die wichtigsten Maßstäbe.

Moralisch-didaktische Wirkungsintention

FIELDINGS Romantheorie steht außerdem in engem Zusammenhang mit seinen moralisch-didaktischen Absichten. Dass er den Roman in die Nähe der Komödie rückte, verweist auf seine Überzeugung, der Roman erfülle eine Erziehungswirkung und Demaskierungsfunktion; diese sollte darin bestehen, hinter dem Schein die soziale Wirklichkeit aufzudecken und den Leser zu kritischer Distanz zu erziehen. Der Roman solle Menschen ihre Schwächen vor Augen führen und durch deren komische Darstellung Doppelmoral, Heuchelei und andere Untugenden entlarven: *„to hold the Glass to thousands in their Closets, that they may contemplate their Deformity, and endeavour to reduce it"* (*Joseph Andrews*, 3. Buch, 1. Kap.).

Fieldings humanistisches Menschenbild

Die für seine Romane kennzeichnenden Ideale der Aufklärung zeigen sich auch in FIELDINGS humanistischem Menschenbild, das von Toleranz, Humanität und Bildungsoptimismus geprägt ist. So nimmt der Erzähler insgesamt eine sehr wohlwollende Haltung gegenüber seinen Figuren ein, die von Verständnis, Mitgefühl und emotionaler Anteilnahme zeugt. Indem FIELDING die Diskrepanz zwischen Schein und Sein entlarvt und egoistische Figuren negativ darstellt, wendet er sich gegen rücksichtsloses, auf den eigenen Vorteil bedachtes Handeln und propagierte Wohltätigkeit und Freundschaft.

Human Nature

In Anknüpfung an die Feststellung in *Joseph Andrews*, dass er Allgemeingültiges darzustellen versuche (*„I describe not Men, but Manners; not an Individual, but a Species"*, 3. Buch, 1. Kap.), betont FIELDINGS Erzähler gleich im ersten Kapitel von *Tom Jones*, sein zentrales Thema sei nichts anderes als „HUMAN NATURE". Trotz des recht engen Wirklichkeitsbezugs seiner realistischen Romane und der unübersehbaren Gesellschaftskritik zielt FIELDINGS Erzählweise nicht primär auf die Darstellung spezifischer gesellschaftlicher Probleme ab; im Vordergrund stehen vielmehr zeitlose moralische Konflikte.

Fieldings erzählerische Praxis

FIELDINGS literaturhistorische Bedeutung beruht v. a. auf seinen erzählerischen Innovationen: dem ebenso komplexen wie klar strukturierten Handlungsverlauf seiner Romane, der dem Drama verpflichteten szenischen Erzählweise und den rezeptionslenken-

23 Zu Fieldings Romantheorie, die hier nicht im einzelnen dargestellt werden kann, vgl. Deppe und Park; zur Einführung in Fieldings Erzählkunst vgl. die Beiträge in Iser, *Henry Fielding ...*

den Funktionen seiner Erzähler. In der erzählerischen Praxis seiner Romane schlägt sich FIELDINGS Theorie des Romans in der größeren Realitätsnähe des erzählten Geschehens nieder, durch die sich seine Werke von der Romanzentradition abheben. Außerdem sind die von ihm bevorzugten Erzählverfahren – v. a. der Plot des Entwicklungsromans und die Gestaltung des Erzählers – funktional bezogen auf sein aufklärerisches Anliegen.

Privilegien des auktorialen Erzählers

FIELDINGS Ruf, in England einen Roman neuen Typs begründet zu haben, beruht nicht zuletzt darauf, dass er die auktoriale Erzählhaltung einführte.[24] Über weite Strecken seiner Romane stehen nicht die Figuren und das erzählte Geschehen im Mittelpunkt, sondern der Prozess des Erzählens und der Erzähler. FIELDINGS Romane weisen sämtliche Merkmale der auktorialen Erzählsituation auf: Im Gegensatz zu DEFOES Ich-Erzählern und zu RICHARDSONS adressatenorientierten Briefschreibern stehen seine auktorialen Erzähler außerhalb der Welt der Figuren. FIELDINGS übergeordnete Erzähler verfügen insofern über übermenschliche Fähigkeiten und Privilegien, als sie den gesamten Handlungsverlauf überblicken und Einblick in das Bewusstsein und die Gefühlszustände der Figuren haben. Obgleich sie auch gleichzeitig an mehreren Schauplätzen sein bzw. über das Geschehen an verschiedenen Orten Bescheid wissen können (Konvention der fiktiven Allgegenwart), verdeutlicht die ‚Pose des partiellen Nichtwissens',[25] dass die Erzähler bisweilen keinen Gebrauch von diesen Privilegien machen.

Funktionen des auktorialen Erzählers

Außerdem treten FIELDINGS Erzähler immer wieder durch verschiedene Äußerungen als personalisierbare Sprecher in den Vordergrund, indem sie sich persönlich zu Wort melden und das Geschehen auf der Figurenebene kommentieren, erläutern und bewerten. Dabei setzen sie sich in Form von kritischen, humoristischen, moralischen oder ironischen Kommentaren mit den Figuren und ihren Handlungen auseinander. Verschiedene Formen von Verallgemeinerungen, Vorausdeutungen und Rückverweisen auf bereits Erzähltes sind weitere typische Kennzeichen der für FIELDINGS Romane charakteristischen auktorialen Erzählsituation. Dass der Erzähler oft auf Doppelmoral und Heuchelei hinweist, verdeutlicht die enge Beziehung zwischen Erzählweise und der zugrundeliegenden Wirkungsintention.

Sympathielenkung

Zu den weiteren Techniken auktorialer Sympathie- und Rezeptionslenkung zählen Äußerungen des Erzählers über sich selbst, Leseranreden und die Thematisierung des Erzählvorgangs. Durch ihre persönlichen Stellungnahmen werben die Erzähler beim Leser um Sympathie für die positiv gezeichneten Figuren, während deren Gegenspieler – etwa der arrogante, gewissenlose und verschlagene Blifil in *Tom Jones* – durch ironische Kommentare oftmals mit Spott und Hohn bedacht werden. Durch schmeichelnde Leseranreden *(„my reader", „you, my sagacious friend")* gibt der Erzähler zu erkennen, dass er an einer persönlichen und vertraulichen Beziehung zu ‚seinem' Leser interessiert ist, und wirbt zugleich um das Wohlwollen des Lesers. Die häufigen Leseranreden des Erzählers in *Joseph Andrews* und *Tom Jones* erzeugen ein vertrauensvolles Gesprächsverhältnis zwischen dem Erzähler und seinem Gegenüber, dem fiktiven Adressaten, und regen zudem den realen Leser zur Anteilnahme am Schicksal der Figuren und zur Auseinandersetzung mit dem Erzählten an.

Spiel mit dem fiktiven Leser

Besonders deutlich zeigt sich die Absicht des Erzählers, den Leser für das Erzählte zu interessieren, an zwei weiteren Strategien, der Spezifizierung unterschiedlicher Gruppen von fiktiven Lesern sowie der Unterstellung bestimmter Rezeptionshaltungen und Rezeptionshypothesen.[26] Indem der Erzähler an die Fantasie und Urteilskraft des fiktiven Lesers appelliert und diesen dazu auffordert, über die Motive der handelnden Figuren nachzudenken, zielt er darauf ab, den realen Leser zu kritischer Distanz zu erziehen. In den Leseranreden und Kommentaren des Erzählers, der oft auf die Allgemeingültigkeit der dargestellten Handlung hinweist, schlägt sich insgesamt FIELDINGS Wirkungsintention nieder, den Leser auf unterhaltsame Weise zu belehren und ihn dazu zu veranlassen, der Wirklichkeit skeptisch gegenüberzutreten.

Umbruch im Welt- und Menschenbild

FIELDINGS Gestaltung des auktorialen Erzählers ist auch aus kulturgeschichtlicher Sicht sehr aufschlussreich. So verweist das Oszillieren des Erzählers zwischen auktorialer Allwissenheit und eingestandenem Nichtwissen auf eine Krise und einen Umbruch im Welt- und Menschenbild. Ein Widerspruch zeigt sich etwa darin, dass der Erzähler in *Tom Jones* zwar einräumt, übernatürliche Fähigkeiten zu besitzen, es aber weit von sich weist, in den ‚natürlichen' Ablauf der Handlung einzugreifen. Einerseits zeigt sich darin das Fortwirken eines christlichen, auf *Providence* gegründeten, deterministischen Weltbildes, demzufolge der Mensch auf die göttliche Gnade angewiesen ist. Andererseits kommt in der häufigen Betonung des Erzählers, ausschließlich ‚natürliche' Ursa-

---

24 Zu den Kennzeichen der auktorialen Erzählsituation vgl. Stanzel, *Theorie ...*, S. 55–58, 242–263 sowie A. Nünning, *Uni-Training ...*, S. 76–90, 168–174, 201–204.

25 Zur Funktion des Nichtwissen des Erzählers vgl. Füger; zu den Funktionen des Erzählers bei Fielding und Sterne vgl. Rolle.

26 Viele Beispiele für diese Strategien finden sich in *Tom Jones* etwa im dritten Kapitel des ersten Buches; für eine ausführliche exemplarische Analyse dieses Kapitels und der Merkmale von Fieldings Erzählweise vgl. A. Nünning, Uni-Training ..., S. 72–90. Zur Rolle des Lesers im Roman des 18. Jh.s vgl. Iser, *Der implizite Leser ...* und Preston.

chen spielten eine Rolle für den Handlungsfortgang, eine säkularisierte Sicht von Welt und Mensch zum Ausdruck, derzufolge Handlungen in der Willens- und Entscheidungsfreiheit des jeweiligen Individuums begründet sind. Obgleich *Providence* auch in FIELDINGS Romanen ein durchgängiges Erklärungsprinzip bildet, hebt der Erzähler bei seinen romanpoetologischen Reflexionen in *Tom Jones* hervor, dass nur das als Stoff des Romans geeignet ist, was dem Menschen möglich und was für das jeweilige Individuum wahrscheinlich ist: „*In the last Place, the Actions should be such as may not only be within the Compass of human Agency, and which human Agents may probably be supposed to do; but they should be likely for the very Actors and Characters themselves to have performed*" (*Tom Jones*, 8. Buch, 1. Kap.).

Gattungstraditionen

In struktureller Hinsicht verbinden FIELDINGS Romane Elemente des Abenteuerromans mit dem Muster des Entwicklungsromans und dem Motiv der Reise, das als eines der dominanten Strukturprinzipien fungiert. Die Gliederung des Handlungsverlaufs in einzelne Episoden entspricht der Tradition des pikaresken Romans bzw. Schelmenromans, in die sich FIELDING mit seinem Hinweis auf CERVANTES bewusst stellte. Die enge Anlehnung an dieses gattungsbildende Muster schlägt sich u. a. in der episodischen Handlungsstruktur, der Verwendung szenischer Erzählweisen, der Ständesatire und der auktorialen Erzählhaltung nieder.

Tom Jones

Beispielhaft zeigen sich die für FIELDINGS Romane typischen Themen und Erzählweisen sowie der darin zum Ausdruck kommende Ordnungsgedanke der Aufklärung in *Tom Jones*, der weitreichenden Einfluss auf die Entwicklung des englischen Romans ausübte. In diesem Gesellschafts- und Entwicklungsroman zeichnet FIELDING ein breit angelegtes Panorama der englischen Gesellschaft des 18. Jh.s. Thema des Romans ist die ‚menschliche Natur' in all ihren Erscheinungsformen. Im Zentrum der episodenhaft strukturierten Handlung stehen eine Liebesgeschichte und das Motiv der pikaresken Reise, auf der der Titelheld einen Entwicklungsprozess durchläuft.

Handlungsstruktur

Der Roman ist in drei Teile gegliedert, die Toms Kindheit und Jugendjahre auf dem Lande, seine abwechslungsreichen Abenteuer auf der Landstraße und in Wirtshäusern sowie den Abschluss seiner geistigen Entwicklung in London und die Aufdeckung seiner Herkunft schildern. Die Reise des Titelhelden, auf der er von einem Sancho Pansa nachempfundenen Barbier namens Partridge begleitet wird, führt ihn in zahlreiche komische Situationen, in denen Tom trotz seines ungestümen Temperaments immer wieder Lebensklugheit, eine der FIELDINGschen Kardinaltugenden, beweist. Seine abwechslungsreichen Abenteuer

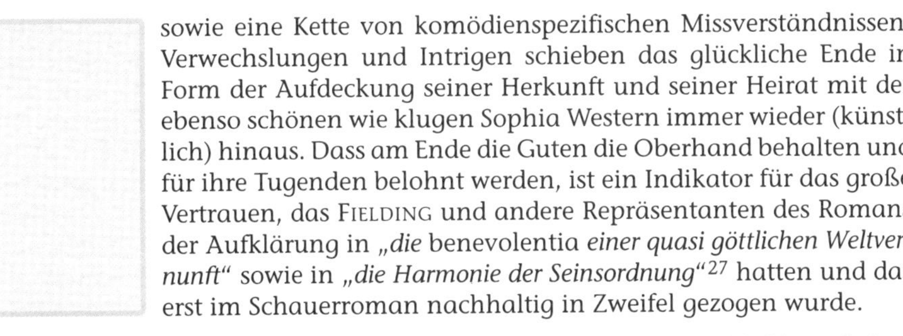

sowie eine Kette von komödienspezifischen Missverständnissen, Verwechslungen und Intrigen schieben das glückliche Ende in Form der Aufdeckung seiner Herkunft und seiner Heirat mit der ebenso schönen wie klugen Sophia Western immer wieder (künstlich) hinaus. Dass am Ende die Guten die Oberhand behalten und für ihre Tugenden belohnt werden, ist ein Indikator für das große Vertrauen, das Fielding und andere Repräsentanten des Romans der Aufklärung in *„die* benevolentia *einer quasi göttlichen Weltvernunft"* sowie in *„die Harmonie der Seinsordnung"*[27] hatten und das erst im Schauerroman nachhaltig in Zweifel gezogen wurde.

Figurendarstellung

Verdeutlicht bereits diese Orientierung am Weltbild und dem rationalistisch-utilitaristischen Denken der Aufklärung, dass Fieldings und Richardsons Romane trotz aller offenkundigen Unterschiede mehr gemeinsam haben, als oft angenommen wird (und als vermutlich beiden lieb gewesen wäre), so wird dieser Eindruck noch bestärkt durch die Figurendarstellung. So besitzt Sophia bereits alle Eigenschaften, die sich in der Kultur der Empfindsamkeit besonderer Hochschätzung erfreuten; sie ist nicht nur sehr feinfühlig und empathisch, sondern auch von Grund auf gut und wohltätig. Tom besitzt ebenfalls eine natürliche Güte, spontanes Mitgefühl und Wohlwollen, auch wenn er einige ungestüme Eigenschaften hat, die zu vielen Komplikationen führen, bevor er endlich seiner Sophia würdig ist.

Kontrastprinzip

Prägend für Fieldings Romane ist darüber hinaus das Kontrastprinzip, das die Handlungsebene und Figurenkonstellation dominiert: Die Gegenüberstellung von Stadt- und Landleben, die durchgängige Diskrepanz von Schein und Sein sowie die Unterschiede zwischen gegensätzlichen Figurentypen fordern den Leser geradezu zu einer differenzierten Einschätzung heraus.

Werte der Empfindsamkeit in *Amelia*

In noch viel stärkerem Maße als in *Tom Jones* treten die Werte der Empfindsamkeit in Fieldings letztem Roman, *Amelia* (1751), in den Vordergrund. Das sentimentale Moralisieren des Erzählers und die um die Suche nach gültigen ethischen Normen kreisenden Dialoge der Figuren verdeutlichen, dass es in diesem Roman um Fragen der Tugend geht. Zudem verdeutlicht der Handlungsverlauf, dass in *Amelia* viel Wert auf die Anpassung an herrschende Konventionen und die Erfüllung der jeweils standesgemäßen und geschlechtsspezifischen Pflichten gelegt wird.

---

27 Weber, S. 16, 18.

Destabilisierung weltanschaulicher Normen

Berücksichtigt man jedoch die Perspektivenstruktur und das Spannungsverhältnis zwischen dem Handlungsverlauf und den eingebetteten Erzählungen, so ist die Destabilisierung weltanschaulicher Normen in *Amelia* unübersehbar. Während eindeutige Ironiesignale es dem Leser im Falle von *Jonathan Wild* und *Joseph Andrews* ermöglichen, klar zwischen Gut und Böse zu unterscheiden, stellen die Kommentare des Erzählers in *Amelia* keine verbindliche Norm mehr dar, an der das erzählte Geschehen zu messen wäre. Verstärkt wird die moralische Unsicherheit durch die Kontrastierung unterschiedlicher weltanschaulicher Standpunkte auf der Figurenebene. Formal schlägt sich dieser Widerspruch in einer Erzählweise nieder, die zwischen auktorialen Passagen und den eingebetteten Lebensgeschichten der Figuren alterniert, deren Perspektiven sich relativieren.

Figur als Normrepräsentant

Verstärkt wird dieses Spannungsverhältnis dadurch, dass viele Funktionen der Erzählinstanz (z. B. moralische Werturteile, Generalisierungen und Sentenzen) in *Amelia* an eine Figur delegiert werden, die als ‚Sprachrohr' und Normrepräsentant fungiert. Die Inkongruenz besteht darin, dass FIELDING einer individualisierten Gestalt, Dr. Harrison, einen Teil der Autorität und Privilegien überträgt, die in seinen früheren Romanen der auktoriale Erzähler innehatte. Während sich der Erzähler in *Amelia* weitgehend auf zeitkritische Kommentare beschränkt, wird das regulierende Walten der Vorsehung von einer idealisierten Figur übernommen. Diese Erzählstruktur zeugt von einer Pluralisierung der Wirklichkeitserfahrung, von Skepsis gegenüber der Gleichsetzung von sozialem Stand und moralischer Tugend sowie von einer Einsicht in die Komplexität der menschlichen Persönlichkeit.

Göttliche Vorsehung vs. selbstbestimmtes Individuum

Dass in *Amelia* unterschiedliche weltanschauliche Erklärungsmuster erzählerisch unvermittelt nebeneinander stehen, ist als Teil und Reflex einer Umbruchsituation zu verstehen, in der neue Vorstellungen vom selbstbestimmten Individuum nicht mehr mit dem Glauben an die göttliche Vorsehung in Einklang zu bringen waren. Der kulturgeschichtliche Stellenwert dieses Romans erschließt sich somit nur dann, wenn man die diskontinuierliche Erzählstruktur dieses Romans sowie das Alternieren zwischen auktorialer und dramatisch-szenischer Erzählweise nicht einfach als ästhetischen Mangel abqualifiziert, sondern das vermeintliche Fehlen von ethischer Stimmigkeit und formaler Kohärenz als Ausdruck einer zunehmend heterogenen Gesellschaft versteht. Dass in FIELDINGS Spätwerk *Amelia* in der Erzählweise zudem eine an RICHARDSON erinnernde sentimentale Empfindsamkeit aufscheint, ist außerdem ein Indiz für jene zunehmende Hochschätzung von Sensibilität und Emotionalität, die in der Kultur der Empfindsamkeit kulminierte (vgl. Kap. 4.6, 5.5 und 5.7).

5 *Mothers of the Novel* und der weibliche Erziehungsroman: Sarah Fielding, Eliza Haywood, Charlotte Lennox, Sarah Scott, Frances Burney und Elizabeth Inchbald

The Rise of the Woman Novelist

Das Umschreiben der Geschichte des Romans des 18. Jh.s geht maßgeblich auf die weitreichende Kanonrevision der feministisch orientierten Literaturwissenschaft zurück, die eindrucksvoll gezeigt hat, dass auch Autorinnen einen maßgeblichen Anteil an der Etablierung dieser neuen literarischen Gattung hatten. Dass das traditionelle Bild vom Aufstieg des Romans im 18. Jh. seine lange Zeit unbefragte Gültigkeit verloren hat, ist einigen feministisch orientierten Literaturhistorikerinnen zu verdanken, die VIRGINIA WOOLFS (1882–1941) Aufforderung beherzigt haben, ‚Geschichte umzuschreiben'. Geradezu programmatisch kommt das revisionistische Anliegen in der intertextuellen Anspielung auf IAN WATTS klassische Darstellung zum Ausdruck, die JANE SPENCER als Titel ihres Buches gewählt hat: *The Rise of the Woman Novelist. From Aphra Behn to Jane Austen.* Mit einer erdrückenden Materialfülle haben SPENCER und einige andere den Nachweis dafür erbracht, dass Frauen nicht nur als Leserinnen, sondern auch als Autorinnen wichtige Beiträge zur Entwicklung des englischen Romans im 17. und 18. Jh. geleistet haben.[28] Kein geringerer als JOHN RICHETTI, einer der besten Kenner der englischen Literatur dieser Epoche, behauptet sogar *„feminist literary criticism in eighteenth century studies is the single most important force in the current reconception of the period"*.[29]

Anfänge des Frauenromans

Der Untertitel von SPENCERS Buch hebt außerdem hervor, dass die Anfänge des Frauenromans in England nicht bei JANE AUSTEN liegen, sondern eng mit dem Namen APHRA BEHN verbunden sind (vgl. Kap. 5.1). Roman- und kulturgeschichtlich aufschlussreich sind die im folgenden vorgestellten Romane von Frauen nicht nur deshalb, weil sie den häuslichen Alltag und die Erlebnissphäre der Frau als neue Themenbereiche erschlossen. Vielmehr trugen diese Romane auch zur Konstruktion eines neuen Frauenbildes und zur Entdeckung weiblicher Subjektivität bei, indem sie individueller weiblicher Wirklichkeitserfahrung durch innovative Formen der Innenweltdarstellung ein neues Gewicht verliehen.

---

28 Zur Bedeutung von Romanautorinnen in dieser Epoche sind die einschlägigen Studien Ballaster, Gallagher und Turner, der von Schofield/Macheski herausgegebene Sammelband *Fetter'd or Free?* sowie v. a. Spencer und Todd, *The Sign of Angellica…* zur Einführung zu empfehlen.

29 Richetti, „Recent Studies…", S. 538.

Sarah Fielding

Obgleich sie meist im Schatten ihres berühmten Bruders HENRY steht, verfasste auch SARAH FIELDING (1710–1768) eine Reihe erfolgreicher Romane. V. a. *The Lives of Cleopatra and Octavia* (1757) und *The History of the Countess of Dellwyn* (1759) zeichnen sich durch viele romanzenhafte Züge aus. Mit seiner einfühlsamen Gefühls- und Bewusstseinsdarstellung war ihr Roman *The Adventures of David Simple* (1744), in dem die Darstellung des Titelhelden als eines der ersten literarischen Porträts des *man of feeling* gilt, wegweisend für den empfindsamen Roman. FIELDINGS Roman, dessen Geschehen von einem übergeordneten und moralisierenden Erzähler vermittelt und kommentiert wird, weist weder eine spannende Handlungsführung noch lebensechte Figuren auf. Ähnlich wie RICHARDSON geht es SARAH FIELDING vielmehr darum, moralische Einsichten anhand von exemplarischen Figuren innerhalb eines allegorischen Rahmens zu vermitteln. Im Zentrum von *The Adventures of David Simple* steht die Lebensgeschichte des einfachen, aufrichtigen, tugendhaften, aber naiven David Simple, der sowohl von seinem Bruder, der versucht hatte, ihn um sein Erbe zu betrügen, als auch von seiner Verlobten schwer enttäuscht wurde. Den Konventionen der Romanze entsprechend endet der Roman mit einer Doppelhochzeit. SARAH FIELDING benutzt häufig Ironie und Satire, um vorherrschende Meinungen und absurde Verhaltensweisen einer korrupten Gesellschaft anzuklagen, so dass dieser Roman trotz seiner moralisch-didaktischen Zielsetzung zur unterhaltsamen Lektüre wird. SARAH FIELDINGS spätere Werke sind noch stärker didaktisch und weniger satirisch ausgerichtet: In dem Erbauungsbuch *Familiar Letters Between the Principle Characters in David Simple, and Some Others* (1747) verwendete sie die Hauptfiguren des früheren Romans als vermeintliche Verfasser von Briefen. In *The Adventures of David Simple, Volume the Last* (1753) führte sie die Geschichte Davids einem tragischen Ende zu. Darin zeigt sich ihre pessimistische Ansicht, dass gutmütige und empfindsame Naivität in einer auf Eigennutz ausgerichteten Welt zum Scheitern verurteilt ist.

Ambivalenz zwischen didaktischer Intention und narrativer Form

Im Gegensatz zu SARAH FIELDINGS handlungsarmen und auf eine klare Wirkungsintention hin ausgerichteten Romanen besteht in vielen anderen Prosawerken von Autorinnen ein merkwürdiges Spannungsverhältnis zwischen didaktischer Intention und narrativer Vermittlung. Reduziert man diese Romane auf den Handlungsverlauf und die aus dem Inhalt resultierende didaktische Botschaft, so erweisen sie sich als systemkonforme und konservative Vehikel, die im Dienst des Moralappells stehen, der sich – frei nach *Pamela* – mit dem Motto *,Be virtuous, and you will be rewarded'* umschreiben lässt. Geht man hingegen von der erzählerischen Vermittlung aus, die meist weibliche Sehweisen privilegiert, so

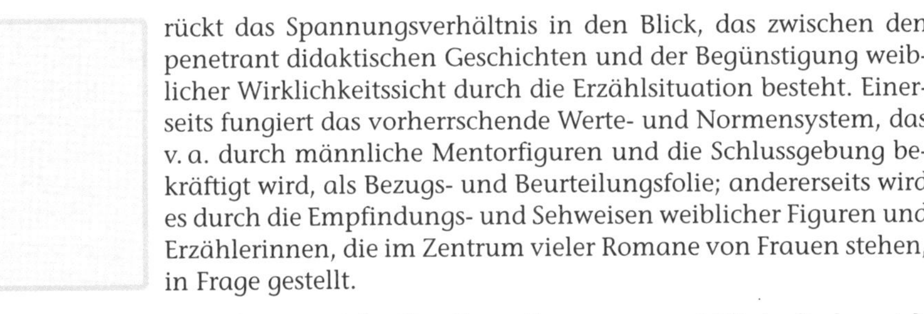

rückt das Spannungsverhältnis in den Blick, das zwischen den penetrant didaktischen Geschichten und der Begünstigung weiblicher Wirklichkeitssicht durch die Erzählsituation besteht. Einerseits fungiert das vorherrschende Werte- und Normensystem, das v. a. durch männliche Mentorfiguren und die Schlussgebung bekräftigt wird, als Bezugs- und Beurteilungsfolie; andererseits wird es durch die Empfindungs- und Sehweisen weiblicher Figuren und Erzählerinnen, die im Zentrum vieler Romane von Frauen stehen, in Frage gestellt.

Eliza Haywood

Typische Beispiele für dieses Spannungsverhältnis finden sich etwa in den Romanen von Eliza Haywood (1693–1756), die sich auch als Dramatikerin, Schauspielerin und Verfasserin von *conduct books* einen Namen machte. Besonders ausgeprägt ist die Ambivalenz zwischen Handlungsverlauf und erzählerischer Vermittlung etwa in Haywoods *The History of Miss Betsy Thoughtless* (1751). Einerseits steht die unreife, eitle und gedankenlose, aber anständige Protagonistin Betsy eindeutig in der Tradition jener als *reformed heroines* bezeichneten koketten Heldinnen, die am Ende bekehrt werden und Einsicht in ihre Fehler gewinnen müssen.[30] Andererseits wird die erbauliche Tendenz dadurch relativiert, dass ihre Vorbehalte gegenüber der Ehe und ihr späteres Zusammenleben mit ihrem tyrannischen Ehemann aus ihrer Sicht kritisch kommentiert werden. Auch ihr Entschluss, ihn zu verlassen, wird durch die Perspektivierung und durch die unverhohlene Sympathie der Erzählerin verständnisvoll dargestellt. Die Konzentration auf das Erleben der Frau wird erzähltechnisch durch die Bewusstseinsdarstellung akzentuiert, denn Betsys Sinneswandel und Selbsterkenntnis werden in einer frühen Form von innerem Monolog wiedergegeben.

Charlotte Lennox

Eine ähnliche Diskrepanz zwischen der eindeutigen didaktischen Moral des Handlungsverlaufs und der erzählerischen Vermittlung besteht auch in den Romanen von Charlotte Lennox (1720?–1804). Ihr bekanntester Roman ist *The Female Quixote or The Adventures of Arabella* (1752), der die erste echte englische *Don Quijote*-Imitation darstellt und die Gattungskonventionen der Romanze parodiert. Obgleich die fantasievolle Heldin Arabella, die sich und ihre Umwelt durch die Brille heroischer Liebesromanzen wahrnimmt, am Ende lernen muss, den Unterschied zwischen Romanze und Leben, Illusion und Wirklichkeit zu durchschauen, wird die in ihrem Lernprozess implizierte Moral der Geschichte durch die Struktur der erzählerischen Vermittlung relativiert. Die eskapisti-

30 Zur didaktischen Tradition der *reformed heroines* vgl. Spencer, S. 140–180. Im Gegensatz dazu deutet Spencer den Typus der *seduced heroines* als eine Form des weiblichen Protests, während sie die *romance heroines* einer eskapistischen Tradition zuordnet.

sche Fantasiewelt Arabellas, die dem Typus der *romance heroine* entspricht, wird nämlich in Form von Bewusstseinsdarstellung und Dialogen so nuanciert wiedergegeben, dass *„eine kritische Studie weiblichen Denkens, Empfindens und Rollenverhaltens"*[31] entsteht. Die psychologisierende Darstellung ihrer romanzenhaften Wunschwelt liefert somit trotz des Handlungsverlaufs ein hypothetisches Korrektiv für das damals vorherrschende Wirklichkeitsmodell. Die zuerst von WOLFGANG MÜLLER nachgewiesene erzählgeschichtliche Bedeutung von *The Female Quixote* für die Entwicklung des englischen Romans besteht darin, dass in diesem Text die Wirklichkeitserfahrung der weiblichen Hauptfigur mit Techniken der Gefühls- und Bewusstseinsdarstellung in den Vordergrund gerückt wird.

Aufwertung weiblicher Empfindungsweisen

Charakteristisch für diese und viele andere Frauenromane ist somit ein Spannungsverhältnis zwischen der moralischen Wirkungsintention, die in der Thematik und der Struktur des Handlungsverlaufs deutlich wird, und der narrativen Vermittlung, die weibliche Empfindungsweisen begünstigt. Dieses Spannungsverhältnis kann als Indiz dafür gesehen werden, dass es Autorinnen wie ELIZA HAYWOOD und CHARLOTTE LENNOX durchaus verstanden, die Darstellung gesellschaftskonformer Werte und Normen mit der Aufwertung weiblicher Sehweisen zu verknüpfen. Der Handlungsverlauf degradiert die Frauenfiguren zwar vielfach zu naiven, sentimentalen Heldinnen, doch in ihrer erzählerischen Funktion als Wahrnehmungs- und Erzählinstanzen wachsen sie über diese Rolle hinaus. Während die Schlussgebung vieler Frauenromane durch die (vermeintlich) gerechte Verteilung von Lohn und Strafe ein erzieherisches Anliegen illustriert, wird dieses dadurch fortwährend unterminiert, dass die Leser die Ereignisse in der erzählten Welt mit den Augen der weiblichen Hauptfiguren oder denen der Erzählerinnen sehen. Ähnlich wie im Falle von RICHARDSONS Briefromanen ist die in der Form gründende dialogische Orchestrierung konkurrierender Werte und Normen in den Romanen der genannten Autorinnen somit zugleich Ausdruck und Katalysator einer Destabilisierung sozialer und moralischer Kategorien.

Sarah Scott

Stellvertretend für einige andere Frauenromane dieser Epoche, die aus feministischer Sicht Kritik an der damaligen Gesellschaft oder den vorherrschenden Konvenienzehen übten, sei SARAH SCOTTS (1723–1795) feministischer Erziehungsroman *A Description of Millenium Hall* (1762) hervorgehoben. SCOTT entwirft in diesem der Utopie verwandten, sehr didaktischen und handlungsarmen Roman, in dem das narrative Moment durch beschreibende und diskursive Passagen überlagert wird, einen weiblichen Mikrokosmos als alternative Welt zur korrupten und brutalen Gesellschaft.

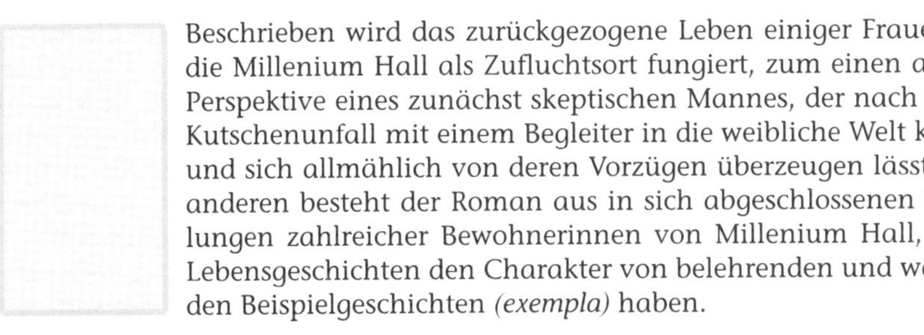

Beschrieben wird das zurückgezogene Leben einiger Frauen, für die Millenium Hall als Zufluchtsort fungiert, zum einen aus der Perspektive eines zunächst skeptischen Mannes, der nach einem Kutschenunfall mit einem Begleiter in die weibliche Welt kommt und sich allmählich von deren Vorzügen überzeugen lässt. Zum anderen besteht der Roman aus in sich abgeschlossenen Erzählungen zahlreicher Bewohnerinnen von Millenium Hall, deren Lebensgeschichten den Charakter von belehrenden und warnenden Beispielgeschichten *(exempla)* haben.

Definition des weiblichen Erziehungsromans

Darüber hinaus trugen die Romane von Autorinnen zur Herausbildung eines neues Genres bei, des weiblichen Erziehungsromans. Die darin enthaltenen fiktionalen Entwürfe von Weiblichkeit stehen in einer engen dialogischen Beziehung zu nichtfiktionalen Diskursen über Frauenerziehung und beeinflussten ebenfalls die Veränderung des vorherrschenden Frauenbildes. In der bislang besten Studie zum weiblichen Erziehungsroman definiert Silvia Mergenthal dieses Genre wie folgt: *„Es handelt sich bei diesen Romanen um gynozentrische Texte, die eine didaktische Intention verfolgen. Diese didaktische Intention kann als eine vorwiegend moraldidaktische beschrieben werden; sie gilt vornehmlich, aber nicht ausschließlich, dem Wesen, der Rolle und der gesellschaftlichen Funktion der Frau.“*[32]

Hauptrepräsentantinnen

Die wichtigsten Repräsentantinnen dieses spezifisch weiblichen Genres waren neben den bereits vorgestellten Autorinnen Frances Burney, Mary Wollstonecraft, Maria Edgeworth und Jane Austen. Darüber hinaus verfassten Mary Brunton, Elizabeth Hamilton, Mary Hays, Elizabeth Inchbald, Amelia Opie, Sydney Owenson (bekannter als Lady Morgan) und Charlotte Smith weibliche Erziehungs- und Entwicklungsromane. Besonders deutlich treten die für dieses Genre kennzeichnenden thematischen und formalen Merkmale etwa in Charlotte Smiths (1749–1806) sentimentalem Roman *Emmeline, or, The Orphan of the Castle* (1788) hervor. Viele Romane, die zu diesem Genre zu zählen sind, waren so eng auf die Debatten über Frauenerziehung in nicht- bzw. semifiktionalen *conduct books* bezogen, dass sie den Charakter eines *„conduct book in fictional form“*[33] haben.

Frances Burney

Ähnlich wie *The Female Quixote* verdeutlichen die Romane von Frances (‚Fanny‘) Burney (1752–1840), dass Autorinnen die Vorstellung der Veränderbarkeit und Perfektibilität des Menschen nun auch für Frauen geltend machten. Im 18. Jh. veröffentlichte

31 Löffler, „Die wahnsinnige Heldin“, S. 65; vgl. auch Müller, „Charlotte Lennox' ...“.

32 Mergenthal, S. 102, auf deren Studie sich die folgenden Ausführungen stützen.

33 Armstrong, S. 108.

Burney drei Romane, den mehrstimmigen Briefroman *Evelina; or the History of a Young Lady's Entrance into the World* (1778) sowie *Cecilia; or, Memoirs of an Heiress* (1782) und *Camilla; or, A Picture of a Youth* (1796). Der Handlungsverlauf in Burneys Romanen entspricht dem Muster der am Ende bekehrten, reformierten und angepassten Heldin, die ihre eigenen Wünsche zu unterdrücken gelernt hat. Durch die erzählerische Konzentration auf weibliche Sinnzuweisung kommt es aber auch bei ihr zu einer perspektivischen Relativierung des vorherrschenden Werte- und Normensystems. Beispielhaft zeigt sich diese Ambivalenz in *Evelina*. Indem Burney durch die Erzählweise weibliche Wahrnehmung in den Vordergrund rückt, betont sie den Subjekt-Status der Frau und lenkt die Aufmerksamkeit auf die Unterschiede zwischen der Wirklichkeitserfahrung der weiblichen Hauptfiguren und den Normen der patriarchalischen Gesellschaft. Die Privilegierung der Frauenfiguren bei der erzählerischen Vermittlung zeigt sich in *Evelina* darin, dass der Blickwinkel der Titelheldin als kritisches Korrektiv für die Beurteilung des Geschehens und der gesellschaftlichen Normen dient.

Elizabeth Inchbald

Weibliche Erziehungsromane verfasste auch Elizabeth Inchbald (1753–1821), die zuvor als erfolgreiche Dramatikerin und Schauspielerin hervorgetreten war. In Inchbalds Roman *A Simple Story* (1791) zeigt sich die ambivalente Bedeutung der Körpersprache, die zunächst als eine Möglichkeit zur angemessenen Darstellung von Gefühlen galt. Die Semantisierung der Körpersprache beruhte auf der Auffassung, dass die Gestik und Mimik eines Menschen sowie körperliche Reaktionen wie Erröten oder Erbleichen ein unwillkürlicher und deshalb besonders unverfälschter und zuverlässiger Ausdruck des Charakters, der Gefühle und der natürlichen Moral eines Individuums sind. In den 1790er Jahren wurde der Rückschluss von Gestik und Mimik auf die zugrundeliegenden Gefühle jedoch mit Skepsis betrachtet. In Inchbalds Roman ist die Körpersprache kein untrügliches Mittel mehr, um die Gefühle der Figuren zu erkennen. So kann der von Miss Milner angebetete Dorriforth aus deren ambivalenter Körpersprache keine verlässlichen Rückschlüsse über deren wahren Gefühlszustand ziehen.

Weitere Romanautorinnen

Neben den genannten Autorinnen und jenen, die in den letzten Dekaden des 18. Jh.s mit Schauerromanen oder politischen Ideenromanen hervortraten (vgl. Kap. 5.8 und 5.9), sind durch die feministische Kanonrevision noch zahlreiche weitere Schriftstellerinnen wiederentdeckt worden. Dazu zählt etwa die ebenso produktive wie vielseitige Mary Delarivière Manley (1663–1724), die sich als Verfasserin von Skandalchroniken einen Namen machte. In Manleys Schlüsselromanen, von denen *Secret Memoirs and Manners of Several Persons of Quality, of both Sexes. From the New Atlan-*

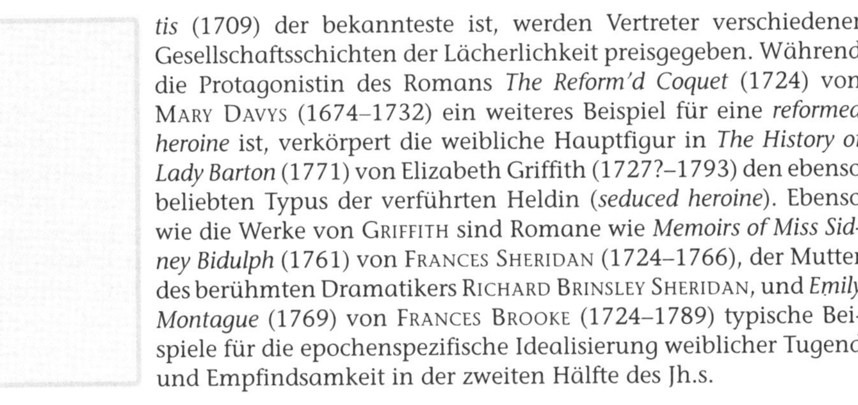

tis (1709) der bekannteste ist, werden Vertreter verschiedener Gesellschaftsschichten der Lächerlichkeit preisgegeben. Während die Protagonistin des Romans *The Reform'd Coquet* (1724) von MARY DAVYS (1674–1732) ein weiteres Beispiel für eine *reformed heroine* ist, verkörpert die weibliche Hauptfigur in *The History of Lady Barton* (1771) von Elizabeth Griffith (1727?–1793) den ebenso beliebten Typus der verführten Heldin (*seduced heroine*). Ebenso wie die Werke von GRIFFITH sind Romane wie *Memoirs of Miss Sidney Bidulph* (1761) von FRANCES SHERIDAN (1724–1766), der Mutter des berühmten Dramatikers RICHARD BRINSLEY SHERIDAN, und *Emily Montague* (1769) von FRANCES BROOKE (1724–1789) typische Beispiele für die epochenspezifische Idealisierung weiblicher Tugend und Empfindsamkeit in der zweiten Hälfte des Jh.s.

6 Variationen des pikaresken Romans und der fiktiven Autobiografie: John Cleland, Francis Coventry und Tobias Smollett

Einfluss Defoes, Richardsons und Fieldings

Wie prägend und modellbildend die Romane von DEFOE, RICHARDSON und FIELDING waren, zeigt sich auch an den Werken einiger anderer Autoren, die sich mehr oder weniger deutlich an deren Erzählweise anlehnten. V. a. die Struktur des pikaresken Romans und der fiktiven Autobiografie, die Form des Briefromans sowie die Techniken der Ich-Erzählsituation und des auktorialen Erzählens wurden in vielen Romanen des 18. Jh.s adaptiert. Beispielhaft wird diese allmähliche Verfestigung von Erzählkonventionen in den Romanen des ebenfalls als ‚Klassiker' geltenden TOBIAS SMOLLETT sowie in einigen weniger bekannten Prosawerken der Epoche deutlich.

John Cleland

In seinem Skandalroman *Memoirs of a Woman of Pleasure* (1749) – bekannter als *Fanny Hill* – knüpft etwa JOHN CLELAND (1709–1789) thematisch und formal an DEFOES und RICHARDSONS Romane an. Während der retrospektive Stil der bekenntnishaften Memoiren bzw. fiktiven Autobiografie, die Ich-Erzählsituation, die moralische Distanz zwischen dem geläuterten erzählenden Ich und der jungen Fanny sowie der episodische und ereignisreiche Handlungsverlauf DEFOES Erzählweise verpflichtet sind, entspricht die Form von zwei (allerdings sehr langen) Briefen der von RICHARDSONS Romanen.

Fanny Hill

In CLELANDS Roman schildert die frühere Prostituierte Fanny Hill, die inzwischen glücklich verheiratet ist, ihr tragisches Schicksal und ihre Erfahrungen: Als unerfahrenes Mädchen geriet die Waise in London in die Hände einer skrupellosen Kupplerin, die sie zur Prostitution zwang, von der die Protagonistin jedoch am Ende dank verschiedener glücklicher Umstände losgekommen ist. So fragwürdig der zu Anfang des ersten Briefes erhobene (im Roman des 18. Jh.s nahezu obligatorische) Wahrheitsanspruch auch sein mag *(„Truth! stark, naked truth, is the word")*, so zutreffend ist die darin enthaltene implizite Ankündigung, dass es in diesem Roman vornehmlich um ‚nackte Tasachen' geht; im Gegensatz zu den Werken DEFOES und RICHARDSONS geizt CLELANDS unverhüllt pornografischer Roman wahrlich nicht mit erotischen und sexuellen Detailschilderungen. Ebenso obligatorisch wie die Authentisierungsstrategien ist die fortwährende Betonung der moralisch-didaktischen Wirkungsintention. Ähnlich wie DEFOES Moll Flanders beteuert auch Fanny, dass sie ihre Laufbahn als Dirne und ihre Laster nur deshalb mit solch großer Freizügigkeit schildere, weil sie ihre Geschlechtsgenossinnen warnen und vor einem ähnlichen Schicksal bewahren wolle.

Francis Coventry

Die gattungsbildende Bedeutung von FIELDINGS Romantheorie und erzählerischer Praxis zeigt sich beispielhaft in einem Werk von FRANCIS COVENTRY (1725–1754), das zu den zahlreichen literarischen Kuriositäten des 18. Jh.s zählt: in dem satirischen Roman *The History of Pompey the Little: or, the Life and Adventures of a Lap-Dog* (1751), der bezeichnenderweise HENRY FIELDING gewidmet ist und hinter dem einige Leser FIELDING als Autor vermuteten. Die ausführliche Widmung und die Darstellungsverfahren verdeutlichen, wie eng sich COVENTRY in seinem Werk an FIELDINGS Erzählweise, an dessen Konzeption des Romans als ‚komisches Prosaepos' und an dessen Ansicht, ein Roman solle auf angenehme Weise belehren und unterhalten, anlehnte. Die Verwendung eines Hundes als Pikaro, die den Roman in die auf LUCIUS APULEIUS' *Metamorphoses* zurückgehende Tradition von Erzählungen stellt, in denen ein Tier die Rolle des Protagonisten übernimmt, erleichtert es dem Autor, die Sitten der Gesellschaft mittels einer burlesken Nachahmung heroischen Stils *(mock-heroic)* einer spöttischen Kritik zu unterziehen. Die Stationen des Hundelebens bilden den Rahmen für treffende Milieuschilderungen, die sich zu einem satirischen Sittenbild der Zeit zusammenfügen. In einer Vielzahl von zeitkritischen Anspielungen werden die Vertreter aller Gesellschaftsschichten im Stil der damals beliebten Skandalchroniken und Schlüsselromane von Autorinnen wie MARY DELARIVIÈRE MANLEY und ELIZA HAYWOOD der Lächerlichkeit preisgegeben.

Fielding als Modell

Der prägende Einfluss von FIELDING zeigt sich in *The History of Pompey the Little* etwa an der didaktischen Zielsetzung, der Gestaltung der Kapitelüberschriften und des sich weltmännisch gebenden auktorialen Erzählers, der das Geschehen mit Humor und Ironie kommentiert, sich wiederholt an den Leser wendet und in Form von Abschweifungen über poetologische und moralische Fragen

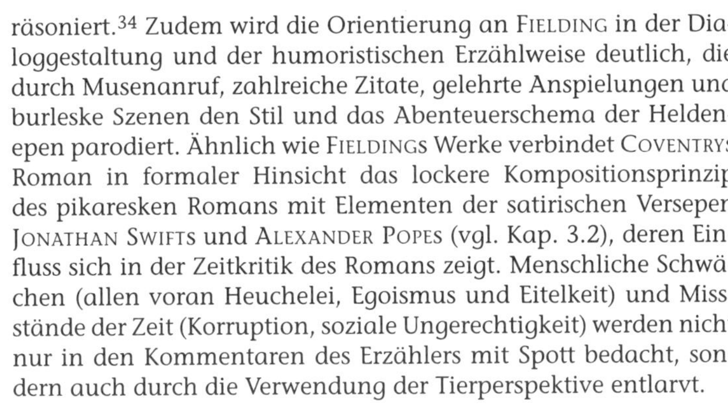

räsoniert.[34] Zudem wird die Orientierung an FIELDING in der Dialoggestaltung und der humoristischen Erzählweise deutlich, die durch Musenanruf, zahlreiche Zitate, gelehrte Anspielungen und burleske Szenen den Stil und das Abenteuerschema der Heldenepen parodiert. Ähnlich wie FIELDINGS Werke verbindet COVENTRYS Roman in formaler Hinsicht das lockere Kompositionsprinzip des pikaresken Romans mit Elementen der satirischen Versepen JONATHAN SWIFTS und ALEXANDER POPES (vgl. Kap. 3.2), deren Einfluss sich in der Zeitkritik des Romans zeigt. Menschliche Schwächen (allen voran Heuchelei, Egoismus und Eitelkeit) und Missstände der Zeit (Korruption, soziale Ungerechtigkeit) werden nicht nur in den Kommentaren des Erzählers mit Spott bedacht, sondern auch durch die Verwendung der Tierperspektive entlarvt.

Tobias Smollett

Während CLELANDS und COVENTRYS Romane, die bei ihrem Erscheinen sofort zu großen Publikumserfolgen wurden, die einzigen nennenswerten Werke dieser Autoren blieben, zählt der aus Schottland stammende TOBIAS SMOLLETT (1721–1771) mit seinen insgesamt fünf Romanen zu den neben DEFOE, RICHARDSON und FIELDING bereits früh kanonisierten Romanautoren dieser Epoche. Den gattungsbildenden Einfluss DEFOES und FIELDINGS bezeugen auch SMOLLETTS Romane, die ebenfalls episodisch strukturiert sind, sich am Muster des spanischen Schelmenromans orientieren, zur Typisierung bei der oft karikierenden Figurendarstellung tendieren und sämtliche Merkmale der Ich-Erzählsituation oder des auktorialen Erzählens aufweisen. Ähnlich wie bei DEFOE und FIELDING steht in SMOLLETTS Romanen das äußere Geschehen mit einem ereignisreichen und spannenden Handlungsverlauf im Vordergrund; auch die Figurencharakterisierung beschränkt sich im Gegensatz zu RICHARDSON weitgehend auf die oftmals ins Groteske übersteigerte Beschreibung äußerer Merkmale.

Roderick Random

Die für SMOLLETTS Erzählkunst charakteristischen Merkmale finden sich bereits in seinem ersten Roman, dem autobiografisch gefärbten Abenteuerroman *The Adventures of Roderick Random* (1748). Im Gegensatz zu SMOLLETTS anderen Romanen wird das Geschehen in *Roderick Random* von einem autodiegetischen Erzähler, einem Ich-Erzähler, der zugleich der Protagonist seiner Geschichte ist, vermittelt. Gleichwohl entsprechen viele der Merkmale von *Roderick Random* den Konventionen des pikaresken Romans, die SMOLLETT auch in seinen späteren Werken beibehielt

34 Obwohl Coventrys Werk als wenig originell gilt, trug die innovative Verwendung eines Hundes als Protagonisten zur Popularisierung einer narrativen Subgattung – der satirischen Erzählung, in der ein nicht-menschliches Subjekt (meist ein Tier oder ein Geldstück) als ‚Held' fungiert, – bei, die in der zweiten Hälfte des 18. Jh.s zahlreiche Nachahmer fand, z. B. Charles Johnstones *Chrysal* (1760–1765).

und variierte. Dazu zählen der abwechslungsreiche Handlungsverlauf, der häufige Ortswechsel, die Charakterisierung des nicht eben zimperlichen oder sonderlich ehrenhaften Titelhelden, der allen Schicksalsschlägen wacker trotzt, die realistische Milieu- und Gesellschaftsdarstellung sowie die satirische Grundtendenz.

Smolletts spätere Romane

Dem Genre des spanischen Schelmenromans gehören auch *The Adventures of Peregrine Pickle* (1751) und *The Adventures of Ferdinand Count Fathom* (1753) an. Im Gegensatz zu *Roderick Random* handelt es sich allerdings bei den Protagonisten dieser beiden Abenteuerromane um boshafte Schurken, die weder vor Betrügereien und hinterhältigen Gemeinheiten noch vor der Verführung argloser Frauen zurückschrecken. In beiden Fällen wird das Geschehen von auktorialen Erzählern vermittelt, die sich immer wieder mit ironischen Kommentaren, Erläuterungen, Bewertungen, Leseranreden und metanarrativen Äußerungen persönlich zu Wort melden. Romangeschichtlich ist *Ferdinand Count Fathom* auch deshalb von Bedeutung, weil das *Gothic interlude* in Kapitel 20 und 21 dieses Romans auf die Konventionen des Schauerromans vorausweist (vgl. Kap. 5.8).

Multiperspektivität in *Humphry Clinker*

Auch SMOLLETTS letzter Roman, *The Expedition of Humphry Clinker* (1771), weist Elemente des pikaresken Romans, des Reiseberichts und des Abenteuerromans auf. Dennoch ist die Form der Wirklichkeitsdarstellung in diesem multiperspektivischen Briefroman eher an RICHARDSON und LAURENCE STERNE als an DEFOE und FIELDING orientiert. In *Humphry Clinker* wird eine Kutschenreise durch England und Schottland aus fünf verschiedenen Perspektiven geschildert. Die Wirkung dieses Romans gründet in der Perspektivenvielfalt, denn die Berichte der Briefschreiber verraten meist mehr über sie selbst als über die beschriebenen Orte, Ereignisse oder Figuren. Im Gegensatz zu RICHARDSONS Romanen ist die Kontrastierung unterschiedlicher Perspektiven jedoch nicht so sehr als Ausdruck eines epistemologischen Skeptizismus zu sehen, sondern als Resultat der ausgeprägten Idiosynkrasien der Briefschreiber. Obgleich sich deren Perspektiven zumindest am Ende einem gemeinsamen Fluchtpunkt annähern, bleibt es letztlich dem Leser überlassen, das erzählte Geschehen zu rekonstruieren, die einzelnen Perspektiven zu koordinieren und die Zusammenhänge zwischen expliziter Fremdcharakterisierung und impliziter Selbstcharakterisierung zu entschlüsseln. Die perspektivische Auffächerung der erzählten Welt in *Humphry Clinker* ist insgesamt so stark, dass dieser Roman im Kontext jener *„Entdeckung der Subjektivität“*[35] zu sehen ist, die meist LAURENCE STERNES *Tristram Shandy* zugeschrieben wird.

7 Innovative Erzählstrategien, Subjektivität und Empfindsamkeit: Laurence Sterne, Oliver Goldsmith und Henry Mackenzie

Entwicklungstendenzen ab 1760

Die Entdeckung der Subjektivität und das Aufkommen der moralischen Empfindsamkeit bei RICHARDSON, in FIELDINGS Spätwerk und in vielen Romanen von Autorinnen weisen auf wichtige Entwicklungstendenzen im englischen Roman ab den 1760er Jahren voraus. Ungeachtet der zunehmenden Diversifizierung der Themen und Erzählformen in der zweiten Hälfte des 18. Jh.s lassen sich neben der bereits skizzierten Entwicklung des weiblichen Erziehungsromans drei weitere signifikante Strömungen unterscheiden, die jeweils zu (mehr oder weniger) eigenständigen Gattungsausprägungen führten: zum empfindsamen Roman, zum Schauerroman und zum politischen Roman.

Laurence Sterne

Als bedeutendster Repräsentant des empfindsamen Romans gilt der in Irland geborene Pfarrer LAURENCE STERNE (1713–1768). Mit seinen Werken hatte er eine kaum zu überschätzende Bedeutung für die Ausbreitung der Kultur und später des Kults der Empfindsamkeit in Europa. Aus roman- und erzählgeschichtlicher Sicht sind seine erzählerischen Innovationen mindestens ebenso wichtig. In seinen unkonventionellen Werken wird die für das 18. Jh. charakteristische Aufwertung von Subjektivität nicht bloß thematisiert, sondern auch mit experimentellen literarischen Darstellungsverfahren inszeniert.

Tristram Shandy

STERNES einzigartiger Roman *The Life and Opinions of Tristram Shandy, Gentleman* (1759–1767) entzieht sich jeder Reduktion auf ein bestimmtes Gattungsmodell. Vielmehr ist es gerade die Vielfalt der innovativen Erzählstrategien, die STERNES Roman den Ruf eingebracht hat, ein Vorläufer der experimentellen und metafiktionalen Poetik des Postmodernismus zu sein. Bereits der unkonventionelle Titel signalisiert, dass nicht wie bei DEFOE, FIELDING oder SMOLLETT die Abenteuer des Protagonisten im Vordergrund stehen, sondern seine Meinungen. Die vom Titel (*The Life…*) geweckte Erwartung, dass es sich um Tristrams Lebensgeschichte, mithin um eine fiktive Autobiografie, handelt, wird ebenfalls enttäuscht, denn erstens erfährt man vom Leben des Titelhelden nicht viel und zweitens werden die Darstellungskonventionen der fiktiven Autobiografie konsequent durchbrochen. Obgleich *Tristram Shandy* im wahrsten Sinne des Wortes *ab ovo* (nämlich mit der Zeugung des Helden bzw. dem Eisprung beginnt), erzählt der Roman nicht eine chronologisch wiedergegebene Lebensge-

35 Iser, *Sternes…*, S. 23, 46.

schichte, sondern er besteht aus einem Potpourri heterogener und nur lose verknüpfter Anekdoten, Geschichten, Beobachtungen und Reflexionen des Ich-Erzählers.

Unterbrechungen und Digressionen als Gestaltungsprinzip

Tristram Shandy zeichnet sich dadurch aus, dass dieser Roman sämtliche bis dahin etablierten Erzählkonventionen missachtet und durchbricht.[36] An die Stelle einer linearen Handlung treten Unterbrechungen und permanente Digressionen. Diese sind jedoch nicht mehr als Abschweifungen, sondern als konstitutive Darstellungsverfahren zu verstehen. Da es die Digressionen sind, die den Erzählfluss vorantreiben, kann Tristram zu Recht behaupten: „*my work is digressive, and it is progressive too,– and at the same time*" (Buch I, Kap. XXII).

Erzählen als Konversation

Der Roman entfaltet sich als ein unentwegter dialogisierter Monolog des redseligen Ich-Erzählers Tristram. Dieser versteht sein Schreiben als eine Form von Konversation: „*Writing, when properly managed, (as you may be sure I think mine is) is but a different name for conversation*" (Buch II, Kap. XI). Tristrams nur bruchstückhaft zu rekonstruierende Biografie und die der übrigen Figuren sind primär als Gedächtnis- und Bewusstseinsinhalte des Erzählers gegenwärtig. Dass die Verknüpfung der heterogenen Erzählgegenstände durch scheinbar geringfügige Berührungspunkte und subjektive Ideen sehr idiosynkratisch wirkt und den Eindruck von Zufälligkeit vermittelt, entspricht ganz der erzählerischen Programmatik, derzufolge es dem Leser aufgegeben ist, seine eigenen Schlüsse zu ziehen.

Spiel mit dem fiktiven Leser

Von Beginn an darauf bedacht, den Rezipienten in einen Dialog hineinzuziehen und seine Aufmerksamkeit herauszufordern, spricht Tristram immer wieder den fiktiven Leser direkt an und richtet rhetorische Fragen an ihn (und oft auch an sie, d. h. eine fiktive Leserin) und führt ihn oder sie an der Nase herum. Den Höhepunkt erreicht das Spiel mit dem Leser bzw. der Leserin meist dann, wenn der Erzähler seiner Vorliebe für sexuelle Doppeldeutigkeiten frönt und die Fantasie des Lesers bzw. der Leserin gerade dadurch besonders anregt, dass er das Gemeinte kunstvoll umschreibt oder einfach ausspart bzw. durch typographische Zeichen wie z. B. Sternchen ersetzt.

Metafiktion und Illusionsdurchbrechung

Im Gegensatz zu den realistischen Romanen der ersten Hälfte des Jh.s treten in *Tristram Shandy* der Wirklichkeitsbezug und die Ebene der erzählten Geschichte zugunsten von Selbstreflexivität und der Ebene der erzählerischen Vermittlung in den Hintergrund. Damit einher gehen verschiedene Auffälligkeiten der erzählerischen Vermittlung, die von illusionszerstörenden Erzählerkommentaren über die Verwendung nichtnarrativer Diskursformen bis zur Betonung der Materialität des Textes reichen. Außerdem erläutert der

Erzähler in metanarrativen Kommentaren immer wieder seine Vorgehensweise und lenkt mit metasprachlichen Reflexionen die Aufmerksamkeit auf das sprachliche Medium. Mit solchen Äußerungen und dem ständigen Bloßlegen literarischer Verfahren stört und durchbricht er die ästhetische Illusionsbildung.[37]

Subjektivierung des Erzählten

Insgesamt entsteht durch diese Erzählverfahren der Eindruck einer starken Subjektivierung des Erzählten, das in Form einer Sequenz von ständig neuen Assoziationen des Erzählers vermittelt wird. Diese Erzählweise entspricht der von dem Philosophen John Locke (1632–1704) entwickelten Theorie der Ideenassoziation. Die Spuren des äußeren Handlungsverlaufs treten zumeist völlig hinter den scheinbar zufallsbedingten Möglichkeiten des individuellen Bewusstseinsprozesses des Erzählers zurück. Von daher charakterisiert der Erzähler sein Werk sehr treffend, wenn er bemerkt, es sei *„a history-book [...] of what passes in a man's own mind"* (Buch II, Kap. II). Der Erzählvorgang, der aus radikaler Skepsis gegenüber allen etablierten Darstellungskonventionen entspringt, vermag Spontaneität und Subjektivität literarisch darstellbar zu machen.

Funktion der Körpersprache

Dazu trägt auch die *„Körpersemiotik der Subjektivität als Entdeckung der natürlichen Moral des Menschen"*[38] bei. Ebenso wie in vielen anderen Romanen der Empfindsamkeit fungieren die Körpersprache bzw. das nonverbale Verhalten von Figuren und die Interpretation dieser sprachersetzenden Zeichen durch andere Figuren als ein wichtiges Mittel, um den Zusammenhang zwischen Kommunikation, *sensibility* und Moral darzustellen. Während in den vielen Dialogen sprachliche Kommunikation an mannigfaltigen Missverständnissen scheitert, lassen Gestik und Mimik in *Tristram Shandy* die Großzügigkeit, Empfindsamkeit und wahre Menschlichkeit der Figuren erkennen.

Hobby-horses

Die Hauptfiguren gewinnen v. a. durch ihre persönlichen Steckenpferde (*hobby-horses*) Kontur. In Anknüpfung an die Vorstellung der *ruling passion* sind sie durch eine hervorstechende Eigenschaft charakterisiert, die ihr ganzes Denken und Handeln bestimmt. Im Gegensatz zu vielen anderen Versprechungen löst Tristram seine am Ende des 23. Kapitels des 1. Bandes gemachte Ankündigung ein: *„I will draw my uncle* Toby*'s character from his* Hobby-Horse.*"* Das *hobby-horse* seines Onkels, der bei der Belagerung von Namur eine Kriegsverletzung erlitten hat, sind militärische Feldzüge,

---

36 Zu den Erzähltechniken dieser Epoche vgl. Konigsberg.

37 Vgl. Wolf, *Ästhetische Illusion ...*, S. 531–551 sowie Iser, *Sternes ...*, der die innovativen Erzähl- und Schreibstrategien, die für *Tristram Shandy* charakteristisch sind, in seiner differenzierten Analyse des Romans prägnant charakterisiert. Vgl. zum folgenden ebd., S. 72–150.

38 Iser, *Sternes ...*, S. 60.

Belagerungen und Festungspläne. Toby stellt nicht nur Schlachten mit großer Begeisterung als Sandkastenspiele nach, sondern er nimmt alles im Leben durch seine militärische Brille wahr – sogar das Werben um die Gunst der Witwe Wadman, das als Liebesfeldzug und ‚Belagerung der Festung Wadman' dargestellt wird. Ebenso wie der liebenswürdige Toby, der keiner Fliege etwas zuleide tun kann, reitet auch Tristrams verschrobener Vater Walter Shandy mit Vorliebe sein Steckenpferd, wobei seine Marotte abwegige philosophische Spekulationen sind.

A Sentimental Journey

Ebenso wie in *Tristram Shandy* kommen die Werte der Empfindsamkeit auch in STERNES unkonventionellem Reiseroman *A Sentimental Journey Through France and Italy* (1768) zum Ausdruck. Im Vordergrund steht die nuancierte Beschreibung der Gefühle der Hauptfigur, des Geistlichen Yorick, der das Ziel verfolgt, eine Darstellung der *„weaknesses of my heart in this tour"* zu geben. Es entspricht den Geboten der Empfindsamkeit, dass Yorick Freude und Leid seiner Mitmenschen sehr intensiv miterlebt, dass er freigiebig Almosen verteilt und dass er beteuert, seine Wohltätigkeit entspringe einzig und allein seinen mitmenschlichen Gefühlen. Wohlwollen und Almosen werden in der *Sentimental Journey* zwar groß geschrieben, wie alles in diesem Roman hängen sie jedoch letztlich von den schwankenden Gefühlen Yoricks ab (vgl. Kap. 2.7).

Kritik am Kult der Empfindsamkeit

In der *Sentimental Journey* werden allerdings der mit dem Kult der Empfindsamkeit einhergehende Voyeurismus, die sensationsheischende Verwendung empfindsamer Werte und die eskapistische Tendenz sentimentaler Literatur ironisiert. So erlebt Yorick etwa die Konsequenzen der Vergegenwärtigung des Leidens anderer, als er sich selbst Furcht vor den französischen Gefängnissen einflößen will. Um deren Schrecken nachzuempfinden, versucht er zunächst, sich die Situation von Häftlingen insgesamt vorzustellen. Ebenso wie viele Reformer gelangt Yorick jedoch zu dem Schluss, dass die empathische Anteilnahme am Schicksal eines Individuums, dessen Leid in voyeuristischer Weise miterlebt wird, sehr viel effektiver sei, doch letztlich kann Yorick den Gedanken an einen auf Stroh gebetteten armen Häftling nicht ertragen, weil dies seine feinfühligen Nerven zu sehr beansprucht. Yorick zeigt damit genau das Verhalten, das von Kritikern des Kults der Empfindsamkeit angeprangert wurde: Sein Nachempfinden von Leiden führt nicht zu aktiver Hilfe, sondern zur Verdrängung der Missstände, was durch die eigene Sensibilität begründet wird. Yorick bricht zwar in Tränen aus, konzentriert sich dann aber lieber auf die weniger belastende Geschichte eines in einen Käfig eingesperrten Staren.

Oliver Goldsmith

Oliver Goldsmiths (1728–1774) einziger Roman, der äußerst unterhaltsame *The Vicar of Wakefield* (1766), gehört zu den meistgelesenen Werken der englischen Literatur. Als Protagonist und Ich-Erzähler fungiert ein gutherziger, aber überaus naiver und weltfremder Landpfarrer, Dr. Primrose, der von einer Serie von Schicksalsschlägen heimgesucht wird. Nach dem Verlust eines Großteils seines Vermögens zieht sich Primrose mit seiner Familie in eine scheinbar idyllische ländliche Welt zurück, in die jedoch schon bald Schurken wie Thornhill eindringen, der Olivia, die älteste Tochter der Familie, verführt.

Ambivalenz von *The Vicar of Wakefield*

Zu einer sehr amüsanten Lektüre wird dieser Roman durch die beschränkte Perspektive des Erzählers, eine Reihe von pastoralen Szenen und durch die meist vergeblichen Versuche der Familienmitglieder, als ‚etwas Besseres' zu gelten. So kann Primrose nicht verhindern, dass seine Töchter auf Ackergäulen zur Kirche reiten wollen (aber nach mehreren Missgeschicken letztlich doch zu Fuß gehen). Auch erkennt er nicht, dass das wahrlich monumentale Gemälde seiner Familie die Porträts der Nachbarn zwar in vielem übertrifft, aber so groß ist, dass es nicht durch die Tür des Hauses passt. Die Ambivalenz des Romans resultiert aus der Diskrepanz zwischen der eingeschränkten Perspektive des Erzählers und dem Eindruck des Rezipienten, dass sich Dr. Primrose des Gegensatzes zwischen seinen christlichen Idealen und der (fiktionalen) Wirklichkeit nicht recht bewusst ist.

Henry Brooke

Nicht nur in Sternes und Goldsmiths Werken wird die Aufwertung von Subjektivität, Empfindsamkeit und Humanität mit literarischen Mitteln wie der Darstellung der Körpersprache der Figuren inszeniert, sondern auch in zahlreichen anderen empfindsamen Romanen, die ungleich konventioneller erzählt sind. Prägnant wird die Semantisierung der Körpersprache in Romanen der Empfindsamkeit etwa in Henry Brookes (1703–1783) handlungsarmem Roman *The Fool of Quality* (1765–70), der als einer der ersten englischen Bildungsromane gilt.

Der Typus des *man of feeling*

Besonders deutlich treten die Werte der Empfindsamkeit in den Romanen von Henry Mackenzie (1745–1831) hervor. Der Titel von Mackenzies bekanntestem Roman, dem ebenso handlungsarmen wie sentimentalen *The Man of Feeling* (1771), verweist auf den Typus des sehr feinfühligen, wohltätigen und verletzlichen *man of feeling*.[39] Verkörpert wird er in Mackenzies Roman von dem Protagonisten Harley, der über ein besonders großes Maß an *sensibility* verfügt und tränenreich am Schicksal seiner leidenden Mitmenschen Anteil nimmt. Die Verlagerung des Akzents von der

39 Vgl. Gassenmeier, Van Sant und Göbel, „Geschlechterrollen …".

äußeren Handlung auf die nuancierte Wiedergabe der individuellen Gefühlszustände des Protagonisten dient dazu, die Güte, Mitmenschlichkeit und Moral des *man of feeling* zu betonen. Während der Verstand eine untergeordnete Rolle spielt, zeigt sich der Wert der Figuren in spontanen gefühlvollen Reaktionen auf das Leid von Menschen und Tieren. Der Typus des naiven, aber herzensguten *man of feeling*, der inmitten einer hartherzigen Welt die Ideale der Zartheit, Empfänglichkeit und Wohltätigkeit verkörpert, stellt seine Sensitivität und Menschlichkeit durch seine tugendhafte Körpersprache und das unermüdliche Geben von Almosen immer wieder unter Beweis.

Struktur und Sprache von *The Man of Feeling*

Unterstützt wird die erzählerische Inszenierung von Subjektivität und Empfindsamkeit durch die episodische Handlungsstruktur, die fragmentarische Erzählweise und den Stil von MACKENZIES Roman. Dessen Markenzeichen ist die Aneinanderreihung einzelner Szenen, in denen die Hauptfigur ihre tugendhaften Emotionen zeigen kann. Ähnlich wie bei STERNE sind die einzelnen Episoden nur lose miteinander verbunden. Außerdem brechen Sätze oft in der Mitte ab, Gedanken werden syntaktisch unvollständig dargestellt, elliptische Ausrufe häufen sich, und Sternchen oder Bindestriche ersetzen verbindende Reflexionen. Durch den weitgehenden Verzicht auf eine kohärente Handlung werden Leser dazu angeregt, sich mit den dargestellten Emotionen auseinanderzusetzen.

Romane der Empfindsamkeit

In den Romanen der Empfindsamkeit wird jene Hinwendung zum Subjekt besonders deutlich, die auch in der Lyrik und in vielen Dramen zu beobachten ist.[40] Romane wie MACKENZIES *The Man of Feeling* sind primär darauf ausgerichtet, die Gefühle der Leser anzusprechen, um durch dieses Anregen der *sympathy* deren Emotionen zu kultivieren und deren Moral zu heben. Die darin zum Ausdruck kommende Aufwertung von Emotionen, die Entdeckung von Humanität sowie die Hinwendung zum Subjekt verweisen auf jene geistes- und kulturgeschichtliche Umbruchsphase, die die Epochenschwelle zwischen dem Zeitalter des Klassizismus bzw. der Aufklärung und der Romantik markiert.

8 Der Schauerroman: Horace Walpole, Clara Reeve, Ann Radcliffe und Matthew Lewis

Gegenreaktion zur Aufklärung

Kulturgeschichtlich aufschlussreich ist auch die Entwicklung des Schauerromans bzw. der *Gothic novel* zu einem eigenständigen neuen Genre, das – wie INGEBORG WEBER gezeigt hat – *„im Spannungsfeld von Aufklärung und Romantik"*[41] entstand. WEBERS Rekonstruktion der allmählichen *„Selbstbefreiung des englischen Schauerromans aus dem Denkzusammenhang der Aufklärung"* sowie der damit einhergehenden *„Verlagerung des Interesses fort von der Werkästhetik des Schönen hin zur Wirkungsästhetik des Erhabenen"*[42] verdeutlicht beispielhaft, inwiefern die Herausbildung eines neuen Romangenres Rückschlüsse auf das Weltbild der Autoren und die Besonderheiten der Epochenschwelle vom Klassizismus zur Romantik zulässt. Während das Übernatürliche in HORACE WALPOLES Roman *The Castle of Otranto* (1765) noch ganz im Dienste von Vernunft und Moral – mithin im Banne der Aufklärung – stehe, werde erst in MATTHEW LEWIS' *The Monk* (1796) jener Bruch mit den Werten der Aufklärung vollzogen, der für die weitere Gattungsentwicklung bestimmend war.

Beziehung zwischen *Gothic novel* und empfindsamem Roman

Der empfindsame Roman und der Schauerroman entwickelten sich zwar zu eigenen Genres, doch sie können durchaus als unterschiedliche literarische Reaktionen auf die starke Betonung von Rationalität in der Aufklärung aufgefasst werden. Die Verwandtschaft beider Genres zeigt sich nicht zuletzt daran, dass es eine Reihe von Mischformen gab und dass der Schauerroman an viele Konventionen des empfindsamen Romans anknüpft. Wie eng die Beziehung zwischen *Gothic novel* und empfindsamem Roman tatsächlich ist, hat WERNER WOLF in einem wegweisenden Aufsatz dargelegt.[43] Deutliche Parallelen finden sich im Bereich der Figurenkonstellation, der Handlungsführung sowie auf der Ebene der moralischen Normen und Verhaltensideale (z. B. antirationalistischer Gefühlskult, Wertschätzung der Privatsphäre und Unterdrückung sexueller Triebe). Zudem rücken beide Genres die Erregung von Gefühlen auf Seiten der Leser in den Mittelpunkt.

---

40 Zu den Wertvorstellungen der Kultur der Empfindsamkeit und zu deren Manifestationsformen im Drama vgl. Kap. 4.6 des vorliegenden Bandes sowie Barkhausen und V. Nünning, „Die Kultur der Empfindsamkeit ...".

41 Weber, S. 5.

42 Ebd., S. 6.

43 Vgl. zum folgenden Wolf, „Schauerroman und Empfindsamkeit".

Wirkungsästhetische Gattungsdefinition

Bei der *Gothic novel* handelt es sich daher um ein dominant wirkungsästhetisch definiertes Genre.[44] Wie der deutsche Begriff ‚Schauerroman' signalisiert, zielt die *Gothic novel* darauf ab, beim Rezipienten eine furcht- bzw. schreckenerregende Wirkung hervorzurufen. Darüber hinaus verweisen die Gattungsbezeichnung *Gothic novel* und der meist synonym gebrauchte Terminus *Gothic romance* auf zwei weitere Merkmale dieses Genres: auf die meist in ‚gotischer' Zeit, d. h. im ‚dunklen' Mittelalter, angesiedelte Handlung und auf die explizite Anknüpfung an romanzenhafte Züge, die in vielen Fällen bereits durch die Gattungsbezeichnung *A romance* im Untertitel signalisiert wird. Dass die *Gothic novel* das Übernatürliche in den Vordergrund rückt und auf Schauereffekte hin angelegt ist, unterstreicht deren antirationalistische Ausrichtung und deren Betonung affektiv-emotionaler Reaktionen. Die dem Schauerroman zugrundeliegende Wirkungsästhetik beruht v. a. auf dem Konzept des Erhabenen (*the sublime*), wie es EDMUND BURKE (1729–1797) in seiner einflussreichen Schrift *A Philosophical Inquiry into the Origin of our Ideas of the Sublime and the Beautiful* (1756) entfaltet (vgl. Kap. 2.9). BURKES Ästhetik des Erhabenen begründete eine „*Gattungspoetik des englischen Schauerromans*": „*In der* Gothic novel *treten Furcht und Bewunderung stets als gepaarte Affekte auf und in der Ästhetik Edmund Burkes ist diese Affekt-Doppelung auf den Begriff des* delightful horror *gebracht.*"[45]

Gattungskonventionen

Die Erzeugung der lustvollen Schauereffekte beruht in der *Gothic novel* auf der oft eindringlichen Schilderung von schrecklichem Leid sowie auf einigen konventionalisierten Darstellungsverfahren. Dazu zählen die ausgeprägte Semantisierung der Raumdarstellung, die zu einem eigenständigen Bedeutungsträger wird, die auf Oppositionen beruhende Figurenkonstellation, die spannungsreiche Handlungsführung sowie die Häufung übernatürlicher Vorkommnisse und grauenerregender Szenen. Die wichtigsten Gattungskonventionen sind in der folgenden Merkmalsmatrix stichwortartig zusammengefasst:

Merkmalsmatrix des Schauerromans	
Ort	abgelegene Schauplätze, oft alte und verwahrloste Schlösser oder Klöster mit düsteren Verliesen, unterirdischen Gewölben und labyrintischen Gängen
Zeit	Geschehen ist meist im ‚dunklen' Mittelalter oder in fremden Ländern in einem früheren Jh. angesiedelt
Figurendarstellung und Figurenkonstellation	starke Typisierung und Schwarz-Weisszeichnung; klare Kontrastrelationen zwischen dämonisierten Schurken und idealisierten Figuren (durchtriebene Bösewichter, lüsterne Schurken vs. gepeinigte Opfer, verfolgte Jungfrauen in argen Nöten)
Handlung	Häufung von mysteriösen, übernatürlichen Ereignissen; kalkulierter Spannungsaufbau mit vielen Spannungsbögen; Handlungsverlauf ist geprägt vom Motiv der verfolgten Unschuld
Weitere Versatzstücke	Geistererscheinungen, Magie, prophetische Vorhersagen, Stürme und Gewitter
Erzählsituation	Bevorzugung von auktorialer Erzählweise

The Castle of Otranto

Als Prototyp der *Gothic novel* und als Beginn der englischen Schauerromantik gilt der Roman *The Castle of Otranto* (1765) von Horace Walpole (1717–1797). In diesem Roman finden sich bereits alle wesentlichen Gattungsmerkmale, etwa das abgelegene Schloss mit seinen unterirdischen Gängen, der tyrannische Bösewicht Manfred, die verfolgte Unschuld Isabella, eine Vielzahl mysteriöser Ereignisse sowie ein gigantischer Helm und ein riesiges Schwert. Außerdem zeigen sich in *The Castle of Otranto* die Abwendung von der klassizistischen Regelästhetik und vom Gebot der Wahrscheinlichkeit sowie das vorromantische Interesse am Mittelalter, das in dieser Dekade auch in der Lyrik zu beobachten ist (vgl. Kap. 3.7). Wie sehr Walpole damit den literarischen Geschmack der Zeit traf, zeigt sich schon an dem enormen Erfolg des Romans, der bis 1800 etwa zwanzig Auflagen erlebte.

Verschmelzung von *romance* und *novel*

Wichtig für ein Verständnis des kulturgeschichtlichen Kontexts und der Besonderheiten des Schauerromans ist das Vorwort, das Walpole der zweiten Ausgabe von *The Castle of Otranto* vorangestellt hat. Darin beschreibt er seinen Roman als einen Versuch, zwei unterschiedliche Erzähltraditionen zu verschmelzen, die alte

44 Zur Definition und Geschichte der *Gothic novel* vgl. die Studien von Clery, K. Ellis, Kilgour, J. Klein und Weber.

45 Weber, S. 20, 22. Zur Bedeutung von Burkes Ästhetik vgl. auch J. Klein, S. 21–84 und Weber, S. 20–39.

Romanzentradition und die neuen Erscheinungsformen des realistischen Romans. Obgleich er beide als zwei Arten von ,Romanzen' bezeichnet, wird deutlich, dass er mit seinen Ausführungen eine ähnliche Unterscheidung vornimmt wie CONGREVES Gegenüberstellung von *romance* und *novel*: *„It was an attempt to blend the two kinds of romance, the ancient and the modern. In the former all was imagination and improbability: in the latter, nature is always intended to be, and sometimes has been, copied with success. Invention has not been wanting; but the great resources of fancy have been dammed up, by a strict adherence to common life."*

Clara Reeve

Auch CLARA REEVE (1729–1807) verfolgte in ihrem moralisch-empfindsamen Schauerroman *The Old English Baron. A Gothic Story*, der zuerst 1777 anonym unter dem Titel *The Champion of Virtue: A Gothic Story* erschien und der bis 1800 zehnmal neu aufgelegt wurde, die Absicht, die mittelalterliche Ritterromanze mit der modernen Romanform zu verbinden. Obgleich sie sich damit in die von WALPOLE begründete Tradition des englischen Schauerromans stellte, grenzte sie sich zugleich von *The Castle of Otranto* ab, dessen allzu starke Missachtung von Wahrscheinlichkeit und Glaubwürdigkeit sie kritisierte. In der Betonung der Empfindsamkeit der positiv gezeichneten Figuren, in deren empathischer Anteilnahme am Schicksal der Mitmenschen und in der sentimentalen Liebeshandlung wird der Einfluss RICHARDSONS (dessen Tochter der Roman gewidmet ist), STERNES und MACKENZIES deutlich.

The Old English Baron

Zur Entwicklung des spezifisch *Schauer*romantischen hat *The Old English Baron* hingegen nur wenig beigetragen, da das durchgängige, in der moralisch-didaktischen Zielsetzung gründende Bemühen, das Unheimliche und Übernatürliche auf rationale Weise zu erklären und zugleich in den Dienst von Vernunft und Gerechtigkeit zu stellen, zu einer *„Domestizierung des Übernatürlichen zu einem bloßen Instrument der im Roman herrschenden Moral"*[46] führt. Obgleich das Geschehen von REEVES Roman, der sich noch zahlreicher Romanzenklischees bedient, in der ersten Hälfte des 15. Jh.s angesiedelt ist, wird das historische Zeitkolorit vom rationalistisch-utilitaristischen Weltbild der Aufklärung überlagert. Außerdem werden typische Elemente des Schauerromans wie Geistererscheinungen, mysteriöses Stöhnen und herunterfallende Rüstungen in REEVES Roman für didaktische Zwecke funktionalisiert, denn das Übernatürliche ist unmittelbar mit dem tugendhaften Helden im Bunde. Der Doktrin der *poetic justice* entsprechend endet der Roman mit der gerechten Belohnung aller tugendhaften Charaktere und der Verbannung der Bösewichter. Die im guten Ende erwiesene poetische Gerechtigkeit, die REEVE auch in ihrer Schrift *The Progress of Romance* (1785), einem in Kon-

versationsform abgefassten Überblick über das zeitgenössische Romanschaffen, befürwortete, wird durchgängig als Zeichen der göttlichen Weltvernunft gedeutet. Die Schlussgebung bestätigt nicht nur die Ordnung feudaler Erbfolge und die christliche Moral, sondern verdeutlicht auch, wie stark dieser Roman – ebenso wie Walpoles *The Castle of Otranto* – noch unter dem Einfluss der Ideale der Aufklärung steht.

William Beckford

Neben Walpole und Reeve verdient William Beckford (1760?–1844) als Verfasser der dem Schauerroman nahestehenden fantastischen Novelle *Vathek. An Arabian Tale* (1786) Erwähnung. Beckfords Geschichte vom unmoralischen Kalifen Vathek, der einen Pakt mit dem Herrscher der Hölle schließt, ist beispielhaft für die damalige Popularität orientalischer Erzählungen in England.[47] In *Vathek* verknüpft Beckford viele der mit dem Orient assoziierten Stereotypen (z. B. exzessive Sinnlichkeit und unermessliche Reichtümer) mit dem für die *Gothic novel* kennzeichnenden Element des Übernatürlichen.

Ann Radcliffe

Während *Vathek* aufgrund seines orientalischen Kolorits eine Sonderstellung in der Geschichte des Genres einnimnt, leistete Ann Radcliffe (1764–1823) gleich mehrere wichtige Beiträge zur Poetik und Praxis des Schauerromans. Mit ihrer wegweisenden Unterscheidung zwischen *terror* und *horror* hat sie *„in der kritischen Diskussion um den Schauerroman traditionsbildend gewirkt, und zwar so sehr, dass man gewöhnlich die beiden großen Phasen der* Gothic novel *als* School of Terror *(von Horace Walpole bis Ann Radcliffe) und* School of Horror *(ab Matthew Gregory Lewis) gegeneinander abgrenzt."*[48] Nachdem ihre romanzenhaften frühen Romane – *The Castle of Athlin and Dunbayne* (1789), *The Sicilian Romance* (1790) und *The Romance of the Forest* (1791) – wenig Anklang gefunden hatten, gelang Radcliffe mit dem in der Tradition der Empfindsamkeit stehenden Roman *The Mysteries of Udolpho* (1794) der erste große Erfolg.

The Mysteries of Udolpho

In diesem auktorial erzählten Roman steht die Perspektive des verfolgten weiblichen Opfers, der jungen, verwaisten und hypersensiblen Emily St. Aubert, im Zentrum. Deren Ängste und Nöte auf ihrem Leidensweg werden so detailliert beschrieben, dass sie ungeachtet ihres hohen Grades an subjektiver Einbildung auch beim

46 Weber, S. 18.

47 Das bekannteste Beispiel dafür ist Samuel Johnsons moralisch-philosophischer Kurzroman *The Prince of Abissinia* (1759), der unter dem Titel *The History of Rasselas* bekannt ist und sich an das Modell der *oriental tale* anlehnt, obgleich die didaktische Zielsetzung eindeutig im Vordergrund steht.

48 Weber, S. 40.

Rezipienten angstvolle Schauer hervorrufen können. Weitere Merkmale von RADCLIFFES Erzählkunst sind eine psychologisch sehr einfühlsame Bewusstseinsdarstellung, die Verwischung der Grenze zwischen wahrnehmendem Subjekt und wahrgenommenem Objekt und zwischen realen Gefahren und bloßer Einbildung sowie eine ausgeprägte Semantisierung der Raumdarstellung und der Körpersprache, die beide zu eigenständigen Bedeutungsträgern werden. Auch in *The Italian, or The Confessional of the Black Penitents. A Romance* (1797) blieb RADCLIFFE den für ihre Romankonzeption typischen Erzählweisen treu, wiewohl sie darin einen dämonischen Mönch namens Schedoni in das Zentrum der in Italien spielenden Handlung stellte, der vor Greueltaten nicht zurückschreckt und auf die *School of Horror* vorausweist.

Matthew Gregory Lewis

Paradigmatisch für die als *School of Horror* bezeichneten späteren Entwicklungstendenzen der *Gothic novel* ist der Roman *The Monk. A Romance* (1796) des damals erst zwanzigjährigen MATTHEW GREGORY LEWIS (1775–1818). Die Darstellung von grauenvollen Details sowie von exzessiven sexuellen Fantasien und schrecklichen Taten, zu denen sich der zunehmend depravierte Mönch Ambrosio von seiner dämonischen Geliebten Matilda anstiften lässt, ist in *The Monk* sehr viel expliziter und krasser als alle schaudererregenden Verfahren, die in den davor erschienenen Romanen zu finden sind. In *The Monk* rücken dämonische Greueltaten, pervertierte Sexualität und Sadismus sowie morbide Horroreffekte in den Vordergrund. Außerdem wird die Realität von übernatürlichen Ereignissen bekräftigt, die sich bei LEWIS – im Gegensatz zu WALPOLE, REEVE und RADCLIFFE – nicht mehr auf letztlich natürliche Weise erklären lassen.

Loslösung von der Aufklärung

Obgleich die *Gothic novel* von Beginn an eine Abwendung des englischen Romans von seinen realistischen Anfängen und seinem engen Bezug zum Empirismus markiert, löst sich der englische Schauerroman erst mit *The Monk* endgültig von den Prämissen und Idealen der Aufklärung: *„Das Vertrauen in die* benevolentia *einer vernünftigen Weltordnung, in der das schurkische Tun als vorübergehende Störung aufgefangen und unschädlich gemacht werden konnte, ist geschwunden. Dem romantischen Bewußtsein scheint der Schrecken permanent."*[49] Überblickt man die kurze Geschichte des Schauerromans, so zeigen sich außerdem eine zunehmende Psychologisierung und Subjektivierung, was ebenfalls auf die Romantik vorausweist.

9 Der politische Ideenroman: Robert Bage, Thomas Holcroft, Mary Hays, Mary Wollstonecraft und William Godwin

In der letzten Dekade des 18. Jh.s kam es schließlich im Zuge der Französischen Revolution zu einer Politisierung des Romans und zur Entstehung einer weiteren neuen Subgattung, des ‚politischen Romans'. Obgleich sich dieses Genre erst in den 1830er Jahren zu einer dominanten Form entwickelte, existierte es schon vor Benjamin Disraelis *Coningsby* (1844) in verschiedenen Ausprägungen.[50]

Hauptvertreter der *Jacobin novel*

Von besonderer Bedeutung für die Entstehung des politischen Romans waren die meist als *Jacobin novel* bzw. *novel of ideas* bezeichneten Werke von Robert Bage (1728–1801), Thomas Holcroft (1745–1809) und v. a. William Godwin (1756–1836), die den Roman in den Dienst der Propagierung ihrer radikalen politischen Philosophie stellten.[51] Zu den wichtigsten *Jacobin novels* zählen Robert Bages *Hermsprong, or Man as He Is Not* (1796) sowie Thomas Holcrofts Romane *Anna St. Ives* (1792) und *The Adventures of Hugh Trevor* (1794–97). Diese politischen Romane zeichnen sich dadurch aus, dass sie die intensiven politischen Debatten in den Jahren nach der Französischen Revolution nicht bloß abbildeten, sondern durch ihre gefärbten Darstellungen zeitgenössischer Politik selbst in diese Debatten einzugreifen versuchten.

Mary Wollstonecraft und Mary Hays

Dass auch Schriftstellerinnen zur Politisierung des englischen Romans in den 1790er Jahren beigetragen haben, verdeutlichen etwa die feministischen Werke von Mary Wollstonecraft (1759–1797) und Mary Hays (1760–1843). Ebenso wie ihre unter dem Eindruck der Französischen Revolution entstandene politische Kampfschrift *A Vindication of the Rights of Woman with Strictures on political and moral subjects* (1792) zeugt auch Wollstonecrafts autobiografisches Romanfragment *The Wrongs of Woman: or, Maria. A Fragment* (1798), in der die Argumentation der *Vindication* fiktionalisiert wird, von ihrem feministischen Engagement. Mary Hays deckt in ihrem autobiografisch gefärbten Roman *Memoirs of Emma Courtney* (1796) ebenfalls die politischen Implikationen der traditionellen Erziehung und Rollenverteilung sowie des Kults der Empfindsamkeit auf, die die Frau auf die häusliche Sphäre verweisen und zu einem abhängigen und unmündigen Wesen machen. Hays und Wollstonecraft dehnen die politischen

---

49 Weber, S. 83.

50 Vgl. Feldmann, *Politik und Fiktion ...*

51 Zu den politischen Romanen der 1790er Jahre vgl. Butler, Clemit und die beiden grundlegenden Bücher von Kelly.

Analysen und sozialen Reformvorschläge der Radikalen auf Frauen aus, indem sie sich in ihren Romanen mit traditionellen Vorstellungen von der Rolle und dem Wesen der Frau auseinandersetzen, Fragen der Mädchenerziehung erörtern und dem weiblichen Geschlecht die gleichen Tugenden und intellektuellen Fähigkeiten zusprechen wie dem Mann. Ihre Romane verdeutlichen außerdem, dass zwischen der politischen Sphäre und den Werten und Normen des familiären Zusammenlebens ein enger wechselseitiger Zusammenhang besteht. Damit bestätigen sie zugleich FELDMANNS These, dass auch *„mit scheinbar unpolitischen Themen und Motiven wie bürgerliche (Familien-)Moral, Sexualität oder ‚Weiblichkeit' [...] eine politische Geschichte erzählt werden"* kann.[52]

Caleb Williams

Besonders deutlich wird die Politisierung des Romans im Vorwort zu GODWINS Roman *Caleb Williams* (1794), der vom Autor selbst als Medium der Zeitkritik und als Vehikel zur Verbreitung der *„inestimable importance of political principles"* bezeichnet wird. Darüber hinaus ist *Caleb Williams* auch in erzählgeschichtlicher Hinsicht insofern von Bedeutung, als es in diesem Roman zu einer literarischen Inszenierung von Subjektivität kommt, die weiterer Beleg für die im Laufe des 18. Jh.s in vielen Bereichen (vom Reisebericht bis zur Naturlyrik) zu beobachtende Akzentverlagerung vom dargestellten Objekt hin zum wahrnehmenden Subjekt ist.

10 Ausblick: Traditionslinien und Entwicklungstendenzen

Begründung von Traditionslinien

Blickt man abschließend zurück auf die eingangs angedeutete Vielfalt der inzwischen im Umlauf befindlichen Geschichten vom englischen Roman des 18. Jh.s, so lässt sich als vorläufiges Fazit festhalten, dass in den Romanen des 18. Jh.s der Grundstein für mindestens vier Traditionslinien gelegt wurde.

- Erstens weisen die pikaresken Abenteuerromane von DEFOE, FIELDING und SMOLLETT auf die fiktive Autobiografie und den realistischen Gesellschaftsroman des 19. Jh.s voraus.
- Zweitens begründete RICHARDSON mit seinen Briefromanen einen neuartigen psychologischen Realismus, an den ANN RADCLIFFES Schauerromane anknüpften und der in der Bewusstseinskunst der Moderne weiterentwickelt wurde.
- Drittens lässt sich eine spezifisch weibliche Traditionslinie des Erzählens verfolgen, die sich von APHRA BEHN und ELIZA HAYWOOD über die Autorinnen weiblicher Erziehungsromane bis zu den weiblichen Entwicklungsromanen des 19. und 20. Jh.s erstreckt.
- Viertens können die metanarrativen Techniken FIELDINGS und STERNES metafiktionales Spiel mit dem Leser insofern als Vor-

läufer vieler experimenteller Erzähltechniken der Postmoderne gelten, als sie die dem realistischen Roman entgegengesetzte Traditionslinie des illusionsstörenden bzw. antiillusionistischen Erzählens begründeten.[53]

Romanentwicklung ab 1750

Die Entwicklung des englischen Romans in der zweiten Hälfte des 18. Jh.s entzieht sich dem Versuch, die unterschiedlichen Tendenzen und innovativen Gattungsausprägungen zu einer teleologischen Geschichte vom ‚Aufstieg des Romans' zu bündeln. In einem wegweisenden Artikel über die bemerkenswert große Wandlungsdynamik des englischen Romans im 18. Jh. hat JÜRGEN SCHLAEGER wesentliche Kennzeichen und Linien der Gattungsentwicklung in der zweiten Jh.hälfte prägnant zusammengefasst. Zu den wichtigsten Entwicklungstendenzen zählen das *„radikale Infragestellen der Erzählbarkeit von Lebensgeschichten bei Sterne, die Aufkündigung der Wiedererkennbarkeit der dargestellten Wirklichkeit durch den Leser in der ‚Gothic Novel' und der ‚Oriental Tale', die Auflösung des Zusammenhangs von Wirklichkeitserfahrung und Moral bei Goldsmith, die Verschiebung der Konsistenzbildung in die gefühlsbeladene Innerlichkeit weltfremder Heldinnen und Helden im sentimentalen Fragment"*[54] sowie die Politisierung des Romans in den 1790er Jahren.

Romane als Medium kultureller Sinngebung

In ihrer Gesamtheit erscheinen die verschiedenen Ausprägungen und Entwicklungstendenzen des Romans im 18. Jh. als Ausdruck und Teil einer kulturellen Umbruchsituation, die die fiktionalen Werke nicht bloß reflektierten, sondern durch die Erzeugung neuer Wertvorstellungen, Denkweisen und Gefühle aktiv mitgestalteten.[55] Romane konnten nicht zuletzt deshalb zu einem einflussreichen Medium kultureller Sinngebung avancieren, weil sich die narrativen Formen dieser neuen Gattung in einer Epoche, in der wesentliche Momente des Wirklichkeitsmodells in unterschiedlichen Diskursen in Frage gestellt und verändert wurden, vorzüglich als Forum für konkurrierende Diskurse und Ansichten eigneten.

Mehrstimmigkeit des Romans

Die Flexibilität und Mehrstimmigkeit dieser Gattung erlaubte es, erkenntnistheoretische, moralphilosophische, feministische und sozialpolitische Fragen von verschiedenen Standpunkten aus erzählerisch zu gestalten. In dem in der Perspektivenstruktur der

---

52 Feldmann, *Politik und Fiktion ...*, S. 362.

53 Zur Entwicklung dieser beiden Traditionslinien vgl. die ebenso grundlegende wie lesenswerte Studie von Wolf, *Ästhetische Illusion ...*, S. 477–730.

54 Schlaeger, S. 321.

55 Vgl. dazu beispielhaft die von Bender detailliert belegte These, dass die narrative Form englischer Romane des 18. Jh.s das moderne Gefängnis erst denkbar machte, weil sie Vorstellungen von der Veränderbarkeit des Individuums etablierte.

Romane zu fassenden Nebeneinander konkurrierender Werte- und Normensysteme schlägt sich eine Pluralisierung von Moral- und Wirklichkeitsvorstellungen nieder. Die Gattung des Romans erweist sich somit als ein kulturelles Medium der Bewältigung von epochenspezifischen Problemen und Krisen: „*And the genre of the novel can be understood comprehensively as an early modern cultural instrument designed to confront, on the level of narrative form and content, both intellectual and social crisis simultaneously.*"[56] Die kultur- und mentalitätsgeschichtliche Bedeutung, die der Herausbildung dieser neuen Gattung beizumessen ist, erschließt sich somit nur dann, wenn man den Roman als ein eigenständiges kulturelles Medium versteht. Diese neue Gattung spiegelt soziale und intellektuelle Probleme nicht mimetisch wider, sondern erzeugt durch ihre Themenselektion und Erzählverfahren in einer eminent polyphonen, vielschichtigen und widersprüchlichen Epoche selbst neue Denk- und Empfindungsweisen.

Fazit

Angesichts der skizzierten synchronen und diachronen Vielfalt der Erscheinungsformen des Romans des 18. Jh.s kann somit einerseits kein Zweifel mehr daran bestehen, dass das heutige Bild der Literaturgeschichte von dieser Epoche komplexer ist, als WATTS teleologische Geschichte vom Aufstieg des Romans suggeriert. Andererseits enthält WATTS Studie mehr als nur einige Körnchen Wahrheit und bleibt weiterhin als Bezugs- und Abgrenzungsfolie von zentraler Bedeutung. Doch nur eine ausgewogene und integrative Betrachtungsweise, die die Väter *und* Mütter des Romans einbezieht, kann der Entwicklungs- und Funktionsgeschichte des Romans im 18. Jh. ein differenziertes Profil verleihen.

56 McKeon, S. 22.

Die englische Literatur des 18. Jahrhunderts aus kulturwissenschaftlicher und funktionsgeschichtlicher Sicht

Gattungsübergreifende Tendenzen

Blickt man abschließend zurück auf die Vielfalt der Gattungen und auf deren unterschiedlich verlaufende Entwicklungen in diesem *„an Paradoxien und Widersprüchlichkeiten so reichen Zeitalter"*,[1] so liegt es auf der Hand, dass jede Verallgemeinerung über diese Epoche zugleich eine (mehr oder weniger grobe) Vereinfachung und Verzerrung ist. Dennoch sollen in diesem Schlusskapitel einige übergreifende Tendenzen skizziert werden, die nicht bloß für einzelne Gattungen zutreffen, sondern markante Strömungen der englischen Literatur und Kultur des 18. Jh.s insgesamt erfassen. Einige dieser gattungsübergreifenden Merkmale, die in den vorausgegangenen Kapiteln bereits ausführlich dargestellt wurden, seien nochmals stichwortartig zusammengefasst:

- die Kommerzialisierung von Literatur;
- die Ausdifferenzierung und Professionalisierung des Literatursystems;
- der Aufstieg des Realismus, der sich sogar in der Lyrik manifestiert;
- die moralisch-didaktische Wirkungsintention;
- der Glaube an die gesellschaftliche Nützlichkeit von Literatur;
- die fließenden Übergänge zwischen verschiedenen Gattungen;
- die ebenso fließenden Übergänge zwischen ‚hoher' Literatur und populärer Unterhaltungsliteratur;
- die daraus resultierende Vielzahl von Gattungsmischungen;
- der Niedergang aristokratischer Ideale und der Aufstieg der Mittelschicht und ihrer Wertvorstellungen;
- die Akzentverlagerung vom wahrgenommenen Objekt hin zum wahrnehmenden Subjekt, die von einer Aufwertung von Subjektivität zeugt;
- die Entwicklung weg vom Klassizismus und hin zur Romantik.

Von den Palästen in die Kaffeehäuser

Darüber hinaus kam es im 18. Jh. zu einer Demokratisierung von Kunst und Literatur, die nun nicht mehr einer kleinen Elite vorbehalten, sondern weiteren Kreisen zugänglich waren. Obgleich sich nur die gehobenen Schichten den Kauf von Büchern leisten konnten, eröffneten Leihbibliotheken, Kaffeehäuser und andere Institutionen immer breiteren Bevölkerungsschichten die Möglichkeit, literarische Werke zu rezipieren: *„In the late seventeenth*

1 Broich, S. 19.

century high culture moved out of the narrow confines of the court and into diverse spaces in London. It slipped out of palaces and into coffee houses, reading societies, debating clubs, assembly rooms, galleries and concert halls".[2] Infolge der daraus resultierenden Veränderung der Rezipientenschicht und der damit einhergehenden Kommerzialisierung von Literatur entwickelten sich neue Gattungen, die den Interessen und Bedürfnissen des veränderten Lesepublikums entsprachen.

Wertewandel und Selbstbild der Mittelschicht

Aus mentalitäts- und kulturgeschichtlicher Sicht besteht die vielleicht signifikanteste Veränderung in der Aufwertung von bürgerlichen Tugend- und Moralvorstellungen, die sich parallel zum Niedergang aristokratischer Ideale vollzog.[3] Im Zuge des wirtschaftlichen Aufstiegs der mittleren Schichten entwickelten diese ein neues positives Selbstbild, mit dem sie sich vom Adel abgrenzten. Es häuften sich die Stimmen, die die mittleren Schichten als Inbegriff aller positiven menschlichen Eigenschaften – von Moral und Tugend über die Fähigkeit zu Freundschaft und Glück bis zur Weisheit – ansahen. Insbesondere die Ehrlichkeit wurde immer mehr von den mittleren Schichten als ihre besondere Qualität beansprucht. Das adlige Ideal der Ehre (*honour*) wurde allmählich abgelöst durch die *honesty* der Mittelschicht; dem adligen Wertekodex traten bürgerliche Tugenden gegenüber. Sogar die ursprünglich der Aristokratie vorbehaltene *politeness* wurde von den mittleren Schichten als ihr ureigenes Merkmal reklamiert; im Gegensatz zu den angeblich heuchlerischen Adligen galt die *politeness* der Mittelschicht zudem als Ausdruck genuiner innerer Empfindungen. Obwohl einige adlige Ideale (z. B. Ritterlichkeit) ihre Geltung behielten, konnte sich der Moralkodex der mittleren Schichten weitgehend durchsetzen: Am Ende des 18. Jh.s gehörte Ehrlichkeit neben Humanität zu den vermeintlich typischen nationalen Eigenschaften der Engländer.

Entdeckung der Humanität

Im 18. Jh. vollzog sich in England zudem ein grundlegender Wandel des Menschenbilds, den man als ‚Entdeckung der Humanität' bezeichnen kann und der mit neuen Einstellungen gegenüber Gefühlen und Schmerzen einherging.[4] Während zu Beginn des Jh.s Grausamkeiten gegenüber Menschen und Tieren noch an der Tagesordnung waren, galt solches Verhalten gegen Ende des Jh.s als unnatürlich und verabscheuenswert. Als die wesentlichen und wertvollsten Charakteristika des Menschen wurden nun Empathie, Mitgefühl und Mitleid mit anderen, Humanität und *benevolence*, d. h. das Wohlwollen gegenüber Mitmenschen, angesehen.

Feminisierung der Kultur

Darüber hinaus ist im 18. Jh. ein signifikanter Wandel im Hinblick auf die Wertschätzung der Frau zu beobachten, der im Ergebnis zu einer Feminisierung der Kultur führt.[5] Obgleich England im 18. Jh. sicher kein Paradies für Frauen war, wie viele (männliche) Autoren behaupteten, stieg die Wertschätzung des weiblichen Geschlechts im Laufe des Jh.s doch stark an. Frauen erlangten Berühmtheit als Künstlerinnen und Verfasserinnen von literarischen und wissenschaftlichen Werken, ohne deshalb gleich als Amazonen gebrandmarkt zu werden. Diese Verbesserung des Ansehens von Frauen ist auf eine Reihe miteinander verknüpfter Entwicklungen zurückzuführen: Zum einen kam es zu einer Aufwertung der Geselligkeit und des privaten Bereichs, in dem Frauen eine große Rolle spielten. Zum anderen wurde klassisches, an Universitäten vermitteltes Wissen, zu dem Frauen keinen Zugang hatten, zunehmend als weniger wichtig erachtet. Sogar das Stilideal wandelte sich in einer Weise, die dem weiblichen Bildungsstand und angeblichen weiblichen Eigenschaften zugute kam: Geschätzt wurde eine Schreibweise, die ungezwungener Konversation möglichst nahe kam. Im Zuge des Wandels des Menschenbilds veränderte sich auch die Auffassung von der Natur der Frau. Da Empfindsamkeit, Empathie und Wohlwollen als besonders gute Charakteristika galten, stieg das Ansehen von Frauen, denen diese Eigenschaften in höherem Maße zugeschrieben wurden als Männern. Zudem trug der hohe Stellenwert von *politeness* dazu bei, dass sich die Gewichtung zwischen den Geschlechtern zugunsten der Frau verschob, denn die hochgeschätzten Umgangsformen waren Frauen angeblich in höherem Maße affin als Männern, die den richtigen Habitus erst von Frauen erlernen mussten.

Wertewandel und Gattungssystem

Der Wertewandel und die skizzierten mentalitätsgeschichtlichen Veränderungen schlugen sich literarisch auch im Aufkommen neuer Gattungen und in Verschiebungen innerhalb des Gattungssystems nieder. Dies zeigt sich besonders in der Entwicklung des Dramas in dieser Epoche, v. a. in den epochenspezifischen Genres der *sentimental comedy* und der *domestic tragedy*, sowie im Aufstieg des Romans, in dem die Tugendideale, Werte und Normen der Mittelschicht propagiert wurden. Außerdem spielten in der zweiten Hälfte des 18. Jh.s Emotionen und die subjektive Befindlichkeit von Individuen in fast allen Genres (v. a. im Roman, im Drama und in der Reiseliteratur, aber auch in Biografien und Geschichtswerken) eine zentrale Rolle. Ein weiteres signifikantes

---

2 Brewer, S. 3.
3 Vgl. V. Nünning, „From ‚honour' to ‚honest' …".
4 Vgl. V. Nünning, „Entdeckung der Humanität …".
5 Vgl. V. Nünning, „Feminisierung der Kultur …".

Beispiel für die Wechselwirkung zwischen mentalitätsgeschichtlichen Prozessen und der Entwicklung von Gattungen ist der Niedergang der Satire. Während sich dieses Genre im *Augustan Age* großer Beliebtheit erfreute, war die für die Satire typische aggressive und kritische Grundhaltung in der zweiten Hälfte des 18. Jh.s mit den gewandelten Werten und Normen, v. a. mit den Idealen der Empfindsamkeit, nicht mehr in Einklang zu bringen. ARNO LÖFFLER hat das veränderte Selbstverständnis der Autoren nach 1750 und den darin zum Ausdruck kommenden Wertewandel prägnant zusammengefasst: *„Die Autoren verstanden sich nun nicht mehr zuerst als Verfechter sittlicher und gesellschaftlicher Normen, sondern als verständnisvolle Beobachter ihrer Mitmenschen, und sie interessierten sich dabei stärker für deren Persönlichkeit, für die Motive ihres Denkens und Handelns wie auch für die Einflüsse des sozialen Umfelds.“*[6]

Parodie und Intertextualität als Motor der literarischen Evolution

Darüber hinaus manifestiert sich der Niedergang der heroischen Ideale der Aristokratie in der Beliebtheit von burlesken Genres und Parodien.[7] Diese Formen verweisen zugleich auf den generell sehr hohen Grad an Intertextualität, der für die englische Literatur in dieser Epoche in allen Genres kennzeichnend ist. Darin kommt eine intensive Auseinandersetzung mit der literarischen Tradition zum Ausdruck. Das signifikanteste Beispiel für den epochenspezifischen hohen Grad an Intertextualität ist die Ubiquität der Parodie. Parodien dienten nicht bloß der komischen Verspottung eines Werks, einer Gattung oder eines Stilideals. Vielmehr fungierten sie in vielen Fällen insofern als Motor der literarischen Evolution, als sie durch die Kritik an obsoleten Ausdrucksformen und durch das Spiel mit Gattungskonventionen zur Erneuerung von Genres und zu einer produktiven Weiterentwicklung des Gattungssystems beitrugen.

Funktionen

Außerdem zeichnet sich die englische Literatur des 18. Jh.s durch ein sehr breites Funktionspotential aus. Sieht man einmal ab von gattungsspezifischen Unterschieden, so lassen sich mindestens sechs Funktionen benennen, die viele Gedichte, Dramen, Romane und andere Prosawerke erfüllten:

- Gemäß dem *prodesse aut delectare* bzw. *utile dulci*-Gebot des HORAZ erfüllte Literatur in dieser Epoche erstens moralisch-didaktische Funktionen, die auf die Erbauung und Belehrung des Publikums abzielten.
- Daraus ergibt sich die zweite offensichtliche Funktion der Literatur des 18. Jh.s, die ästhetisch-kulinarischer Art ist und in der Unterhaltung des Publikums besteht.
- Drittens fungierten viele literarische Werke – insbesondere solche mit satirischen Wirkungsintentionen (Prosa- und Verssati-

ren sowie viele Dramen und Romane) – als ein gesellschaftliches Medium der Zeitkritik und der politischen und sozialen Meinungsbildung.

- Aus dem zeitkritischen Charakter literarischer Werke ergibt sich viertens ihre zentrale Funktion als Medium der Etablierung neuer Wertvorstellungen und Einstellungen.
- Insbesondere die Historiografie und historische Dramen dienten fünftens der Geschichtsdarstellung, kulturellen Erinnerung und historischen Sinnstiftung.
- Sechstens erfüllten literarische Werke in dieser Epoche wichtige soziale und politische Bilanzierungs-, Orientierungs- und Stabilisierungsfunktionen. Im Prozess der Herausbildung einer britischen nationalen Identität fungierten sie als ein Medium der kollektiven Identitätskonstruktion.

Nationale Identität und Xenophobie

Der Stolz auf die eigene Nation prägt viele Werke der englischen Literatur des 18. Jh.s. Zum nationalen Selbstbild gehörten der Protestantismus und der Stolz auf die englische Freiheit, die die Einstellungen gegenüber anderen Nationen bestimmten. Man nahm an, dass katholische Länder wie Spanien, Italien und Frankreich unter einer doppelten Tyrannei zu leiden hätten, denn diese ständen nicht nur unter der Fuchtel absolutistischer Herrscher, sondern auch unter der des Papstes. Beide Arten von Unfreiheit gingen vermeintlich mit Ausbeutung und Armut der Bürger einher. Solche Auffassungen führten allerdings nicht zu Mitleid, sondern zu Xenophobie, die ebenfalls zu den gattungsübergreifenden Merkmalen dieser Epoche zählt; selbst Iren und Schotten schlugen von englischer Seite aus viele Vorurteile entgegen. In Abgrenzung zu den Fremden verfestigte sich das patriotische Selbstbild der Engländer als eine Nation, in der die zentralen Werte von *liberty* und *property* gesichert seien. In der zweiten Hälfte des 18. Jh.s entwickelte sich außerdem ein großes Interesse an der nationalen Vergangenheit und an der Schönheit der britischen Inseln; beides förderte zusätzlich einen kulturellen Nationalismus. Allgegenwärtig war der Stolz auf den Handel, der zu dem hohen Zivilisationsstand in England beigetragen habe. Dieser hohe Entwicklungsstand galt als Hauptgrund für die ausgeprägte Humanität und *politeness* der Engländer und für den weit fortgeschrittenen Stand der Künste.

Aktualität dieser Epoche

Die englische Literatur des 18. Jh.s aus kulturwissenschaftlicher und funktionsgeschichtlicher Perspektive zu sehen, heißt schließlich auch, ihre Bedeutung für die Gegenwart zu entdecken. Die unklare und durchlässige Grenze zwischen fiktionalen und nicht-

6 Löffler, „,The World ...", S. 50.

7 Vgl. dazu Fietz, „Literature and War ...".

fiktionalen Gattungen, die metafiktionale Rückbezüglichkeit vieler Werke, die Popularität parodistischer Formen sowie die intensive Beschäftigung mit der Frage nach der nationalen Identität, die auf das fast schon obsessive Interesse der zeitgenössischen englischen Literatur am Thema ‚*Englishness*' vorausweist, sind nur vier von vielen Gründen dafür, dass die englische Literatur des 18. Jh.s gerade heute wieder sehr aktuell und modern erscheint. John Brewer nennt in seinem bahnbrechenden Buch *The Pleasures of the Imagination*, der bei weitem besten Darstellung der englischen Kultur des 18. Jh.s, noch weitere Themen, die nicht nur heutzutage Hochkonjunktur haben, sondern die schon die Menschen im 18. Jh. beschäftigten:

Today critics debate the effect of mass media like television on ‚good' taste, the role of sexuality and violence in art, the problems of aesthetic discrimination in a world of competing moral and social values and the corrupting effect of the marketplace. The technologies may be different but the broad issues – about culture and commercialism, about the arts and morality, about aesthetic hierarchies and cultural fragmentation – remain the same.[8]

Innovative Forschungsperspektiven

Nicht zuletzt aufgrund dieser Aktualität kann es für Studierende sehr reizvoll und lohnend sein, sich mit der englischen Literatur es 18. Jh.s zu beschäftigen. Da sich dabei (früher oder später) die Frage nach Themen für Seminar- und Abschlussarbeiten stellt, beschließen wir diesen kurzen Überblick über die englische Literatur des 18. Jh.s mit einigen Hinweisen auf innovative Forschungsperspektiven. Aus der Vielzahl von offenen Fragen seien zumindest vier Bereiche genannt, aus denen sich viele ergiebige Themen ableiten lassen, die sich hervorragend als Gegenstand zukünftiger Examens-, Magister- und Diplomarbeiten eignen.[9]

- Sieht man einmal ab von den kanonisierten Klassikern, so mangelt es erstens in Bezug auf viele Autoren und v. a. auf Autorinnen des 18. Jh.s an Monografien, die deren Gesamtwerk interpretatorisch erschließen und es in synchrone und diachrone Zusammenhänge einordnen.
- Zweitens fehlen bislang sowohl typologische Überblicke über die Vielfalt der Gattungsausprägungen im 18. Jh. als auch eine Poetik vieler Genres und der für sie charakteristischen Bauformen.
- Drittens wäre es angesichts der Vielzahl von Neubearbeitungen literarischer Vorlagen eine lohnende Aufgabe für intertextuell und intermedial orientierte Arbeiten, durch einen Vergleich von Prätexten und späteren Bearbeitungen – auch und gerade in anderen Medien (z. B. Adaptionen von Romanen

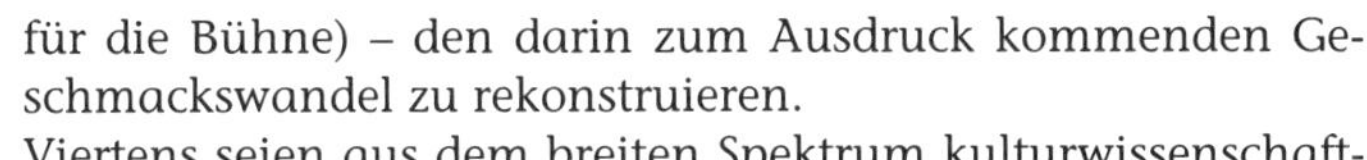

für die Bühne) – den darin zum Ausdruck kommenden Geschmackswandel zu rekonstruieren.

- Viertens seien aus dem breiten Spektrum kulturwissenschaftlicher Fragestellungen zumindest drei Themenvorschläge genannt:
  - „‚A Polite and Commercial People': Der Beitrag der englischen Literatur des 18. Jh.s zur Debatte um Sitten, Moral und Handel"
  - „Patriotismus und Xenophobie: Funktionen nationaler Auto- und Heterostereotypen in der englischen Literatur des 18. Jh.s"
  - „‚Forging the Nation': Der Beitrag der englischen Literatur des 18. Jh.s zur nationalen britischen Identitätskonstruktion".

Kurzum: Es gibt noch viel zu entdecken in dieser Epoche, die den Anfang der Moderne markiert und der wir wesentliche kulturelle und humanitäre Errungenschaften verdanken. Mit der Bearbeitung solcher noch weitgehend unerforschter Themen können Studierende selbst einen Beitrag dazu leisten, dass das programmatisch ausgerufene *New Eighteenth Century* seinen Namen in Zukunft auch verdient.

---

8 Brewer, S. 664.

9 Für weitere und ausführlichere Themenvorschläge vgl. A. Nünning, „Das englische Drama …", S. 134–137.

Literatur

1. Literatur zur englischen Literatur und Kultur des 18. Jahrhunderts

BARKER-BENFIELD, G. J.: *The Culture of Sensibility. Sex and Society in Eighteenth-Century Britain.* Chicago, Ldn.: University of Chicago Press 1992.

BARRELL, John: *English Literature in History, 1730–1780. An Equal, Wide Survey.* Ldn.: Hutchinson 1983.

BREWER, John: *The Pleasures of the Imagination. English Culture in the Eighteenth Century.* Ldn.: HarperCollins 1997.

BROWNE, Alice: *The Eighteenth-Century Feminist Mind.* Brighton: Harvester 1987.

BUTLER, Marilyn: *Romantics, Rebels, and Reactionaries. English Literature and its Background 1760–1830.* Oxford: Oxford UP 1981.

BUTT, John: *The Mid-Eighteenth Century.* Oxford: Oxford UP 1980 [1979] (= The Oxford History of English Literature, Bd. 8).

COLLEY, Linda: *Britons. Forging the Nation 1707–1837.* New Haven: Yale UP 1992.

CURRAN, Stuart (Hg.): *The Cambridge Companion to British Romanticism.* Cambridge: Cambridge UP 1993.

DAMROSCH, Leopold Jr. (Hg.): *The Profession of Eighteenth-Century Literature. Reflections on an Institution.* Madison: University of Wisconsin Press 1992.

DOBRÉE, Bonamy: *English Literature in the Early Eighteenth Century, 1700–1740.* Oxford: Clarendon Press 1968 [1959] (= The Oxford History of English Literature, Bd. 7).

FABIAN, Bernhard (Hg.): *Die englische Literatur.* Bd. 1: *Epochen – Formen*; Bd. 2: *Autoren.* Mchn.: dtv 1991.

FEATHER, John: *A History of British Publishing.* Ldn., NY: Routledge 1988.

FIETZ, Lothar: „Literature and War. A Chapter in the Decline of the Heroic Ideal in Eighteenth-Century England." In: *Literaturwissenschaftliches Jahrbuch* 34 (1993), S. 101–114.

FLUDERNIK, Monika & Ruth Nestvold (Hgg.): *Das 18. Jahrhundert.* Trier: WVT 1998.

FORD, Boris (Hg.): *From Dryden to Johnson.* Harmondsworth: Penguin 1980 [1957] (= The Pelican Guide to English Literature, Bd. 4).

GÖBEL, Walter: „Der Shaftesbury-Mythos. Zum Verhältnis von Philosophie und Empfindsamkeit in England." In: *Anglia* 110 (1992), S. 100–118.

GRIFFIN, Dustin: *Literary Patronage in England, 1650–1800.* Cambridge: Cambridge UP 1996.

JONES, Chris: *Radical Sensibility. Literature and Ideas in the 1790s.* Ldn., NY: Routledge 1993.

KERNAN, Alvin: *Printing Technology, Letters and Samuel Johnson.* Princeton: Princeton UP 1987.

KLEIN, Lawrence: *Shaftesbury and the Culture of Politeness. Moral Discourse and Cultural Politics in Early Eighteenth-Century England.* Cambridge: Cambridge UP 1994.

LANGFORD, Paul: *A Polite and Commercial People. England 1727–1783.* Oxford: Clarendon Press 1989.

LONSDALE, Roger (Hg.): *Dryden to Johnson.* Ldn.: Sphere 1986 [1971] (= Sphere History of Literature, Bd. 4).

MARKLEY, Robert: „The Rise of Nothing. Revisionist Historiography and the Narrative Structure of Eighteenth-Century Studies." In: *Genre* 23,2/3 (1990), S. 77–101.

MARKLEY, Robert: *Fallen Languages. Crises of Representation in Newtonian England, 1660-1740.* Ithaca, Ldn.: Cornell UP 1993.

MÜLLENBROCK, Heinz-Joachim: *Whigs kontra Tories. Studien zum Einfluss der Politik auf die englische Literatur des frühen 18. Jahrhunderts.* Heidelberg: Winter 1974 (= Anglistische Forschungen, Bd. 104).

MÜLLENBROCK, Heinz-Joachim & Eberhard Späth: *Literatur des 18. Jahrhunderts.* Düsseldorf: August Bagel 1977 (= Studienreihe Englisch, Bd. 27).

MULLAN, John: *Sentiment and Sociability. The Language of Feeling in the Eighteenth Century.* Oxford: Clarendon Press 1988.

NOVAK, Maximillian E.: *Eighteenth-Century English Literature.* Ldn., Basingstoke: Macmillan 1983.

NÜNNING, Ansgar (Hg.): *Eine andere Geschichte der englischen Literatur. Epochen, Gattungen und Teilgebiete im Überblick.* Trier: WVT 1996 (= WVT-Handbücher zum literaturwissenschaftlichen Studium, Bd. 2).

NÜNNING, Vera: „„But some are more equal

than others'. Henry Fieldings dualistische Rechtfertigung der hierarchischen Gesellschaft." In: *Liberalitas. Eine Festschrift für Erich Angermann*. Hgg.: Norbert Finzsch & Hermann Wellenreuther. Stg.: Steiner 1992. S. 149–171.

NÜNNING, Vera: „Die Feminisierung der Kultur. Kulturgeschichtliche Bedingungen für den Wandel der Wertschätzung der Frau im England des 18. Jahrhunderts." In: *Archiv für Kulturgeschichte* 76 (1994), S. 135–163.

NÜNNING, Vera: „Die Entdeckung der Humanität als kulturgeschichtliches Phänomen. Veränderungen im Menschenbild und Selbstverständnis von Engländern im 18. Jahrhundert." In: *Deutsche Vierteljahrsschrift für Literaturwissenschaft und Geistesgeschichte* 68 (1994), S. 214–237.

NÜNNING, Vera: „From ‚honour' to ‚honest'. The Invention of the (Superiority of the) Middling Ranks in Eighteenth Century England." In: *Journal for the Study of British Cultures* 2,1 (1995), S. 19–41.

NÜNNING, Vera: „‚The slaves of our pleasures' oder ‚our companions and equals'? Die Konstruktion von Weiblichkeit im England des 18. Jahrhunderts aus kulturwissenschaftlicher Sicht." In: *Zeitschrift für Anglistik und Amerikanistik* 44,3 (1996), S. 199–219.

NÜNNING, Vera: „Die Kultur der Empfindsamkeit. Eine mentalitätsgeschichtliche Skizze." In: *Eine andere Geschichte der englischen Literatur*. Hg.: A. Nünning. Trier: WVT 1996. S. 107–126.

NUSSBAUM, Felicity & Laura Brown (Hgg.): *The New Eighteenth Century. Theory, Politics, English Literature*. Ldn., NY: Methuen 1987.

PACHE, Walter (Hg.): *18. Jahrhundert II*. Stg.: Reclam 1983 (= Die englische Literatur in Text und Darstellung, Bd. 6).

PAULSON, Ronald: *Breaking and Remaking. Aesthetic Practice in England, 1700–1820*. New Brunswick: Rutgers UP 1989.

RAVEN, James: *Judging New Wealth. Popular Publishing and Responses to Commerce in England, 1750–1800*. Oxford: Clarendon Press 1992.

RAVEN, James, Helen Small & Naomi Tadmoor (Hgg.): *The Practice and Representation of Reading in England*. Cambridge: Cambridge UP 1996.

RIBEIRO, Alvaro & James G. Baker (Hgg.): *Tradition in Transition. Women Writers, Marginal Texts, and the Eighteenth-Century Canon*. Oxford: Clarendon Press 1996.

RICHETTI, John: „Recent Studies in the Restoration and Eighteenth Century." In: *Studies in English Literature 1500–1900* 30 (1990), S. 517–554.

RIEDEL, Wolfgang: *„Die unsichtbare Hand". Ökonomie, Sittlichkeit und Kultur der englischen Mittelklasse (1650–1850)*. Tübingen: Narr 1990.

RIVERS, Isabel (Hg.): *Books and their Readers in Eighteenth-Century England*. Leicester: Leicester UP 1982.

ROGERS, Pat: *Grub Street. Studies in a Subculture*. Ldn.: Methuen 1972.

ROGERS, Pat: *The Augustan Vision*. Ldn.: Methuen 1974.

ROGERS, Pat (Hg.): *The Eighteenth Century*. Ldn.: Methuen 1978 (= The Context of English Literature).

ROGERS, Pat: *Literature and Popular Culture in Eighteenth-Century England*. Brighton: Harvester 1985.

ROLLE, Dietrich (Hg.): *18. Jahrhundert I*. Stg.: Reclam 1982 (= Die englische Literatur in Text und Darstellung, Bd. 5).

SAMBROOK, James: *The Eighteenth Century. The Intellectual and Cultural Context of English Literature, 1700–1789*. Ldn., NY: Longman 1986.

SCHABERT, Ina: *Englische Literaturgeschichte. Eine neue Darstellung aus der Sicht der Geschlechterforschung*. Stg.: Kröner 1997.

SCHMIDT, Johann N.: „Von der Restauration zur Vorromantik." In: *Englische Literaturgeschichte*. Hg.: H. U. Seeber. Stg.: Metzler 1991. S. 149–216.

SEEBER, Hans Ulrich (Hg.): *Englische Literaturgeschichte*. Stg.: Metzler 1991.

Sekora, John: *Luxury. The Concept in Western Thought, Eden to Smollett*. Baltimore: The Johns Hopkins UP 1985 [1977].

STRATMANN, Gerd: „Einführung. Abschied von einem allzu vertrauten Jahrhundert." In: *Neue Lesarten, neue Wirklichkeiten. Zur Wiederentdeckung des 18. Jahrhunderts durch die Anglistik*. Hgg.: G. Stratmann & M. Buschmeier. Trier: WVT 1992. S. 9–19.

STRATMANN, Silke: *„South Sea's at best a mighty Bubble". The Literization of a National Trauma*. Trier: WVT 1996.

THIES, Henning (Hg.): *Hauptwerke der englischen Literatur. Einzeldarstellungen und Inter-*

pretationen. Bd. 1: *Von den Anfängen bis zum Ende des Viktorianischen Zeitalters.* Mchn.: Kindler 1995.

TODD, Janet: *Sensibility. An Introduction.* Ldn.: Methuen 1986.

TODD, Janet (Hg.): *A Dictionary of British and American Women Writers, 1660–1800.* Ldn.: Methuen 1987.

TURNER, Cheryl: *Living by the Pen. Women Writers in the Eighteenth Century.* Ldn., NY: Routledge 1992.

WILLEY, Basil: *The Eighteenth-Century Background. Studies on the Idea of Nature in the Thought of the Period.* Harmondsworth: Penguin 1965 [1940].

WOLFF, Erwin: *Shaftesbury und seine Bedeutung für die englische Literatur des 18. Jahrhunderts. Der Moralist und die literarische Form.* Tübingen: Niemeyer 1960.

ZWICKER, Steven N. (Hg.): *The Cambridge Companion to English Literature, 1650–1740.* Cambridge: Cambridge UP 1998.

2. Literatur zur Literaturtheorie und zu Prosagattungen

AHRENS, Rüdiger & Erwin Wolff (Hgg.): *Englische und amerikanische Literaturtheorie. Studien zu ihrer historischen Entwicklung.* Bd. 1: *Renaissance, Klassizismus und Romantik.* Heidelberg: Winter 1978.

BATTEN, Charles L.: *Pleasurable Instruction. Form and Convention in Eighteenth-Century Travel Literature.* Berkeley: University of California Press 1978.

BLACK, Jeremy: *The English Press in the Eighteenth Century.* Ldn.: Croom Helm 1987.

BODE, Christoph (Hg.): *West Meets East. Klassiker der britischen Orient-Reiseliteratur.* Heidelberg: Winter 1997.

BOHLS, Elizabeth A.: *Women Travel Writers and the Language of Aesthetics, 1716–1818.* Cambridge: Cambridge UP 1995.

COPLEY, Stephen & Peter Garside (Hgg.): *The Politics of the Picturesque. Literature, Landscape and Aesthetics since 1770.* Cambridge: Cambridge UP 1994.

ELKIN, Peter Kingsley: *The Augustan Defence of Satire.* Oxford: Clarendon Press 1973.

FELDMANN, Doris: „Economic and/as Aesthetic Constructions of Britishness in Eighteenth-Century Domestic Travel Writing." In: *Journal for the Study of British Cultures* 4,1/2 (1997): *The Discovery of Britain,* S. 31–45.

FLUDERNIK, Monika: „Ästhetik und Rhetorik im 18. Jahrhundert. Edmund Burke, das Erhabene und die Französische Revolution." In: *Das 18. Jahrhundert.* Hgg.: Monika Fludernik & Ruth Nestvold. Trier: WVT 1998. S. 215–251.

KORTE, Barbara: *Der englische Reisebericht. Von der Pilgerfahrt bis zur Postmoderne.* Darmstadt: Wissenschaftliche Buchgesellschaft 1996.

LENZ, Bernd: „Preachers and Preaching. Emotionalism in Eighteenth-Century Homiletics and Homilies." In: *Telling Stories. Studies in Honour of Ulrich Broich on the Occasion of his 60th Birthday.* Hgg.: E. Lehmann & B. Lenz. Amsterdam/Philadelphia: Grüner 1992. S. 109–125.

LEVINE, Joseph M.: *Humanism and History. Origins of Modern English Historiography.* Ithaca, Ldn.: Cornell UP 1987.

MACLEAN, Kenneth: *John Locke and English Literature of the Eighteenth Century.* New Haven: Yale UP 1936.

MAINUSCH, Herbert (Hg.): *Genius and Taste. Englische Literaturtheorie im 18. Jahrhundert.* 2 Bde., Mchn.: Goldmann 1973.

MÜLLENBROCK, Heinz-Joachim: *The Culture of Contention. A Rhetorical Analysis of the Public Controversy about the Ending of the War of the Spanish Succession, 1710–1713.* Mchn.: Fink 1997.

NEUBERG, Victor E.: *Popular Literature. A History and Guide.* Harmondsworth: Penguin 1977.

NÜNNING, Vera: „‚In Speech an Irony, in Fact a Fiction'. Funktionen englischer Historiographie im 18. Jahrhundert im Spannungsfeld zwischen Anspruch und Wirklichkeit." In: *Zeitschrift für historische Forschung* 21,1 (1994), S. 37–63.

NÜNNING, Vera: *„A Revolution in Sentiments, Manners, and Moral Opinions." Catharine Macaulay und die politische Kultur des englischen Radikalismus, 1760–1790.* Heidelberg: Winter 1998 (= Anglistische Forschungen, Bd. 255).

NUGEL, Bernfried (Hg.): *Englische Literaturtheorie von Sidney bis Johnson.* Darmstadt: Wissenschaftliche Buchgesellschaft 1984.

OMASREITER, Ria: *Naturwissenschaft und Literaturkritik im England des 18. Jahrhunderts.* Nürnberg: Carl 1971.

PEDERSON, Susan: „Hannah More Meets Simple Simon. Tracts, Chapbooks, and Popular Culture in Late Eighteenth-Century England." In: *Journal of British Studies* 25 (1986), S. 84–113.

ROGERS, Pat: *Restoration and 18th-Century Prose and Poetry. Excluding Drama and the Novel.* Ldn., Basingstoke: Macmillan 1983.

RUNGE, Laura L.: *Gender and Language in British Literary Criticism 1660–1790.* Cambridge: Cambridge UP 1997.

SCHMIDT, Johann N.: *Satire. Swift und Pope.* Stg.: Kohlhammer 1977.

SCHÖWERLING, Rainer: *Chapbooks. Zur Literaturgeschichte des einfachen Lesers. Englische Konsumliteratur 1680–1840.* Ffm.: Lang 1980.

SCHWALM, Helga: „Identität und Lebensgeschichte. Fremdbiographisches Erzählen bei Samuel Johnson und James Boswell." In: *Das 18. Jahrhundert.* Hgg.: Monika Fludernik & Ruth Nestvold. Trier: WVT 1998. S. 91–107.

WEISS, Wolfgang (Hg.): *Die englische Satire.* Darmstadt: Wissenschaftliche Buchgesellschaft 1982.

WEISS, Wolfgang: *Swift und die Satire des 18. Jahrhunderte. Epoche, Werke, Wirkung.* Mchn.: Beck 1992.

WELLEK, Rene: *A History of Modern Criticism, 1750–1950.* Bd. 1: *The Later Eighteenth Century.* New Haven: Yale UP 1955.

3. Literatur zur Lyrik

BORGMEIER, Raimund: *The Dying Shepherd. Die Tradition der englischen Ekloge von Pope bis Wordsworth.* Tübingen: Niemeyer 1976 (= Buchreihe der *Anglia*, Bd. 17).

BROICH, Ulrich: *Studien zum komischen Epos. Ein Beitrag zur Deutung, Typologie und Geschichte des komischen Epos im englischen Klassizismus 1680–1800.* Tübingen: Niemeyer 1968 (= Buchreihe der *Anglia*, Bd. 13).

ERZGRÄBER, Willi: „Natur in der englischen Dichtung des 18. Jahrhunderts." In: *Das 18. Jahrhundert.* Hgg.: Monika Fludernik & Ruth Nestvold. Trier: WVT 1998. S. 47–68.

FOX, Christopher (Hg.): *Teaching Eighteenth-Century Poetry.* NY: AMS 1990.

GÖLLER, Karl Heinz: „Die ‚Poetic Diction' des 18. Jahrhunderts in England." In: *Deutsche Vierteljahrsschrift für Literaturwissenschaft und Geistesgeschichte* 38 (1964), S. 24–39.

GOODRIDGE, John: *Rural Life in Eighteenth-Century English Poetry.* Cambridge: Cambridge UP 1995 (= Cambridge Studies in Eighteenth-Century English Literature and Thought, Bd. 27).

HAYWOOD, Ian: *The Making of History. A Study of the Literary Forgeries of James Macpherson and Thomas Chatterton in Relation to Eighteenth-Century Ideas of History and Fiction.* Ldn., Toronto: Associated University Presses 1986.

HÖFELE, Andreas: „Die Originalität der Fälschung. Zur Funktion des literarischen Betrugs in England 1750–1800." In: *Poetica* 18 (1986), S. 75–95.

HÖFELE, Andreas: „Der Autor und sein Double. Anmerkungen zur literarischen Fälschung." Erscheint in: *Germanisch-Romanische Monatsschrift* 49 (1999).

HÜHN, Peter: *Geschichte der englischen Lyrik.* Bd. 1: *Vom 16. Jahrhundert bis zur Romantik.* Tübingen: Francke 1995 (= UTB 1847).

JOHNSTON, Arthur: „Poetry and Criticism after 1740." In: *Dryden to Johnson.* Hg.: Roger Lonsdale. Ldn.: Sphere 1986 [1971] (= Sphere History of Literature, Bd. 4). S. 313–349.

LANDRY, Donna: *The Muses of Resistance. Laboring-Class Women's Poetry in Britain, 1739–1796.* Cambridge: Cambridge UP 1990.

MCGANN, Jerome: *The Poetics of Sensibility. A Revolution in Literary Style.* Oxford: Clarendon Press 1996.

MÜLLER, Wolfgang G.: „Das Problem der Subjektivität in der Lyrik der englischen Romantik." In: *Eine andere Geschichte der englischen Literatur.* Hg.: A. Nünning. Trier: WVT 1996. S. 27–149.

NUSSBAUM, Felicity: *The Brink of All We Hate. English Satires on Women 1660–1750.* Lexington: The UP of Kentucky 1984.

PEAKE, Charles: „Poetry 1700–1740." In: *Dryden to Johnson.* Hg.: Roger Lonsdale. Ldn.: Sphere 1986 [1971] (= Sphere History of Literature, Bd. 4). S. 137–160.

STRATMANN, Gerd: *Englische Aristokratie und klassizistische Dichtung. Eine literatursoziologische Studie.* Nürnberg: Carl 1965 (= Erlanger Beiträge zur Sprach- und Kunstwissenschaft, Bd. 21).

WEINBROT, Howard D.: *Britannia's Issue. The Rise*

of British Literature from Dryden to Ossian. Cambridge: Cambridge UP 1993.

WILD, Reiner: „Literatur und Zivilisationstheorie." In: *Literaturwissenschaft – Kulturwissenschaft. Positionen, Themen, Perspektiven.* Hgg.: Renate Glaser & Matthias Luserke. Opladen: Westdeutscher Verlag 1996. S. 69–92.

4. Literatur zum Drama

BACKSCHEIDER, Paula (Hg.): *Restoration and Eighteenth-Century Dramatists. First Series.* Detroit: Gale Research 1989 (= Dictionary of Literary Biography, Bd. 80).

BARKHAUSEN, Jochen: *Die Vernunft des Sentimentalismus. Untersuchung zur Entstehung der Empfindsamkeit und empfindsamen Komödie in England.* Tübingen: Narr 1983.

BERNBAUM, Ernest: *The Drama of Sensibility 1696–1780.* Boston: Ginn & Co. 1915.

BEVIS, Richard Wade: *The Laughing Tradition. Stage Comedy in Garrick's Day.* Ldn.: George Prior 1981.

BEVIS, Richard Wade: *English Drama. Restoration and Eighteenth Century, 1660–1789.* Ldn.: Longman 1988.

BOAS, Frederick S.: *An Introduction to Eighteenth-Century Drama, 1700–1780.* Oxford: Oxford UP 1953.

BOOTH, Michael R. & Richard Southern u. a.: *The Revels History of Drama in English.* Bd. 6: *1750–1880.* Ldn.: Methuen 1975.

BROWN, Laura: *English Dramatic Form, 1660–1760. An Essay in Generic History.* New Haven: Yale UP 1981.

BRUNKHORST, Martin: *Tradition und Transformation. Klassizistische Tendenzen in der englischen Tragödie von Dryden bis Thomson.* Berlin: De Gruyter 1979.

CANFIELD, J. Douglas & Deborah C. Payne (Hgg.): *Cultural Readings of Restoration and Eighteenth-Century English Theater.* Athens: University of Georgia Press 1995.

CONOLLY, Leonard W.: *The Censorship of English Drama 1737–1824.* San Marino: Huntington Library 1976.

CORMAN, Brian: „What is the Canon of English Drama, 1660–1737?" In: *Eighteenth Century Studies* 26,2 (1992/93), S. 307–320.

DONALDSON, Ian: „Drama 1710–1780." In: *Dryden to Johnson.* Hg.: Roger Lonsdale. Ldn.: Sphere 1986 [1971] (= Sphere History of Literature, Bd. 4). S. 161–192.

ELLIS, Frank Hale: *Sentimental Comedy. Theory and Practice.* Cambridge: Cambridge UP 1991 (= Cambridge Studies in Eighteenth-Century English Literature and Thought, Bd. 10).

FELDMANN, Doris: *Gattungsprobleme des ‚Domestic Drama' im literaturhistorischen Kontext des 18. Jahrhunderts.* Amsterdam: Grüner 1983 (= Bochumer anglistische Studien, Bd. 16).

FELDMANN, Doris: „The Modern ‚Art of Puffing'. Theatrical and Political Discourses in Richard Brinsley Sheridan's *The Critic.*" In: *Querty* 5 (1995), S. 87–97.

FELDMANN, Doris: „Peace as the Result of ‚the Method of Merchandise'. Ideological Warfare in George Lillo's *The London Merchant* (1731)." In: *Guerre et paix dans la Grand-Bretagne du XVIIIe siècle.* Hg.: Paul-Gabriel Boucé. Paris: Publications de la Sorbonne 1996.

FIETZ, Lothar: „Zur Genese des englischen Melodramas aus der Tradition der bürgerlichen Tragödie und des Rührstücks. Lillo, Schröder, Kotzebue, Sheridan, Thompson, Jerrold." In: *Deutsche Vierteljahrsschrift für Literaturwissenschaft und Geistesgeschichte* 61,1 (1991), S. 99–116.

HASLAG, Jörg: „Zur Reduktion des Sentimentalen in Sheridans *The School for Scandal.*" In: *Anglia* 85 (1967), S. 34–57.

HIRST, David L.: *Comedy of Manners.* Ldn.: Methuen 1979.

HÖNNIGHAUSEN, Lothar: „Strukturelle Auswirkungen der *sentiment*-Vorstellung im Schauspiel des 18. Jahrhunderts." In: *Anglia* 89 (1971), S. 439–455.

HUME, Robert D.: „Goldsmith and Sheridan and the Supposed Revolution of ‚Laughing' against ‚Sentimental' Comedy." In: *Studies in Change and Revolution. Aspects of English Intellectual History, 1640–1800.* Hg.: Paul J. Korshin. Menston: Scolar Press 1972. S. 237–276.

HUME, Robert D. (Hg.): *The London Theatre World, 1660–1800.* Carbondale, Edwardsville: Southern Illinois UP; Ldn.: Feffer & Simons 1980.

HUME, Robert D.: *The Rakish Stage. The London Theatre from the Beggar's Opera to the Licensing Act.* Carbondale, Edwardsville: Southern Illinois UP 1983.

KAVENIK, Frances M.: *British Drama 1660–1779. A Critical History*. Basingstoke: Macmillan 1997.

KOSOK, Heinz (Hg.): *Das Englische Drama im 18. und 19. Jahrhundert. Interpretationen*. Berlin: Schmidt 1976.

LIESENFELD, Vincent J.: *The Licensing Act of 1737*. Madison: University of Wisconsin Press 1984.

LIESENFELD, Vincent J. & Paula R. Backscheider (Hgg.): *The Stage & The Licensing Act, 1729–1739*. NY: Garland 1984.

LOFTIS, John: *Comedy and Society from Congreve to Fielding*. Stanford: Stanford UP 1959.

LOFTIS, John: *The Politics of Drama in Augustan England*. Oxford: Oxford UP 1963.

LOFTIS, John: *Sheridan and the Drama of Georgian England*. Oxford: Blackwell 1976.

LOFTIS, John & Richard Southern u. a.: *The Revels History of Drama in English*. Bd. 5: *1660–1750*. Ldn.: Methuen 1976.

MEHL, Dieter (Hg.): *Das englische Drama. Vom Mittelalter bis zur Gegenwart*. Bd. 2. Düsseldorf: Bagel 1970.

NICOLL, Allardyce: *A History of English Drama, 1660–1900*. Bd. 2: *Early Eighteenth Century Drama*; Bd. 3: *Late Eighteenth Century Drama, 1750–1800*. Cambridge: Cambridge UP 1952.

NICOLL, Allardyce: *The Garrick Stage. Theatre and Audience in the Eighteenth Century*. Manchester: Manchester UP 1980.

NÜNNING, Ansgar: „Das englische Drama des 18. Jahrhunderts aus kulturwissenschaftlicher Sicht. Themenselektion, dramatische Bauformen, Funktionen und Mentalitäten." In: *Das 18. Jahrhundert*. Hgg.: Monika Fludernik & Ruth Nestvold. Trier: WVT 1998. S. 109–145.

PEARSON, Jacqueline: *The Prostituted Muse. Images of Women and Women Dramatists 1642–1737*. Hemel Hempstead: Harvester 1988.

RANGER, Paul: *‚Terror and Pity Reign in every Breast'. Gothic Drama in the London Patent Theatres, 1750–1820*. Ldn.: Society for Theatre Research 1991.

SCHOFIELD, Mary Anne & Cecilia Macheski (Hgg.): *Curtain Calls. British and American Women and the Theatre, 1660–1820*. Athens/Ohio: Ohio UP 1991.

SCHULZ, Dieter: „Richard Steele. *The Conscious Lovers*." In: *Das Englische Drama im 18. und 19. Jahrhundert. Interpretationen*. Hg.: H. Kosok. Berlin: Schmidt 1976. S. 74–86.

SCOUTEN, Arthur H. (Hg.): *The London Stage 1660–1800. A Calendar of Plays, Entertainments, and Afterpieces, Together with Casts, Box-Receipts and Contemporary Comment*. Teil 3: 1729–1747. 2 Bde. Carbondale: Southern Illinois UP 1961.

SHEPHERD, Simon & Peter Womack: *English Drama. A Cultural History*. Oxford: Blackwell 1992.

SHERBO, Arthur: *English Sentimental Drama*. East Lansing: Michigan State UP 1957.

SMITH, Dane F. & M.L. Lawhon: *Plays about the Theatre in England 1737–1800, or the Self-Conscious Stage from Foote to Sheridan*. Lewisburg, Pennsylvania: Bucknell UP 1979.

STONE, George Winchester, Jr. (Hg.): *The Stage and the Page. London's ‚Whole Show' in the Eighteenth-Century Theatre*. Berkeley: University of California Press 1981.

VAN LENNEP, William u. a. (Hgg.): *The London Stage 1660–1800*. 5 Teile, 11 Bde. Carbondale: Southern Illinois UP 1960–68.

WÜRZBACH, Natascha: „George Lillo. *The London Merchant*." In: *Das englische Drama. Vom Mittelalter bis zur Gegenwart*. Hg.: D. Mehl. Bd. 2. Düsseldorf: Bagel 1970. S 71– 93.

WÜRZBACH, Natascha: „Richard Brinsley Sheridan. *The Rivals*." In: *Das englische Drama. Vom Mittelalter bis zur Gegenwart*. Hg.: D. Mehl. Bd. 2. Düsseldorf: Bagel 1970. S. 94–117.

ZACH, Wolfgang: „Richard Cumberland. *The West Indian*." In: *Das Englische Drama im 18. und 19. Jahrhundert. Interpretationen*. Hg.: H. Kosok. Berlin: Schmidt 1976. S. 133–146.

ZACH, Wolfgang: *Poetic Justice. Theorie und Geschichte einer literarischen Doktrin. Begriff – Idee – Komödienkonzeption*. Tübingen: Niemeyer 1986 (= Buchreihe der *Anglia*, Bd. 26).

ZAIC, Franz: *Die Verstragödie in der englischen Vorromantik*. Wien: Braumüller 1968.

ZAIC, Franz: „Die Zeit des Klassizismus." In: *Das englische Drama*. Hg.: Josefa Nünning. Darmstadt: Wissenschaftliche Buchgesellschaft 1973. S. 317–348.

5. Literatur zum Roman

ARMSTRONG, Nancy: *Desire and Domestic Fiction. A Political History of the Novel*. NY: Oxford UP 1987.

BALLASTER, Ros: *Seductive Forms. Women's Amatory Fiction from 1684 to 1740.* Oxford: Clarendon Press 1992.

BEASLEY, Jerry C.: „Romance and the ‚New' Novels of Richardson, Fielding, and Smollett." In: *Studies in English Literature 1500–1900* 16 (1976), S. 437–450.

BENDER, John: *Imagining the Penitentiary. Fiction and the Architecture of Mind in Eighteenth-Century England.* Chicago, Ldn.: University of Chicago Press 1987.

BORINSKI, Ludwig: *Der englische Roman des 18. Jahrhunderts.* Wiesbaden: Athenaion 1978 [1968].

BRAUDY, Leo: *Narrative Form in History and Fiction. Hume, Fielding, and Gibbon.* Princeton: Princeton UP 1970.

CASTLE, Terry: *Masquerade and Civilization. The Carnivalesque in Eighteenth-Century Culture and Fiction.* Stanford: Stanford UP 1986.

CLEMIT, Pamela: *The Godwinian Novel. The Rational Fictions of Godwin, Brockden Brown, Mary Shelley.* Oxford: Clarendon Press 1993.

CLERY, E. J.: *The Rise of Supernatural Fiction, 1762–1800.* Cambridge: Cambridge UP 1995.

DAMROSCH, Leopold Jr.: *Fictions of Reality in the Age of Hume and Johnson.* Madison: University of Wisconsin Press 1989.

DAVIS, Lennard J.: *Factual Fictions. The Origins of the English Novel.* NY, Guildford: Columbia UP 1983.

DAY, Geoffrey: *From Fiction to the Novel.* Ldn.: Routledge & Kegan Paul 1987.

DE BOLLA, Peter: *The Discourse of the Sublime. Readings in History, Aesthetics, and the Subject.* Oxford, NY: Blackwell 1989.

DEPPE, Wolfgang G.: *History versus Romance. Ein Beitrag zur Entwicklungsgeschichte und zum Verständnis der Literaturtheorie Henry Fieldings.* Münster: Aschendorff 1965.

DOODY, Margaret Anne & Peter Sabor (Hgg.): *Samuel Richardson. Tercentenary Essays.* Cambridge: Cambridge UP 1989.

ELLIS, Kate Ferguson: *The Contested Castle. Gothic Novels and the Subversion of Domestic Ideology.* Urbana: University of Illinois Press 1989.

FELDMANN, Doris: *Politik und Fiktion. Die Anfänge des politischen Romans in Großbritannien im 19. Jahrhundert.* Mchn.: Fink 1995.

FLUDERNIK, Monika: *Towards a ‚Natural' Narratology.* Ldn.: Routledge 1996.

FLUDERNIK, Monika: „Vorläufer und Vorformen des englischen Romans. Die Entstehung des Romans aus begriffsgeschichtlicher, ideologiekritischer und erzähltheoretischer Sicht." In: *Eine andere Geschichte der englischen Literatur.* Hg.: A. Nünning. Trier: WVT 1996. S. 61–76.

FÜGER, Wilhelm: „Das Nichtwissen des Erzählers in Fieldings *Joseph Andrews.* Baustein zu einer Theorie negierten Wissens in der Fiktion." In: *Poetica* 10 (1978), S. 188–216.

GALLAGHER, Catherine: *Nobody's Story. The Vanishing Acts of Women Writers in the Marketplace, 1670–1820.* Berkeley: University of California Press 1994.

GASSENMEIER, Michael: *Der Typus des ‚man of feeling'. Studien zum sentimentalen Roman des 18. Jahrhunderts in England.* Tübingen: Niemeyer 1972.

GÖBEL, Walter: „Geschlechterrollen im englischen Roman des 18. Jahrhunderts." In: *Das 18. Jahrhundert.* Hgg.: Monika Fludernik & Ruth Nestvold. Trier: WVT 1998. S. 147–163.

GÖLLER, Karl Heinz: *Romance und Novel. Die Anfänge des englischen Romans.* Regensburg: Hans Carl 1972.

HUNTER, J. Paul: *Before Novels. The Cultural Contexts of Eighteenth-Century English Fiction.* NY: Norton 1990.

ISER, Wolfgang: *Laurence Sternes „Tristram Shandy". Inszenierte Subjektivität.* Mchn.: Fink 1987.

ISER, Wolfgang: *Der implizite Leser. Kommunikationsformen des Romans von Bunyan bis Beckett.* Mchn.: Fink 1972.

ISER, Wolfgang (Hg.): *Henry Fielding und der englische Roman des 18. Jahrhunderts.* Darmstadt: Wissenschaftliche Buchgesellschaft 1972.

JOHNSON, Clifford R.: *Plots and Characters in the Fiction of Eighteenth-Century English Authors.* Bd. 1: *Jonathan Swift, Daniel Defoe and Samuel Richardson.* Hamden/Connecticut: Archon 1977.

JOHNSON, Clifford R.: *Plots and Characters in the Fiction of Eighteenth-Century English Authors.* Bd. 2: *Henry Fielding, Tobias Smollett, Laurence Sterne, Samuel Johnson and Oliver Goldsmith.* Hamden/Connecticut: Archon 1978.

KAY, Carol: *Political Constructions. Defoe, Richardson, and Sterne in Relation to Hobbes,*

Hume, and Burke. Ithaca, Ldn.: Cornell UP 1988.

KELLY, Gary: *The English Jacobin Novel 1780–1805*. Oxford: Clarendon Press 1976.

KELLY, Gary: *English Fiction of the Romantic Period, 1789–1830*. Ldn., NY: Longman 1989.

KILGOUR, Maggie: *The Rise of the Gothic Novel*. Ldn.: Routledge 1995.

KLEIN, Jürgen: *Der Gotische Roman und die Ästhetik des Bösen*. Darmstadt: Wissenschaftliche Buchgesellschaft 1975 (= Impulse der Forschung, Bd. 20).

KONIGSBERG, Ira: *Narrative Technique in the English Novel. Defoe to Austen*. Hamden, Connecticut: Archon 1985.

LÖFFLER, Arno: „Die wahnsinnige Heldin. Charlotte Lennox' *The Female Quixote*." In: *Arbeiten aus Anglistik und Amerikanistik* 11 (1986), S. 63–81.

LÖFFLER, Arno: „‚The World... What It Appears to a Girl of Seventeen'. Fanny Burneys *Evelina* als satirischer Roman." In: *Anglia* 112 (1994), S. 50–74.

MCKEON, Michael: *The Origins of the English Novel 1600–1740*. Baltimore: The Johns Hopkins UP 1987.

MEHL, Dieter: *Der englische Roman bis zum Ende des 18. Jahrhunderts*. Düsseldorf: Bagel 1977 (= Studienreihe Englisch, Bd. 28).

MENGEL, Ewald: *Der englische Roman des 18. Jahrhunderts. Eine Einführung in seine Klassiker*. Tübingen: Stauffenburg 1997.

MERGENTHAL, Silvia: *Erziehung zur Tugend. Frauenrollen und der englische Roman um 1800*. Tübingen: Niemeyer 1997.

MÜLLER, Wolfgang G.: „Charlotte Lennox' *The Female Quixote* und die Geschichte des englischen Romans." In: *Poetica* 11 (1979), S. 369–393.

NÜNNING, Ansgar: *Uni-Training Englische Literaturwissenschaft. Grundstrukturen des Fachs und Methoden der Textanalyse*. Stg.: Klett 1996 (= Uni-Training).

PARK, William: „What was new about the ‚new species of writing'?" In: *Studies in the Novel* 2 (1970), S. 112–130.

PRESTON, John: *The Created Self. The Reader's Role in Eighteenth-Century Fiction*. Ldn.: Heinemann 1970.

PROBYN, Clive T.: *English Fiction of the Eighteenth-Century*. Ldn., NY: Longman 1987.

RAY, William: *Story and History. Narrative Authority and Social Identity in the Eighteenth-Century French and English Novel*. Oxford: Blackwell 1991.

RAWSON, Claude J.: *Henry Fielding and the Augustan Ideal under Stress. ‚Nature's Dance of Death' and other Studies*. Ldn.: Routledge 1972.

RAWSON, Claude J.: *Satire and Sentiment, 1660–1830*. Cambridge: Cambridge UP 1994.

REINFANDT, Christoph: *Der Sinn der fiktionalen Wirklichkeiten. Ein systemtheoretischer Entwurf zur Ausdifferenzierung des englischen Romans vom 18. Jahrhundert bis zur Gegenwart*. Heidelberg: Winter 1997 (= Anglistische Forschungen, Bd. 252).

REINHOLD, Heinz: *Der englische Roman im 18. Jahrhundert. Soziologische, geistes- und gattungsgeschichtliche Aspekte*. Stg.: Kohlhammer 1978.

RICHETTI, John: *Popular Fiction before Richardson. Narrative Patterns 1700–1739*. Oxford: Clarendon Press 1992 [1969].

RICHETTI, John (Hg.): *The Columbia History of the British Novel*. NY: Columbia UP 1994.

RICHETTI, John (Hg.): *The Cambridge Companion to the Eighteenth-Century Novel*. Cambridge: Cambridge UP 1996.

ROLLE, Dietrich: *Fielding und Sterne. Untersuchungen über die Funktion des Erzählers*. Münster: Aschendorff 1963.

SCHLAEGER, Jürgen: „Die Unwirtlichkeit des Wirklichen. Zur Wandlungsdynamik des englischen Romans im 18. Jahrhundert." In: *Poetica* 25 (1993), S. 319–337.

SCHOFIELD, Mary Anne & Cecilia Macheski (Hgg.): *Fetter'd or Free? British Women Novelists, 1670-1815*. Athens/Ohio: Ohio UP 1986.

SPACKS, Patricia Meyer: *Desire and Truth. Functions of Plot in Eighteenth-Century English Novels*. Chicago, Ldn.: University of Chicago Press 1990.

SPENCER, Jane: *The Rise of the Woman Novelist. From Aphra Behn to Jane Austen*. Oxford, NY: Blackwell 1986.

SPENDER, Dale: *Mothers of the Novel. 100 Good Women Writers Before Jane Austen*. Ldn., NY: Pandora 1986.

STANZEL, Franz K. (Hg.): *Der englische Roman. Vom Mittelalter zur Moderne*. Bd. 1. Düsseldorf: Bagel 1969.

STANZEL, Franz K.: *Theorie des Erzählens*. 2., verbesserte Aufl., Göttingen: Vandenhoeck & Ruprecht 1982 [1979].

SUHR, Heidrun: *Englische Romanautorinnen im 18. Jahrhundert. Ein Beitrag zur Entwicklung des bürgerlichen Romans.* Heidelberg: Winter 1983 (= Anglistische Forschungen, Bd. 169).

TAVOR, Eve: *Scepticism, Society and the Eighteenth-Century Novel.* Basingstoke: Macmillan 1987.

THOMSEN, Christian W.: *Das Groteske im englischen Roman des 18. Jahrhunderts. Erscheinungsformen und Funktionen.* Darmstadt: Wissenschaftliche Buchgesellschaft 1974 (= Impulse der Forschung, Bd. 17).

TODD, Janet: *The Sign of Angellica. Women, Writing and Fiction, 1660–1800.* Ldn.: Virago 1989.

UPHAUS, Robert W. (Hg.): *The Idea of the Novel in the Eighteenth Century.* East Lansing: Colleagues Press 1988.

VAN SANT, Ann Jessie: *Eighteenth-Century Sensibility and the Novel. The Senses in Social Context.* Cambridge: Cambridge UP 1993 (= Cambridge Studies in Eighteenth-Century English Literature and Thought, Bd. 14).

WATT, Ian: *The Rise of the Novel. Studies in Defoe, Richardson, and Fielding.* Harmondsworth: Penguin 1963 [1957].

WEBER, Ingeborg: *Der englische Schauerroman.* Mchn.: Artemis 1983.

WOLF, Werner: „Schauerroman und Empfindsamkeit. Zur Beziehung zwischen *Gothic Novel* und empfindsamem Roman in England." In: *Anglia* 107 (1989), S. 1–33.

WOLF, Werner: *Ästhetische Illusion und Illusionsdurchbrechung in der Erzählkunst. Theorie und Geschichte mit Schwerpunkt auf englischem illusionsstörenden Erzählen.* Tübingen: Niemeyer 1993 (= Buchreihe der *Anglia*, Bd. 32).

WOLFF, Erwin: *Der englische Roman im 18. Jahrhundert. Wesen und Formen.* Göttingen: Vandenhoeck & Ruprecht 1977 [1964].

WOLPERS, Theodor: 1969. „Samuel Richardson, *Clarissa.*" In: *Der englische Roman. Vom Mittelalter zur Moderne.* Hg.: F. K. Stanzel. Bd. 1. Düsseldorf: Bagel 1969. S. 144–197.

WÜRZBACH, Natascha: *Die Struktur des Briefromans und seine Entstehung in England.* Mchn.: Hueber 1964.

WÜRZBACH, Natascha (Hg.): *The Novel in Letters. Epistolary Fiction in the Early English Novel 1678–1740.* Ldn.: Routledge & Kegan Paul 1969.

ZIMMERMAN, Everett: *The Boundaries of Fiction. History and the Eighteenth-Century British Novel.* Ithaca, Ldn.: Cornell UP 1996.

Von großem Interesse für die Information über die neueste Forschung zur englischen Literatur des 18. Jh.s sind außerdem

- die jährlich in der Zeitschrift *Studies in English Literature 1500–1900* unter dem Titel „Recent Studies in the Restoration and Eighteenth Century" erscheinenden Forschungsberichte,
- die seit 1962 in der Zeitschrift *Restoration and 18th Century Theatre Research* erscheinenden Jahresbibliografien, die die neueste Forschung zum Drama und Theater der Restaurationszeit und des 18. Jh.s dokumentieren,
- sowie folgende Zeitschriften: *Eighteenth-Century Fiction, Eighteenth-Century Life, Eighteenth-Century Studies, Studies in Eighteenth-Century Culture, Studies on Voltaire and the Eighteenth Century, Studies in Romanticism.*